高等院校会计专
GAODENG YUANXIAO KUAIJI ZHUA

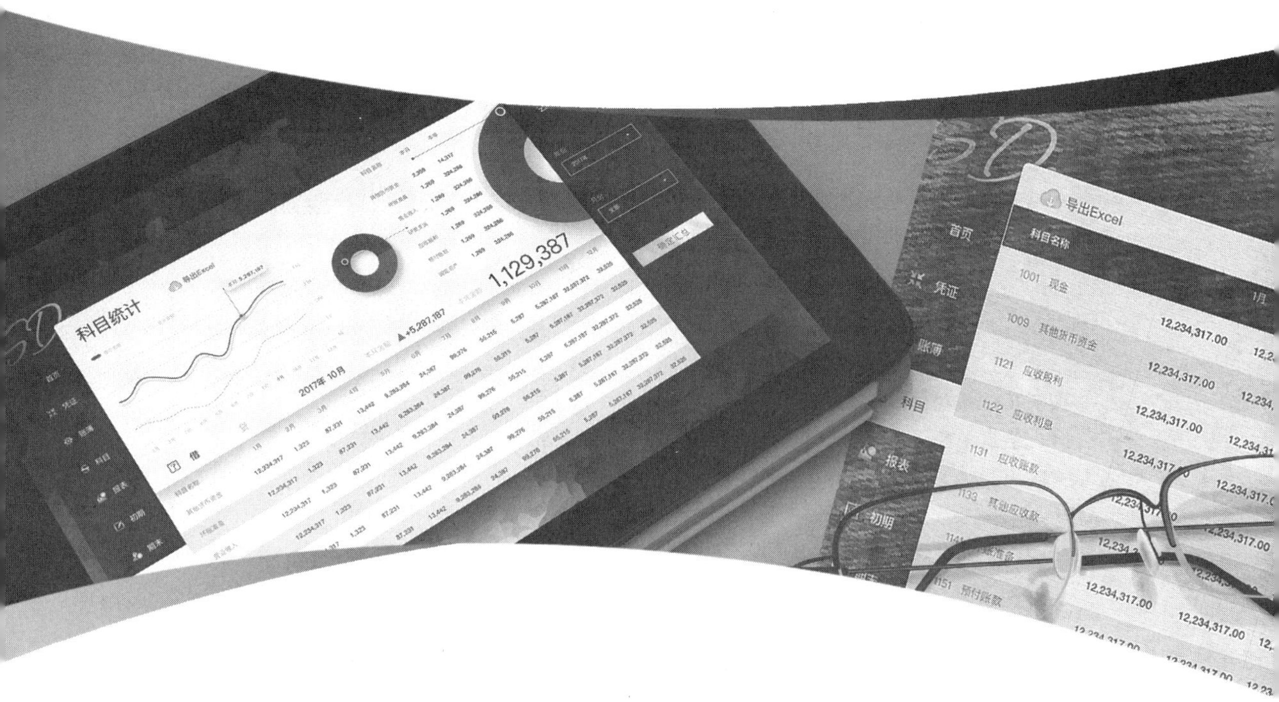

会计信息系统

KUAIJI XINXI XITONG

主　编/胡海华　易　烨　刘　迅
副主编/殷治平　李井林　蔡　程
吕慧珍　张治刚

重庆大学出版社

内容提要

本书模拟企业中会计的真实业务场景,包括从初始建账、系统初始化、总账管理、固定资产管理、薪资管理、应收应付管理的业务处理及期末业务处理到最终的三大报表编制,以一个完整的案例贯穿全书。通过对本教材的学习,读者可以领悟并掌握企业通过现代化的信息技术手段是如何完成做账的,也能够掌握通用财务软件的使用,有助于理解智能会计、智能财务的数据传递过程及工作原理,为日后的进一步学习打下基础。

本书配有丰富的教学资源,方便读者学习使用。本书可作为高等院校财会类相关专业的教材,也可供相关从业人员自学使用。

图书在版编目(CIP)数据

会计信息系统 / 胡海华, 易烨, 刘迅主编. -- 重庆 :
重庆大学出版社, 2024. 8. -- ISBN 978-7-5689-4673-5

Ⅰ. F232

中国国家版本馆 CIP 数据核字第 2024GW4815 号

会计信息系统

主 编 胡海华 易 烨 刘 迅

责任编辑:尚东亮 版式设计:尚东亮

责任校对:王 倩 责任印制:张 策

*

重庆大学出版社出版发行

出版人:陈晓阳

社址:重庆市沙坪坝区大学城西路 21 号

邮编:401331

电话:(023) 88617190 88617185(中小学)

传真:(023) 88617186 88617166

网址:http://www.cqup.com.cn

邮箱:fxk@ cqup.com.cn (营销中心)

全国新华书店经销

重庆升光电力印务有限公司印刷

*

开本:787mm×1092mm 1/16 印张:17.25 字数:390 千

2024 年 8 月第 1 版 2024 年 8 月第 1 次印刷

印数:1—3 000

ISBN 978-7-5689-4673-5 定价:48.00 元

前言

随着信息技术的飞速发展，企业数字化转型已成为一种必然趋势，企业对高质量会计人才的需求也在不断提高，为此，财政部在《会计信息化发展规划(2021—2025年)》中明确提出“高等院校要适当增加会计信息化课程内容的比重，加大会计信息化人才培养力度”。在这一规划的指引下，我们编写了本书。

本书模拟企业中会计的真实业务场景，包括从初始建账、系统初始化、总账管理、固定资产管理、薪资管理、应收应付管理的业务处理及期末业务处理到最终的三大报表编制，以一个完整的案例贯穿全书。通过对本书的学习，读者可以领悟并掌握企业通过现代化的信息技术手段是如何完成做账的，也能够掌握通用财务软件的使用，有助于理解智能会计、智能财务的数据传递过程及工作原理，为日后的进一步学习打下基础。

本书分两个部分：第一部分是会计信息系统导论，共11章。第二部分是案例实验，共9个实验。本书具体内容如下：

在会计信息系统导论中，第1章介绍了会计信息系统的概念，会计信息系统的发展历程，会计信息系统相关法规制度变迁。第2章对通用财务软件做了宏观上的介绍，如用友财务软件、金蝶财务软件、浪潮财务软件、柠檬云财务软件、速达财务软件、SAP财务软件、Oracle财务软件等。第3章介绍了系统的注册，设备备份计划，数据清除与还原、注销及安全策略，账套的建立、修改、引入和输出(备份和恢复备份)等。第4章介绍了企业应用平台可以完成系统的基础设置、系统服务和业务工作。第5章介绍了总账管理系统的期初余额管理、凭证管理、账簿处理、个人往来款管理、部门管理、项目核算管理及期末业务的管理等。第6章介绍了应收款管理系统的初始设置、日常处理、单据查询、账表管理、其他处理等功能。第7章介绍了应付管理系统的初始设置、日常处理、单据查询、账表管理、其他处理等功能。第8章介绍了固定资产卡片台账管理、固定资产的折旧方法和使用年限、折旧计提、固定资产清理等。第9章介绍了薪资的初始化设置、日常薪资核算和统计分析报表业务处理等。第10章介绍了期末业务处理工作。第11章介绍了报表的功能及制作。

第二部分为案例实验，该部分为读者准备了 9 个实验，每个实验按照实验要求、实验场景、实验步骤来设置，通过实验的形式对第一部分学习的内容加以巩固。

本书是本教学团队多年来一线实践教学的经验总结，具有以下特点。

1.强调模块化。本书在实验教学组织上打破传统的框架模式，按照初始建账—日常业务处理—期末业务处理—编制报表的业务流程进行设置，最大可能地贴近企业业务场景的处理流程。

2.强调说明性。书中的每个实验都配有“专家点拨”，该部分内容是教学团队在多年实验教学中遇到的常见问题的总结，通过“专家点拨”的形式，提醒实验的操作者在进行实验操作过程中应注意的事项。部分实验配备“错误展示”，该部分内容是实验操作过程中出现的错误，同时给出了具体的解决方案供参考。

3.强调应用性。从企业需求和会计专业人才培养的目标出发，突出学生动手能力的培养，借助用友 U8 财务管理软件的使用，让学生真正体验会计信息系统的完整应用。

4.强调案例教学。本书在编制过程中以一个完整的企业案例贯穿其中，从企业的实际应用出发，结合教学过程中遇到的问题，力求在案例中做到理论与实践的完全融合。

5.强调新颖性。本书以虚拟的江夏临江电池股份有限公司 2024 年 1 月完整的经济活动为背景，以 2021 年 12 月 30 日财政部发布的《会计信息化发展规划》为依托来设置案例。

本书由胡海华、易烨、刘迅担任主编，由殷治平、李井林、蔡程、吕慧珍、张治刚担任副主编，参与本书编写工作的还有朱可涵、李佳安、严文彬、刘瑞佳、李后乐、周玉洁等。

本书在编写过程中得到了用友软件股份有限公司的大力支持和帮助，在此表示感谢。另外，我们参考了国内相关专著和教材，在此对相关作者表示感谢。

本书是教育部产学合作协同育人 2024 年第一批次立项项目“AI+”环境下高校智能会计实验室建设(项目编号 231107096170813)的阶段性成果。

尽管编者一直在从事会计信息系统的科研与教学工作，但因水平有限，书中难免会有错误或不当之处，竭诚欢迎广大读者不吝指正，多提宝贵意见。联系方式：hahuah@ hbue.edu.cn

编　者

2024 年 5 月

目录

第一部分　会计信息系统导论

第二部分　案例实验

会计信息系统导论

第1章 会计信息系统概述

1.1 会计信息系统的概念

信息系统是对数据进行处理,生成特定信息的一种系统。虽然各种信息系统提供的信息有所不同,但作为一个信息系统都应具有采集数据、加工数据、存储数据、传递数据和输出信息五个基本功能。

会计信息系统(AIS,Accounting Information System)作为信息系统的一个组成部分,它的起源可以追溯到计算机技术的发展与应用。过去,会计工作主要依靠手工方式进行,包括记录、分类、汇总和报告财务数据。这种手工方式存在着数据输入错误、计算错误和速度慢等问题,同时也很难满足日益增长的会计信息处理需求。随着电子计算机技术的逐渐普及和发展,会计信息系统开始出现。会计信息系统产生的标志是1945年10月美国通用电器公司首次利用电子计算机计算职工薪酬的举动。这引起了会计数据处理技术的革新,开创了利用计算机进行会计数据处理的新纪元,标志着会计信息系统的产生,它是会计发展史上又一次重大革命。早期的会计信息系统主要由大型计算机和专用软件组成,能够实现数据的存储、处理和报告。这些系统通常由企业自行开发或购买,并需要专门培训的操作员进行维护和管理。随着计算机技术的进一步发展和普及,个人计算机的出现使小型企业也能够使用会计信息系统。同时,数据库技术、网络技术和图形界面等的应用,使会计信息系统在功能和易用性方面得到了更大的改进和提升。

关于会计信息系统的定义,具有代表性的是杨周南老师曾提出的观点:“会计信息系统是利用信息技术对会计信息进行采集、存储、处理和传递,完成会计核算任务,并能提供进行会计管理、分析、决策用的辅助信息的系统,类似其他任何信息系统,会计信息系统也包括输入、处理和输出三个基本构成要素。”

输入着重于确认企业经营过程所发生的内外交易事项的资料,确认能够进入会计系统处理的相关资料,并且根据会计准则予以定量化记录反映。这个阶段是会计的确认过程。

输入会计系统的交易资料必须经过一系列的会计处理,如计量、记录、分类、汇总、过账、调整与结账等活动。通过这些处理过程,把相应的信息数据转化为信息使用者所需要的信息。

根据既定的报告格式和事件要求把已经处理的资料数据提供给信息使用者。对传统会计信息系统来说，就是要提供会计的三张报表和相应说明。

综上所述，会计信息系统是指借助现代信息技术，对传统会计信息进行采集、存储、处理和传递，完成一定会计期间的会计工作，具备输入、加工和输出功能，能够全方位参与企业管理的信息系统。

会计信息系统的特点：

①数据来源广泛，数据量大。

②数据的结构和数据处理的流程较复杂。

③数据的真实性、可靠性要求高。

④数据处理的环节多，处理步骤具有周期性。

⑤数据的加工处理有严格的制度规定并要求留有审计线索。

⑥信息输出种类多，数量大。

⑦数据处理过程的安全性、保密性有严格的要求。

1.2　会计信息系统的发展历程

1) 国外会计信息系统的发展

会计信息系统发展以时间轴为主线，主要分为以下 4 个阶段：纯手工会计信息系统（15 世纪）、电算化会计信息系统（20 世纪 50 年代）、准现代会计信息系统（20 世纪 60 年代末）、现代会计信息系统（1982 年）。

(1) 纯手工会计信息系统（15 世纪）

其核心是会计恒等式、会计循环、会计科目表、分录和账簿。该模式可追溯到 13—14 世纪威尼斯商人的借贷记账法，后由意大利数学家、近代会计之父卢卡 · 帕乔利经过 6 年调查研究和整理，于 1494 年 11 月 10 日出版了《数学大全》一书。该模式一直沿用至今。

(2) 电算化会计信息系统（20 世纪 50 年代）

电子计算机应用于手工会计信息系统之中，即为电算化会计信息系统模式，该模式正逐步取代手工会计信息系统。1946 年 2 月 14 日，由美国政府和宾夕法尼亚大学合作开发的世界上第一台电子计算机 ENIAE 在费城公诸于世。1954 年美国通用电气公司第一次使用计算机计算职工工资，从而引起了会计处理的变革，标志着电算化会计信息系统模式的开始。电算化会计信息系统横向扩展，最后形成整个企业管理信息系统，纵向发展并按职能结构可分为会计信息处理系统、会计管理信息系统、会计决策支持系统。

(3) 准现代会计信息系统（20 世纪 60 年代末）

计算机数据管理技术经历了人工管理、文件系统、数据库系统三个阶段。数据库会计的理论模型可以追溯到 1939 年,由戈茨(Goetz)提出,该系统是保存最原始状态的数据,以便数据可以按照最切合每一个用户需求的形式进行组织。遗憾的是,在建立数据模型时,主要按传统会计模式的数据逻辑模型组织数据,利用数据库技术对数据进行更多的分类操作;只描述与复式记账会计体系有关的数据,未能用先进的数据结构描述会计处理的对象本身,以便系统能产生更多的视图。

(4)现代会计信息系统(1982 年)

1982 年 7 月,美国密歇根州立大学会计系教授麦卡锡(McCarthy)在《会计评论》上发表了题为《REA 会计模型:共享数据环境中的会计系统的一般框架》的论文,提出了 REA 模型,标志着现代会计信息系统模式的开始。

随着数据库、网络技术的发展,REAL 模式是理论最完善、研究最系统、变革力度最大、成果最多的一种创新模式。其核心是集成,集成业务处理、信息处理、实时控制和管理决策。它不仅仅局限于财务管理,而是面向整个企业管理,从详细记录最原始经济业务事件的属性或语义表述于数据库中开始,而不是从记录经过人为加工后的会计分录开始,其基本元素不再是科目、分录、账簿。该模式充分利用信息技术并克服了电算化会计信息系统的弊端,因此称其为现代会计信息系统。

2)国内会计信息系统的发展

从会计信息系统的开发视角划分,我国的会计信息系统的发展分为以下 4 个阶段。

(1)尝试开发阶段(1979—1983 年)

1979 年,财政部和第一机械工业部为中国第一家会计电算化试点单位——长春第一汽车制造厂提供了 560 万元的财政支持,长春第一汽车制造厂借此从前东德进口一台 EC-1040 计算机以实行电算化会计。计算机只是作为工资会计的辅助工具。1981 年,第一汽车制造厂和中国人民大学联合主办“财务、会计和应用成本计算机学术研讨会”,会议中将计算机技术在会计工作中的应用正式命名为“会计电算化”,这是我国首次确认“会计电算化”的概念。在当时,人才缺乏、设备紧缺、价格昂贵、汉化工具软件很不齐全的情况下,我国的会计电算化工作开始起步。

(2)各自为政开发阶段(1983—1987 年)

1983 年国务院成立了“电子振兴领导小组”,1984 年开始一些研究院所和高校招收了会计电算化研究生。由于缺乏统一的规章制度,各个有实力的科研院所及企业自行开发满足本单位需要的会计电算化软件,各自为政,低水平重复开发,浪费大,无法形成商品化财务软件。

(3)有组织开发阶段(1987—1998 年)

1987 年成立了“会计电算化研究小组”。1988 年,中国会计学会在吉林省召开了第一届会计电算化学术讨论会,主题为会计信息系统的通用化问题。同年,一批专业会计软件开发公司如安易、用友、万能等相继成立。1989 年,财政部开始组织对会计信息系统进行评审,同时出台多项关于会计电算化的规定和通知。这时的财务软件无论是从质量还是功能上，都还是处在低水平运行阶段。

(4)全面竞争开发阶段(1999 年至今)

专业财务软件公司迅速发展壮大；经济管理类院校开陆续设了电会专业；会计核算软件的开发技术趋于成熟；会计管理软件成功开发；ERP 软件的研制、试点与推广；会计信息系统的开发与管理更加规范。财务共享服务中心成为大型企业提升管理效率的关键，业财一体的管理模式逐渐成为主流，智能会计的不断推进，RPA(机器人流程自动化)技术的应用，使整个会计信息系统向着高效、一体化、自动化、智能化的方向发展。

1.3　会计信息系统相关法规制度变迁

1987 年，财政部颁布《关于国营企业推广应用电子计算机工作中若干财务问题的规定》。

1989 年 12 月，财政颁布的我国第一个关于会计电算化工作的全国性制度法规《会计核算软件管理的几项规定(试行)》。

1994 年 5 月 4 日，财政部印发《关于大力发展我国会计电算化事业的意见》的通知。

1994 年 6 月 30 日，财政部以〔94〕财会字第 27 号印发《会计电算化管理办法》。

1994 年 6 月 30 日，财政部以〔94〕财会字第 27 号印发《商品化会计核算软件评审规则》。

1994 年 6 月 30 日，财政部以〔94〕财会字第 27 号印发《会计核算软件基本功能规范》。

1995 年 4 月 27 日财政部颁发的《会计电算化知识培训管理办法(试行)》。

1996 年 6 月 10 日，财政部印发关于《会计电算化工作规范》的通知。

1999 年《中华人民共和国会计法》中规定"使用电子计算机进行核算的，其软件及其生成的会计凭证、会计账簿、财务会计报告和其他会计资料，也必须符合国家统一的会计制度的规定"，"用电子计算机进行会计核算的，其会计账簿的登记、更正，应当符合国家统一的会计制度的规定"。

2005 年，财政部先后颁布《会计从业资格管理办法》和《初级会计电算化考试大纲》。

2009 年 4 月，财政部颁布《关于全面推进我国会计信息化工作的指导意见》。

2013 年 12 月 6 日，财政部印发《企业会计信息化工作规范》(财会〔2013〕20 号)。《企业会计信息化工作规范》分总则、会计软件和服务、企业会计信息化、监督、附则 5 章 49 条，自 2014 年 1 月 6 日起施行。1994 年 6 月 30 日财政部发布的《商品化会计核算软件评审规则》(财会字〔1994〕27 号)、《会计电算化管理办法》(财会字〔1994〕27 号)予以废止。

2021 年 12 月 30 日，财政部为科学规划、全面指导"十四五"时期会计信息化工作，根据《会计改革与发展"十四五"规划纲要》(财会〔2021〕27 号)的总体部署，以财会〔2021〕36 号印发了《会计信息化发展规划(2021—2025 年)》(见附件 2)的通知。

第 2 章　通用财务软件

2.1　用友财务软件简介

用友财务软件是用友软件股份有限公司推出的一款功能强大的管理型财务软件。用友软件股份有限公司成立于 1988 年，是中国最大的管理软件、ERP 软件、集团管理软件、人力资源管理软件、客户关系管理软件、小型企业管理软件、财政及行政事业单位管理软件、汽车行业管理软件、烟草行业管理软件、内部审计软件及服务提供商，也是中国领先的企业云服务、医疗卫生软件、管理咨询及管理信息化人才培训提供商。截至 2023 年，用友财务软件在全国企业用户数量已超过 100 万家，用友软件股份有限公司连续多年被评定为国家“规划布局内重点软件企业”，2010 年获得工信部系统集成一级资质企业认证。“用友 ERP 管理软件”系“中国名牌产品”。2001 年 5 月 18 日，用友软件股份有限公司成功在上海证券交易所发行上市（股票简称：用友软件；股票代码：600588）。

用友拥有中国和亚太实力最强的企业管理软件研发体系，规模最大的支持、咨询、实施、应用集成、培训服务网络，以及完备的产业生态系统。用友拥有由总部研发中心（北京用友软件园）、南京制造业研发基地、重庆 PLM 研发中心、上海先进应用研究中心、上海汽车行业应用研发中心、深圳电子行业应用开发中心等在内的中国最大的企业应用软件研发体系。在日本、泰国、新加坡等亚洲地区，用友建立了分公司或代表处。旗下还拥有北京用友政务软件有限公司、畅捷通软件有限公司、上海英孚思为信息科技有限公司、用友医疗卫生信息系统有限公司、北京用友教育投资有限公司（用友学院）、北京伟库电子商务科技有限公司、厦门用友烟草软件有限责任公司、北京用友华表软件技术有限公司、北京用友审计软件有限公司、用友长伴管理咨询有限公司、用友培训教育有限公司（筹建中）、北京用友幸福投资管理有限公司、成都财智软件有限公司等在内的投资控股企业。

2.2　金蝶财务软件简介

金蝶财务软件是金蝶国际软件集团有限公司(Kingdee International Software Group Company Limited)旗下软件。金蝶国际软件集团有限公司简称“金蝶国际”或“金蝶”,创立于1993年,2001年2月15日在香港联交所创业板上市(股票代码:0268HK),为世界范围内超过740万家企业、政府等组织提供数字化管理解决方案。主要产品包括云苍穹、云星瀚、EAS Cloud、云星空、云星辰、精斗云、KIS云等,覆盖财务、人力、供应链、税务、制造、全渠道、发票、协同办公等领域。金蝶财务软件是集供应链管理、财务管理、人力资源管理、客户关系管理、办公自动化、商业分析、移动商务、集成接口及行业插件等业务管理组件为一体,以成本管理为目标、计划与流程控制为主线,通过对成本目标及责任进行考核激励,推动管理者应用ERP等先进的管理模式和工具,建立企业人、财、物、产、供、销科学完整的管理体系。其功能有:总账、报表、现金管理、网上银行、固定资产管理、应收款管理、应付款管理、实际成本、财务分析、人事/薪资管理。

2.3　浪潮财务软件简介

浪潮集团有限公司即浪潮集团,成立于1989年,2004年4月在香港联交所创业板上市,是中国本土顶尖的大型IT企业之一,也是中国领先的计算平台与IT应用解决方案供应商、中国最大的服务器制造商和服务器解决方案提供商,控股股东为山东省国有资产投资控股有限公司。浪潮集团旗下拥有浪潮信息、浪潮软件、浪潮国际三家上市公司,业务涵盖云计算、大数据、工业互联网等新一代信息技术产业领域,为全球120多个国家和地区提供IT产品和服务。浪潮财务软件是一款专为财务管理人员量身定制的财务管理软件,可以满足企业不同层次的财务管理需求,并具备可视化的应用开发环境、高效的报表分析控制功能以及多功能模块集成等功能,可以有效帮助企业进行财务管理和决策支持,从而降低企业的财务风险,为企业的可持续发展提供支持。

2.4　柠檬云财务软件简介

柠檬云财务软件是深圳易财信息技术有限公司旗下的互联网财税平台。该公司成立于2013年4月。易财信公司经营范围比较广,长期从事财税领域的技术及服务项目的研发,已实现集SAAS软件服务、财税咨询、教育培训、内容分发于一体的财税生态圈,并持续为广大企业及财税人提供高品质的服务。公司旗下除柠檬云财务软件外还有柠檬云代账、柠檬云进销存、柠檬云工资条等相关财务产品,以及柠檬云课堂等。柠檬云财务软件是一款功能强大的专业会计财务软件，拥有强大的数据管理功能，支持自动保存和发送票据，支持财务可视化展示功能，该软件终身免费。

2.5 速达财务软件简介

速达财务软件是速达软件技术(广州)有限公司推出的一款综合性财务软件。该公司成立于1999年，位于广东省广州市，是一家以从事软件和信息技术服务业为主的企业。该公司的主要产品有“速达2000”“速达3000PRO”“速达3000”“速达E2”“速达E3”“速达5000”“速达3G-ASP”(企业管理和互联网应用软件)等。

2.6 SAP财务软件简介

SAP财务软件是由全球领先的企业软件解决方案提供商SAP公司开发的。SAP公司成立于1972年，1988年在德国法兰克福证券交易所上市。SAP公司的产品涵盖了企业资源规划(ERP)、客户关系管理(CRM)、供应链管理(SCM)等多个领域。主要产品包括SAP ERP云、SAP HR云、SAP供应链云、SAP CRM云、SAP采购云、SAP业务技术云平台、SAP费用管理云、SAP中小企业ERP云、SAP行业云等。该财务软件主要功能有会计核算与报表生成、财务管理与分析、税务处理与合规性等，支持多币种、多会计期间和多会计准则的核算，提供多维度的财务分析功能，能够自动获取税务数据、识别税务风险，适合跨国和多元化经营的企业。

2.7 Oracle财务软件简介

Oracle公司(甲骨文)是全球最大的信息管理软件及服务供应商之一，成立于1977年，总部位于美国加利福尼亚州，后于1986年上市，是北美地区最大的应用管理软件供应商，同时也是全球第一大数据库、开发工具公司，全球第二大ERP产品公司。Oracle公司向遍及145个多国家的用户提供数据库、工具和应用软件以及相关的咨询、培训和支持服务。Oracle财务系统可划分为财务管理与会计核算，系统配有智能分析模型，可以辅助企业作出决策，支持云端服务，能够处理多公司、多币种、多会计准则、多层汇总等业务需求。

第 3 章　系统管理

3.1　系统功能

1) 系统概述

用友 U8 软件产品由多个产品组成,各个产品之间相互联系、数据共享,具备公用的基础信息,拥有相同的账套和账套库,操作员和操作权限集中管理并且进行角色的集中权限管理,业务数据共用一个数据库,完全实现了财务业务一体化的管理,为企业资金流、物流、信息流的统一管理提供了有效的方法和工具。系统管理包括新建账套、新建账套库、账套修改和删除、账套备份、根据企业经营管理中的不同岗位职能建立不同角色,新建操作员和权限的分配等功能。系统管理的使用者为企业的信息管理人员:系统管理员 Admin、安全管理员 Sadmin、管理员用户和账套主管。

2) 系统管理框架结构图

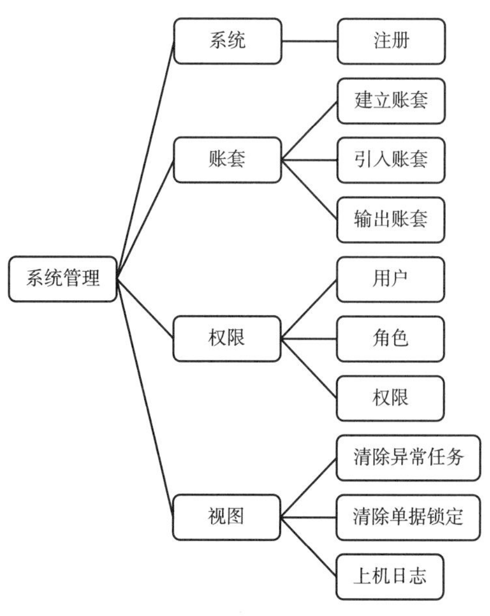

图 3-1　系统管理框架结构图

3) 系统功能

用户可以完成对系统的注册、设备备份计划、数据清除与还原、注销及安全策略等，还可以完成账套的建立、修改、引入和输出。

①设置备份计划。自动定时对设置好的账套或账套库进行输出(备份)。

②数据清除。U8 系统在运行过程中记录了大量的历史数据,以保障用户业务的持续运转、支持业务处理的审计追溯。随着系统的不断使用,这种历史数据必然越来越庞大,形成数据压力,增加维护难度,数据清除功能正是为解决这一问题而提供的。通过数据清除,可以把系统中记录的各种历史数据(比如业务功能操作日志、数据操作日志、系统管理操作日志、工作流数据等)备份出去;以后如果需要使用这些数据,可以再通过数据还原功能恢复到系统中。

③数据还原。对数据清除功能备份出去的历史数据,可以通过此功能再恢复到系统中来,以便追溯历史、分析问题。

④安全策略。用友 U8 的应用安全策略和实践包括:用户身份和密码管理;子系统和用户特权管理;数据、功能等权限管理;登录控制;安全日志等。U8 安全管理员登录系统管理,"系统"下的"安全策略"功能提供了与"安全策略"有关的选项,如制定密码策略等。"上机日志"中会记录对安全策略的各种修改,以方便用户查看。

⑤注销。如果需要执行新功能并且需要以一个新的操作员注册,此时就需要将当前操作员的注册从系统管理功能中注销掉,然后重新注册。

3.2 账套管理

本节内容主要包括建立账套、修改账套、引入账套和输出账套等。

①建立新账套。在使用系统之前,首先要新建本单位的账套。系统提供了建立全新空白账套和参照已有账套建账两种方式,能满足新用户全新使用和老用户扩展使用的要求。

②修改账套。当系统管理员建完账套和账套主管建完账套库后,在未使用相关信息的基础上,需要对某些信息进行调整时,可以进行适当的调整。只有账套主管可以修改其具有权限的账套库中的信息,系统管理员无权修改。

③引入账套。把系统外某账套数据引入本系统中。可使用系统管理中提供的备份功能(设置备份计划)或输出功能,将 U8 账套做备份,当需要恢复账套时,可使用引入功能将备份的账套恢复到 U8 系统中。当账套数据遭到破坏时,将最近复制的账套数据引入本账套中,尽量保持业务数据完好;同时该功能也有利于集团公司的操作,子公司的账套数据可以定期被引入母公司系统中,以便进行有关账套数据的分析和合并工作。

④输出账套。输出账套功能是指将所选的账套数据进行备份输出。对于企业系统管理员来讲,定时地将企业数据备份出来存储到不同的介质上对数据的安全性是非常重

要的。如果由于不可预知的原因,需要对数据进行恢复,此时备份数据就可以将企业的损失降到最低。

⑤账套删除。此功能是根据用户的要求,将所希望的账套从系统中删除。此功能可以一次将该账套下的所有数据彻底删除。

⑥账套库管理。包括建立、引入、输出、备份账套库,重新初始化,清空账套库数据。只有主管才可进行此功能的使用。

3.3　权限管理

权限管理是指对操作员及其功能权限实行统一管理,设立统一的安全机制,包括用户、角色和权限设置。

①用户。本功能主要完成本账套用户的增加、删除、修改等维护工作。

②角色。角色是指在企业管理中拥有某一类职能的组织,这个角色组织可以是实际的部门,也可以是由拥有同一类职能的人构成的虚拟组织。例如,实际工作中最常见的会计和出纳两个角色(他们可以是一个部门的人员,也可以不是一个部门但工作职能是一样的角色统称)。设置角色后,可以定义角色的权限,如果用户归属此角色其相应具有角色的权限。此功能的好处是方便控制操作员权限,可以依据职能统一进行权限的划分。此功能可以进行账套中角色的增加、删除、修改等维护工作。

③权限划分。用友ERP-U8可以实现三个层次的权限管理。第一,功能级权限管理,该权限将提供划分更为细致的功能级权限管理功能,包括各功能模块相关业务的查看和分配权限。第二,数据级权限管理,该权限可以通过两个方面进行权限控制,一个是字段级权限控制,另一个是记录级的权限控制。第三,金额级权限管理,该权限主要用于完善内部金额控制,实现对具体金额数量划分级别。

3.4　视图管理

该功能可以完成清除单据锁定、清除异常任务、清除所有任务及清除站点、清除日志等工作。

①清除单据锁定。在使用过程中由于不可预见的原因可能会造成单据锁定,影响单据的正常操作,此时使用“清除单据锁定”功能将恢复正常功能的使用。

②清除选定任务。U8产品除了提供手动进行异常任务的清除,还提供了增强自动处理异常任务的功能。用户在使用过程中,可在U8服务管理器中设置服务端异常和服务端失效的时间,提高使用中的安全性和高效性。如果用户服务端超过异常限制时间未工作或由于不可预见的原因非法退出某系统,则视此为异常任务,在系统管理主界面显示“运行状态异常”,系统会在到达服务端失效时间时自动清除异常任务。在等待时间

内,用户也可选择“清除异常任务”菜单,自行删除异常任务。

③清除异常任务。用户以系统管理员或有权限的管理员用户身份注册进入系统管理。清除异常任务的同时也会清除该任务所占的加密点。

④清除所有任务。提供清除当前界面所见的所有任务的功能,点击按钮清除所有任务。

⑤清退站点。系统管理员或有权限的管理员用户可以选定客户端手动清除任务,同时释放该客户端所占的所有产品许可。

⑥上机日志。为了保证系统的安全运行,系统随时对各个产品或模块的每个操作员的上下机时间、操作的具体功能等情况都进行登记,形成上机日志,以便使所有的操作都有所记录、有迹可循。

⑦清除日志。本功能支持各种日志类数据的清除,包括业务功能操作日志、数据操作日志、系统管理操作日志。清除出去的数据,以后如果需要还可以通过还原日志功能恢复到系统中。

第 4 章　企业应用平台

4.1　系统功能

1) 系统概述

企业应用平台是为企业员工、用户和合作伙伴提供的能够从单一的渠道访问存储在企业内部和外部的各种信息的平台。通过企业应用平台，企业员工可以通过单一的访问入口访问企业的各种信息，定义自己的业务工作，并设计自己的工作流程。信息的及时沟通，资源的有效利用，与合作伙伴的在线和实时的连接，将提高企业员工的工作效率以及企业的总处理能力。各模块中呈现场景驱动业务工作，并在企业应用平台中体现。

工作场景由“视图”组成，“视图”是指用于用户处理或监控某项工作、完成某种功能的窗口。U8 预置视图有业务导航视图、系统消息、待办任务、消息显示、我的工作、监控列表、工作日历、许可管理视图、企业流程图、助手视图、审批进程图、审批进程表、审批视图、监控视图、UAP 定制的门户视图，也可以通过 UAP 或 UAP 报表或自定义编程生成新的视图，各个场景中可以设置各种预置视图，排布场景中各种视图的位置、大小；支持关联不同菜单，设置后打开相应的业务菜单时展现关联的场景，以支持不同业务、不同操作员便捷地使用最关注的功能。用户可以在使用过程中调整某场景的门户视图布局，并可保存为“私有布局”，下一次登录按保存的布局显示，“私有布局”可恢复为初始设置。

以菜单树的形式列示 U8 系统中的各种功能，点击可以打开业务产品、进入使用 U8 产品的具体功能。同时，系统整合了门户中多个重要功能，比如消息中心、报表中心、工作中心、场景管理器等，以便用户快捷地查看相关消息、了解业务状态、使用业务功能、配置工作环境等。

2) 企业应用平台框架结构图

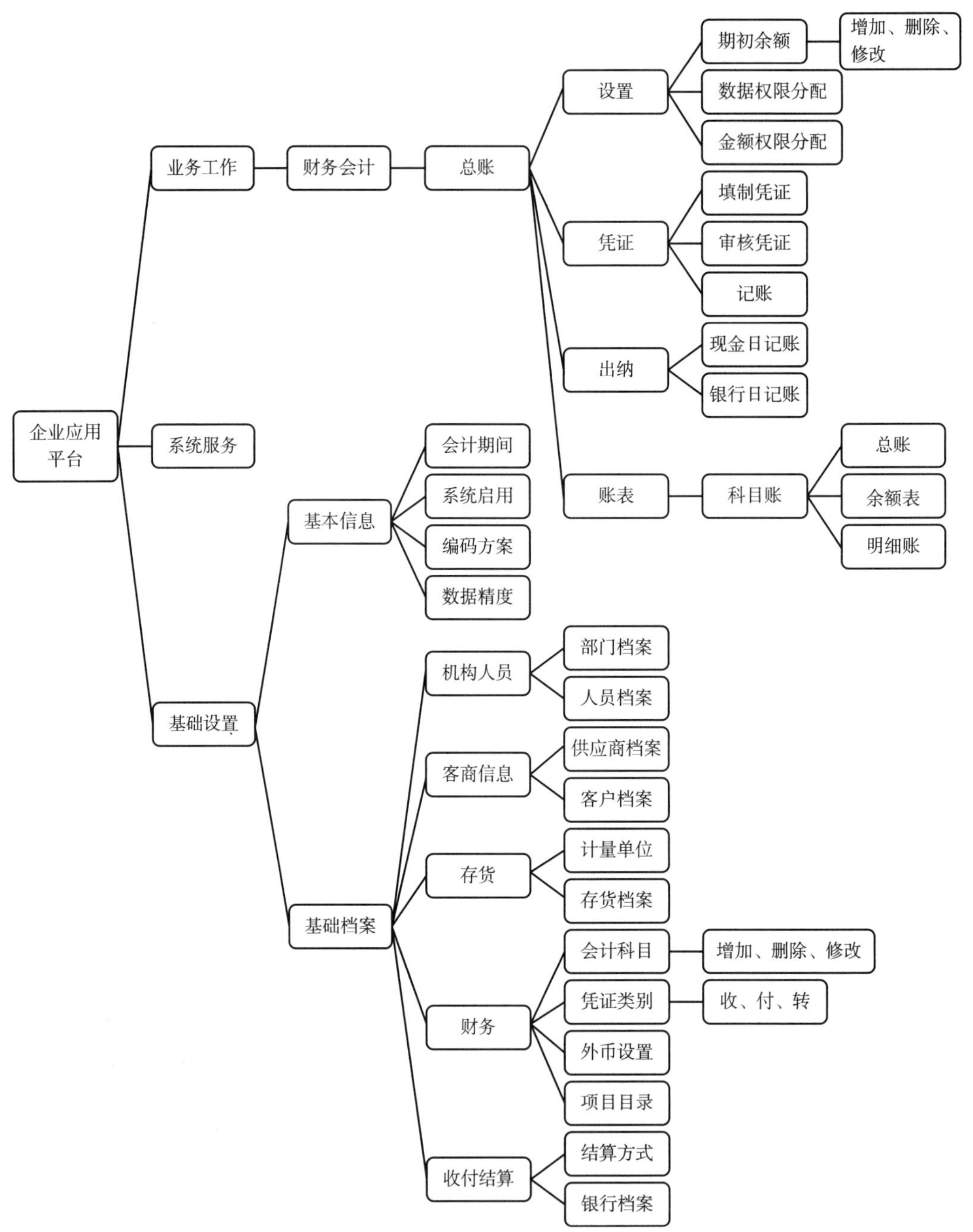

图 4-1　企业应用平台框架结构图

3) 系统功能

企业应用平台可以完成系统的基础设置、系统服务和业务工作,是 U8 的核心内容。

4.2　基本信息管理

1) 会计期间

企业的实际核算期间可能和正常的自然日期不一致,而 U8 支持在一个账套库中保存连续多年的业务数据,为支持不同年度定义各自的会计月历,用户根据企业的实际情况,既可调整尚未发生业务的会计期间的起止日期,也可以手工新增整年会计月历或删除整年尚未发生业务的会计月历。

2) 系统启用

本功能用于已安装系统(或模块)的启用,并记录启用日期和启用人。要使用一个模块必须先启用这个模块。用户创建一个新账套后,自动进入系统启用界面,用户可以一气呵成地完成创建账套和系统启用。或者由用友 ERP-U8—<企业应用平台>—<基础信息>—<基本信息>进入,做系统启用的设置。

系统启用约束条件:

(1)供应链系统产品启用

采购、销售、存货、库存 4 个模块,如果其中有一个模块后启,其启用期间必须大于等于其他模块最大结账月。

应付先启,后启采购,采购的启用月必须大于等于应付的未结账月。

应收先启,后启销售,销售的启用月必须大于等于应收的未结账月,并且,必须应收款管理系统未录入当月(销售启用月)发票,或者将录入的发票删除。

销售先启,应收后启,如果销售已有结账月,应收的启用月应大于等于销售未结账月,如果销售无结账月,应收的启用月应大于等于销售启用月。

销售先启,后启应收,应将销售当月已审核的代垫费用单生成应收单(单据日期为当月)。

在启用库存前用户必须先审核库存启用日期之前的未审发货单。

库存启用时库存启用日期之前的发货单有对应的库存启用日期之后的出库单,必须将此类出库单删除,并在库存启用日期之前生成这些出库单,然后启用库存系统。

库存启用时用户必须先审核库存启用日期之前的先开票、未审发票,否则,库存系统不能启用。

采购先启用,库存后启用时,如果库存启用月份已有根据采购订单生成的采购入库单,则库存不能启用。

委外管理只有在库存管理和存货核算两个模块都启用之后才能启用。

质量管理必须与库存系统一起使用,只有在库存系统启用后,质量管理系统才可启用,与其他系统无先后启用顺序控制。质量管理系统的启用月必须大于等于库存管理的未结账月。

(2)生产制造的启用

生产订单、主生产计划、需求规划、工程变更系统应在物料清单系统启用后启用;反启用时,应进行反向检查,即生产订单、主生产计划、需求规划、工程变更系统没有反启用,则物料清单系统不允许反启用。

车间管理、产能管理系统应在生产订单系统启用后启用;车间管理、产能管理系统没有反启用,则生产订单系统不允许反启用。

(3)总账与其他系统的启用

各系统的启用日期必须大于或等于账套的启用日期。要启用网上银行必须先启用总账。

(4)集团账套提示

只有"集团账套",才允许启用"集团财务"系统;"集团财务"的启用日期为会计年第一天对应的自然日。只有先建立关联的数据库,才能启用专家财务评估、管理驾驶舱和数据分析产品,如何设置关联数据库参见相关产品使用手册;启用时判断是否是"集团账套",如果是"集团账套",不允许启用"总账"产品。

(5)专家财务评估

对于集团版产品应用,无论是企业版账套还是集团版账套都可以启用;而它的企业版只能在企业版账套启用。

(6)合并报表

只有集团版,只能在集团版账套中启用。

3)编码方案

本功能主要用于设置有级次档案的分级方式和各级编码长度,可分级设置的内容有:科目编码、客户分类编码、部门编码、存货分类编码、地区分类编码、货位编码、供应商分类编码、收发类别编码和结算方式编码。编码级次和各级编码长度的设置将决定用户单位如何编制基础数据的编号,进而构成用户分级核算、统计和管理的基础。在新建账套时选择设置不同,显示结果也不同,分以下 4 种情况:

情况一

前提条件:在新建账套时选择设置"存货分类、客户分类、供应商分类、有无外币核算"为"√"。

结果:显示所有需要进行编码方案设置的项目名称,项目的级次和级长可以修改。

情况二

前提条件:在新建账套时选择设置"存货分类、客户分类、供应商分类、有无外币核算"为"空"。

结果:显示所有需要进行编码方案设置的项目名称,项目的级次和级长可以修改。不显示客户、存货、供应商编码方案设置。

情况三

前提条件：在新建账套时选择“是否使用预制会计科目”为“空”。

结果：科目编码每级的长度可以修改。

情况四

前提条件：在新建账套时选择“是否使用预制会计科目”为“√”。

结果：置灰部分的编码不可改，即科目编码前 3 级的级长不可以修改。

4) 数据精度

需要设置的数据精度主要有：存货数量小数位、存货单价小数位、开票单价小数位、件数小数位数、换算率小数位数和税率小数位数。用户可根据企业的实际情况来进行设置。应收、应付、销售、采购、库存、存货、采购计划系统均需使用数据精度。一般情况下只能输入 0~6 之间的整数，系统默认值为 2。

4.3　客商信息管理

1) 地区分类

企业可以从自身管理要求出发对客户、供应商的所属地区进行相应的分类，建立地区分类体系，以便对业务数据的统计、分析。使用用友 ERP-U8 产品中的采购管理、销售管理、库存管理和应收应付款管理系统都会用地区分类。地区分类最多有 5 级，企业可以根据实际需要进行分类。

2) 行业分类

企业依据自身管理要求对客户的所属行业进行相应的分类，建立行业分类体系，以便对业务数据可以按行业来进行统计分析。行业分类最多可以设置 5 级。

3) 供应商分类

企业根据自身管理的需要对供应商进行分类管理，建立供应商分类体系。企业可将供应商按行业、地区等进行划分，设置供应商分类后，根据不同的分类建立供应商档案。没有对供应商进行分类管理需求的用户可以不使用本功能。

4) 供应商档案

企业应设置往来供应商的档案信息，以便于对供应商资料进行管理和业务数据的录入、统计、分析。如果在建立账套时选择了供应商分类，则必须在设置完成供应商分类档案的情况下才能编辑供应商档案。建立供应商档案主要是为企业的采购管理、库存管理、应付款管理服务的。在填制采购入库单、采购发票和进行采购结算、应付款结算和有关供货单位统计时都会用到供货单位档案,因此,必须先设立供应商档案。在输入单据时,如果单据上的供货单位不在供应商档案中,则必须在此建立该供应商的档案。

5)客户分类

企业可以根据自身管理的需要对客户进行分类管理,建立客户分类体系。企业可将客户按行业、地区等进行划分,设置客户分类后,根据不同的分类建立客户档案。没有对客户进行分类管理需求的用户可以不使用本功能。

6)客户级别

客户级别是客户细分的一种方法,企业可以根据自身管理需要,进行客户级别的分类。客户级别设置以后,将在客户档案和统计分析节点中使用。在客户档案录入过程中,指定客户所属的客户级别;在统计分析节点中,可以进行客户级别的分布统计或者分析某一级别客户的行为和特征。

7)客户档案

本功能主要用于设置往来客户的档案信息,以便于对客户资料进行管理和业务数据的录入、统计、分析。如果您在建立账套时选择了客户分类,则必须在设置完成客户分类档案的情况下才能编辑客户档案。

4.4 存货信息管理

1)存货分类

企业可以根据对存货的管理要求对存货进行分类管理,以便于对业务数据进行统计和分析。存货分类最多可分 8 级,编码总长不能超过 30 位,每级级长用户可自由定义。存货分类用于设置存货分类编码、名称及所属经济分类。

2)存货计量

计量单位组分为:无换算、浮动换算、固定换算 3 种类别,每个计量单位组中有一个主计量单位、多个辅助计量单位,可以设置主辅计量单位之间的换算率,还可以设置采购、销售、库存和成本系统所默认的计量单位。先增加计量单位组,再增加组下的具体计量单位内容。

无换算计量单位组:在该组下的所有计量单位都以单独形式存在,各计量单位之间不需要输入换算率,系统默认为主计量单位。

浮动换算计量单位组:设置为浮动换算率时,可以选择的计量单位组中只能包含两个计量单位。此时需要将该计量单位组中的主计量单位、辅计量单位显示在存货卡片界面上。

固定换算计量单位组：设置为固定换算率时，可以选择的计量单位组中才可以包含两个(不包括两个)以上的计量单位，且每一个辅计量单位对主计量单位的换算率不为空。此时需要将该计量单位组中的主计量单位显示在存货卡片界面上。

必须先增加计量单位组，然后再在该组下增加具体的计量单位内容。

3) 存货档案

存货档案主要用于设置企业在生产经营中使用到的各种存货信息，以便于对这些存货进行资料管理、实物管理和业务数据的统计、分析。本功能完成对存货目录的设立和管理，随同发货单或发票一起开具的应税劳务等也应设置在存货档案中，同时提供基础档案在输入中的方便性，完备基础档案中数据项，提供存货档案的多计量单位设置。

4.5　财务基础信息管理

1) 科目档案

会计科目是填制会计凭证、登记会计账簿、编制会计报表的基础。会计科目是对会计对象具体内容分门别类进行核算所规定的项目。会计科目是一个完整的体系，它是区别于流水账的标志，是复式记账和分类核算的基础。会计科目设置的完整性影响着会计过程的顺利实施。会计科目设置的层次深度直接影响会计核算的详细、准确程度。每个会计科目核算的经济内容是不同的，行政事业中分为资产、负债、净资产、收入、支出，企业中分为资产、负债、共同、所有者权益、成本、损益。

本功能完成对会计科目的设立和管理，用户可以根据业务的需要方便地增加、插入、修改、查询、打印会计科目。

2) 凭证类别

为了便于管理或登账方便，一般对记账凭证进行分类编制，但各单位的分类方法不尽相同，所以本系统提供了<凭证类别>功能，用户完全可以按照本单位的需要对凭证进行分类。

如果往来业务相对较少可以不分类，全部作为“记账”凭证，否则可以按以下几种常用分类方式进行定义。收款、付款、转账凭证；现金、银行、转账凭证；现金收款、现金付款、银行收款、银行付款、转账凭证；自定义凭证类别。

3) 外币设置

本功能可以对本账套所使用的外币进行定义，定义后在业务中才能使用，如填制凭证时所用的汇率应先在此进行定义，以便制单时调用，减少录入汇率的次数和差错。当汇率变化时，应预先在此进行定义，否则，制单时不能正确录入汇率。对于使用固定汇率

(即使用月初或年初汇率)作为记账汇率的用户,在填制每月的凭证前,应预先在此录入该月的记账汇率,否则在填制该月外币凭证时,将会出现汇率为零的错误。

固定汇率:录入各月的月初汇率。

浮动汇率:录入所选月份的各日汇率。

记账汇率:在平时制单时,系统自动显示此汇率。

调整汇率:也是月末汇率。在期末计算汇兑损益时用,平时可不输入。

4)项目档案

企业在实际业务处理中会对多种类型的项目进行核算和管理,可以将具有相同特性的一类项目定义成一个项目大类。一个项目大类可以核算多个项目,为了便于管理,还可以对这些项目进行分类管理。如存货、成本、现金流量、项目成本等作为核算的项目分类。

使用项目核算与管理的首要步骤是设置项目档案,项目档案设置包括:增加或修改项目大类,定义项目核算科目、项目分类、项目栏目结构,并进行项目目录的维护。项目核算一般由 4 部分组成:设置核算科目、设置项目结构、项目分类定义、项目目录维护。

5)现金流量项目

以现金流量项目为项目大类进行核算管理,为现金流量统计提供基础参数设置,为编制现金流量表做准备。

4.6 收付结算设置

1)结算方式

该功能用来建立和管理用户在经营活动中所涉及的结算方式。它与财务结算方式一致,如现金结算、支票结算等。结算方式最多可以分为 2 级。结算方式一旦被引用,便不能进行修改和删除的操作。

2)付款条件

付款条件也叫现金折扣,是指企业为了鼓励客户偿还贷款而允诺在一定期限内给予的规定的折扣优待。这种折扣条件通常可表示为 5/10,2/20,*n*/30。付款条件主要在采购订单、销售订单、采购结算、销售结算、客户目录、供应商目录中引用。系统最多同时支持 4 个时间段的折扣。

3)银行档案

银行档案用于设置企业所用的各银行的名称和编码,用于工资、HR、网上报销、网上银行等系统,可以根据业务的需要方便地增加、修改、删除、查询、打印银行档案。

4) 本单位开户银行本系统支持多个开户行及账号的情况

此功能用于维护及查询使用单位的开户银行信息。开户银行一旦被引用,便不能进行修改和删除的操作。

第 5 章　总账系统

5.1　系统功能

1) 系统概述

总账模块作为用友 U8 财务软件的核心模块，在整个账务的处理过程中占据重要地位，适用于各类企事业单位进行期初余额管理、凭证管理、账簿处理、个人往来款管理、部门管理、项目核算和出纳管理及期末业务的管理等。

可根据需要增加、删除或修改会计科目或选用行业标准科目。通过严密的制单控制保证填制凭证的正确性。提供资金赤字控制、支票控制、预算控制、外币折算误差控制以及查看科目最新余额等功能，加强对发生业务的及时管理和控制。制单赤字控制可控制出纳科目、个人往来科目、客户往来科目、供应商往来科目。凭证填制权限可控制到科目，凭证审核权限可控制到操作员。为出纳人员提供一个集成办公环境，加强对现金及银行存款的管理。提供支票登记簿功能，用来登记支票的领用情况；并可完成银行日记账、现金日记账，随时输出最新资金日报表，余额调节表以及进行银行对账。自动完成月末分摊、计提、对应转账、销售成本、汇兑损益、期间损益结转等业务。进行试算平衡、对账、结账、生成月末工作报告。

2) 总账模块框架结构图

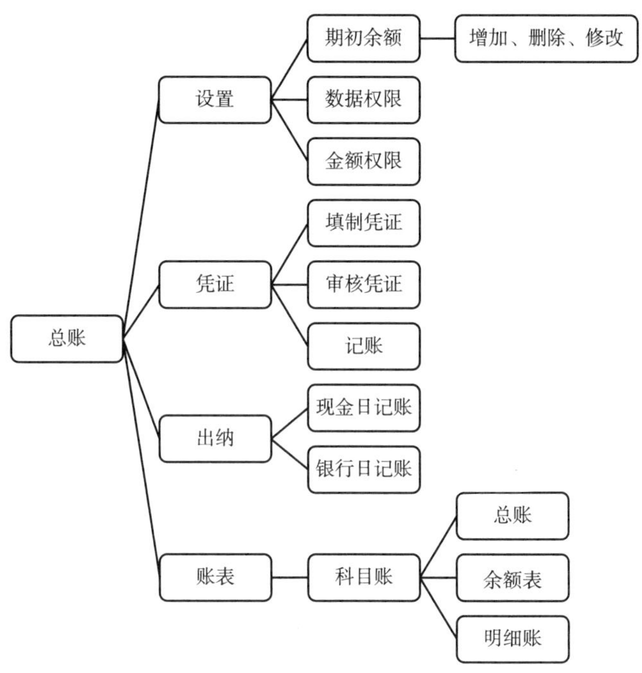

图 5-1　总账模块框架结构图

5.2　总账参数设置

1) 选项设置

系统在建立新的账套后因业务变更或其他原因,发生一些账套信息与核算内容不符的情况,可以通过此功能进行账簿选项的调整和查看。可对"凭证选项""账簿选项""凭证打印""预算控制""权限选项""会计日历""其他选项""自定义项核算"8 部分内容的操作控制选项进行修改。

2) 凭证选项设置

制单控制主要是指在填制凭证时,系统应对哪些操作进行控制。

①制单序时控制。此项和"系统编号"选项联用,制单时凭证编号必须按日期顺序排列,如果有特殊需要可以将其改为不序时制单。

②支票控制。若选择此项,在制单时使用银行科目编制凭证时,系统针对票据管理的结算方式进行登记,如果录入支票号在支票登记簿中已存,系统提供登记支票报销的功能;否则,系统提供登记支票登记簿的功能。

③赤字控制。若选择了此项,在制单时,当“资金及往来科目”或“全部科目”的最新余额出现负数时,系统将予以提示。

④可以使用应收受控科目。若科目为应收款管理系统的受控科目,为了防止重复制单,只允许应收系统使用此科目进行制单,总账系统是不能使用此科目制单的。所以如果希望在总账系统中也能使用这些科目填制凭证,则应选择此项。

⑤可以使用应付受控科目。若科目为应付款管理系统的受控科目,为了防止重复制单,只允许应付系统使用此科目进行制单,总账系统是不能使用此科目制单的。所以如果希望在总账系统中也能使用这些科目填制凭证,则应选择此项。

⑥可以使用存货受控科目。若科目为存货核算系统的受控科目,为了防止重复制单,只允许存货核算系统使用此科目进行制单,总账系统是不能使用此科目制单的。所以如果希望在总账系统中也能使用这些科目填制凭证,则应选择此项。

5.3 日常业务处理

该功能主要包括期初余额录入、填制凭证、出纳签字、主管签字、凭证审核、记账工作等。

1)期初余额录入

期初余额录入主要包括:录入科目期初余额:用于年初录入余额或调整余额。核对期初余额,并进行试算平衡。如果是1月份建账,则期初余额表中只有期初数据,否则会有累计借方金额及累计贷方金额。

2)填制凭证

填制凭证是本系统处理的起点,也是所有查询数据的最主要的一个来源。日常业务处理首先从填制凭证开始。

3)出纳签字

出纳凭证由于涉及企业现金的收入与支出,应加强对出纳凭证的管理。出纳人员可通过出纳签字功能对制单员填制的带有现金银行科目的凭证进行检查核对,主要核对出纳凭证的出纳科目的金额是否正确,审查认为错误或有异议的凭证,应交与填制人员修改后再核对。

4)主管签字

在许多企业中为加强对会计人员制单的管理,常采用经主管会计签字后的凭证才有效的管理模式。因此本系统提供“主管签字”的核算方式,即其他会计人员制作的凭证必须经主管签字才能记账。使用前提:在基础设置选项中选择“凭证必须经主管签字”。

5)常用凭证

在日常填制凭证的过程中,将经常出现的完全相同或部分相同的凭证,存储起来,在后面填制会计凭证时可随时调用的一种凭证模板。

5.4　出纳管理

1)现金日记账

本功能用于查询现金日记账,此处的现金科目必须在“会计科目”功能下的“指定科目”中预先指定。

2)银行日记账

本功能用于查询银行日记账,银行科目必须在“会计科目”功能下的“指定科目”中预先指定。

3)资金日报

本功能用于查询输出现金、银行存款科目某日的发生额及余额情况。

4)支票登记簿

由银行出纳详细登记支票领用人、领用日期、支票用途、是否报销等情况。当应收、应付系统或资金系统有支票领用时,自动填写。只有在“会计科目”中设置银行账的科目才能使用支票登记簿。

5)银行对账

银行对账采用自动对账与手工对账相结合的方式。自动对账是计算机根据对账依据自动进行核对、勾销,对于已核对上的银行业务,系统将自动在银行存款日记账和银行对账单双方写上两清标志、对账序号,并视为已达账项,对于在两清栏未写上两清符号的记录,系统则视其为未达账项。手工对账是对自动对账的补充,使用完自动对账后,可能还有一些特殊的已达账项没有对出来,而被视为未达账项,为了保证对账的正确,可用手工对账来进行调整。

6)核销已达银行账项

本功能用于将核对正确并确认无误的已达账项删除,对于一般用户来说,在银行对账正确后,如果想将已达账项删除并只保留未达账项时,可使用本功能。

7)长期未达账项审计

本功能用于查询至截止日期为止未达天数超过一定天数的银行未达账项,以便企业分析长期未达原因,避免资金损失。

5.5 审核与记账

1)审核凭证

审核凭证是审核员按照财会制度,对制单员填制的记账凭证进行检查核对,主要审核记账凭证是否与原始凭证相符,会计分录是否正确等,审查认为错误或有异议的凭证,应打上出错标记,同时可写入出错原因并交与填制人员修改后,再审核。只有具有审核凭证权限的人才能使用本功能。

2)记账

记账凭证经审核签字后,即可用来登记总账和明细账、日记账、部门账、往来账、项目账以及备查账等。记账过程中需要注意的问题:

①记账过程因断电或其他原因造成中断后,系统将自动调用“恢复记账前状态”恢复数据,然后需要再重新记账。

②在记账过程中,不得中断退出。

③在第一次记账时,若期初余额试算不平衡,系统将不允许记账。

④所选范围内的凭证如有不平衡凭证,系统将列出错误凭证,并重选记账范围。

3)账表管理

账表管理的功能主要用于对总账、明细账、序时账、多栏账、综合多栏账、日报表等的查询。

第6章　应收款管理

6.1　系统功能

1）系统概述

应收款管理系统，通过发票、其他应收单、收款单等单据的录入，对企业的往来账款进行综合管理，及时、准确地提供客户的往来账款余额资料，提供各种分析报表，如账龄分析表、坏账分析表、回款分析表等，通过各种分析报表，帮助企业合理地进行资金的调配，提高资金的利用效率。

根据对客户往来款项核算和管理的程度不同，系统提供了应收账款核算模型"详细核算"和"简单核算"两种应用方案。

"详细核算"适用于销售业务以及应收款核算比较复杂；或者企业需要追踪每一笔业务的应收款、收款等情况；或者企业需要将应收款核算到产品一级的情况。该方案能够帮助企业了解每一客户每笔业务详细的应收情况、收款情况及余额情况，并进行账龄分析，加强客户及往来款项的管理，使企业能够依据每一客户的具体情况，实施不同的收款策略。

"简单核算"适用于销售业务以及应收账款业务比较简单，或者现销业务很多的情况，该方案着重于对客户的往来款项进行查询和分析。具体选择哪一种方案，可在应收款管理系统中通过设置系统选项"应收账款核算模型"进行设置。

2）系统功能

应收款管理系统主要提供了初始设置、日常处理、单据查询、账表管理、其他处理等功能。

（1）初始设置

初始设置提供系统参数的定义，用户结合企业管理要求进行的参数设置，是整个系统运行的基础。该功能还提供单据类型设置、账龄区间的设置和坏账初始设置，为各种应收款业务的日常处理及统计分析作准备，提供期初余额的录入，保证数据的完整性与连续性。

(2)日常处理

该功能提供应收单据、收款单据的录入、处理、核销、转账、汇兑损益、制单等处理。

(3)单据查询

该功能提供查阅各类单据、详细核销信息、报警信息、凭证等。

(4)账表管理

账表管理提供总账表、余额表、明细账等多种账表查询功能。提供应收账款分析、收款账龄分析、欠款分析等丰富的统计分析功能。

(5)其他处理

其他处理提供用户进行远程数据传递的功能。提供用户对核销、转账等处理进行恢复的功能，以便进行修改。提供进行月末结账等处理。

3)系统的特点

①系统提供两种核算模型，“详细核算”和“简单核算”，满足用户不同管理的需要。

②系统提供各种预警，帮助企业及时进行到期账款的催收，以防止发生坏账，信用额度的控制有助于企业随时了解客户的信用情况。

③系统提供功能权限的控制、数据权限的控制来提高系统应用的准确性和安全性。

④系统提供票据的跟踪管理，可以随时对票据的计息、背书、贴现、转让等操作进行监控。

⑤系统提供总公司和分销处之间数据的导入、导出及其服务功能，为企业提供完整的远程数据通信方案。

⑥系统提供全面的账龄分析功能，支持多种分析模式，帮助企业强化对应收款的管控。

⑦系统既可独立运行，又可与销售管理、总账其他系统结合运用，提供完整的业务处理和财务管理信息。

4)应收款框架结构图

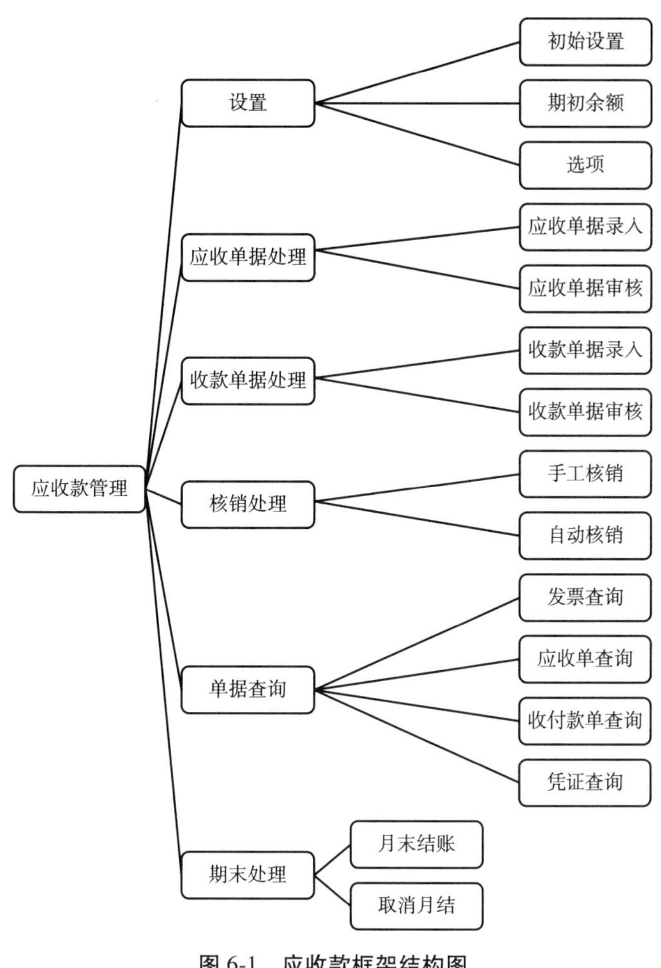

图 6-1　应收款框架结构图

6.2　初始参数设置

系统初始化指用户在使用应收系统之前进行的初始设置,它包括以下 5 个方面。

1)初始设置

初始设置的作用是建立应收管理的基础数据,确定使用哪些单据处理应收业务,确定需要进行账龄管理的账龄区间,确定各个业务类型的凭证科目。有了这些功能,用户可以选择使用自己定义的单据类型,进行单据的录入、处理、统计分析并制单,使应收业务管理更符合用户的需要。

2) 期初余额

通过期初余额功能,用户可将正式启用账套前的所有应收业务数据录入到系统中,作为期初建账的数据,系统即可对其进行管理,这样既保证了数据的连续性,又保证了数据的完整性。

3) 系统选项

在运行本系统前,用户应在此设置运行所需要的账套参数,以便系统根据用户所设定的选项进行相应的处理。由于本系统业务类型较固定,生成的凭证类型也较固定,因此为了简化凭证生成操作,可以在此处将各业务类型凭证中的常用科目预先设置好。系统将依据制单规则在生成凭证时自动带入。

4) 基本科目设置

用户可以在此定义应收系统制单所需要的基本科目,如应收科目、预收科目、销售收入科目、税金科目等。若用户未在单据中指定科目,且控制科目设置与产品科目设置中没有明细科目的设置,则系统制单依据制单规则取基本科目设置中的科目设置。

5) 控制科目设置

应收控制科目指所有带有客户往来辅助核算并受控于应收系统的科目。用户应在会计科目中进行应收科目、预收科目的设置。本系统提供了 3 种设置控制科目的依据。即按客户分类、按客户、按地区分类 3 种依据。

①按客户分类设置。客户分类指根据一定的属性将往来客户分为若干大类,也可以根据客户的信用将客户分为优质客户、良性客户、一般客户和信用较差的客户等。在这种方式下,可以针对不同的客户分类设置不同的应收科目和预收科目。

②按客户设置。可以针对不同的客户设置不同的应收科目和预收科目。这种设置适合有特殊需要的客户。

③按地区设置。可以针对不同的地区分类设置不同的应收科目和预收科目。在账套使用过程中,可以随时修改该参数的设置。

6.3 应收单据处理

应收单据处理指用户进行单据录入和单据管理的工作。通过单据录入、单据管理可记录各种应收业务单据的内容,查阅各种应收业务单据,完成应收业务管理的日常工作。

1) 单据录入类型

①如果同时启用应收款管理系统和销售管理系统,则发票和代垫费用产生的应收单

据由销售系统录入,在应收账款模块中可以对这些单据进行审核、弃审、查询、核销、制单等功能。本系统需要录入的单据仅限于应收单。

②如果没有使用销售系统,则各类发票和应收单均应在本系统录入。

2)应收单据录入

应收单据录入是本系统处理的起点。

应收单的实质是一张凭证,用于记录销售业务之外所发生的各种其他应收业务。应收单表头中的信息相当于凭证中的一条分录的信息,表头科目为核算该客户所欠款项的一个科目。应收单表头科目必须是应收系统的受控科目。表头科目的方向即为用户所选择的单据的方向。应收单表体信息可以不输入,不输入的情况下点击保存按钮系统会自动形成一条方向相反、金额相等的记录,用户可修改。表体中的一条记录也相当于凭证中的一条分录。当输入了表体内容后,表头、表体中的金额合计应借、贷方相等。

如果在系统选项中选择了进行信用控制,应收单录入时系统会根据对应的客户档案中设定的信用条件进行控制。

3)发票说明

销售发票是企业给客户开具的增值税专用发票、普通发票及所附清单等原始销售票据。

启用销售管理系统,则销售发票在销售管理系统中录入,并在销售管理系统中进行复核,在应收系统中进行审核记账。在销售管理系统录入的发票在应收系统不能修改、删除,只能到销售管理系统中进行修改操作。

若没有启用销售系统,则销售发票在应收款管理系统中录入,它的修改、删除与应收单相同。

4)应收单据审核

应收单据审核主要提供用户批量审核。系统向用户提供手工审核、自动批审核的功能。在"应收单据审核"界面中显示的单据既包括所有已审核、未审核的应收单据,也包括从销售管理系统传入的单据。进行过核销、制单、转账等处理的单据在"应收单据审核"中不能显示。对这些单据的查询,可在"单据查询"中进行。

在应收单据审核列表界面,用户也可在此进行应收单的增加、修改、删除等操作。已收款销售发票审核的处理,当审核的发票是已经做过现结处理的,则系统在审核记账的同时,后台还将自动进行相应的核销处理。对于发票有剩余的部分,作应收账款处理。

(1)自动批审

用户可以点击"批审"按钮,系统会根据当前的过滤条件将符合条件的未审核单据全部进行后台的一次性审核处理。批审完成后,系统会提供单据批审报告、自动批审报告、显示批审成功的单据张数以及明细审核单据。

(2)手工批审

用户也可在输入过滤条件后,进入单据列表界面,进行选择。在选择标志一栏里,双击鼠标或者打对勾,然后点击工具栏中的“审核”按钮,则表示要将该张单据审核。也可以点“全选”图标将所有的单据全部选中;点击“全消”图标取消所做的选择。

批审完成后,系统提交单据批审报告,显示批审成功的张数以及未成功单据的张数。用户可点击按钮,即可显示明细单据。

5)应收单据弃审

弃审是审核的反操作,可以在已审核单据列表中进行,应收单据弃审分以下两种情况。

(1)批量弃审

用户可以根据企业的需要,在输入弃审单据的过滤条件后,进入已审核单据列表界面,进行一次性批量弃审处理。批量弃审完成后,系统提供单据批量弃审报告,报告显示弃审成功的张数以及明细单据。用户也可以查看到未成功弃审的明细单据。

(2)单张弃审

每次只对当前符合条件的一张单据进行取消审核操作。

6.4 收款单据处理

收款单据处理主要是对结算单据(收款单、付款单即红字收款单)进行管理,包括收款单、付款单的录入和审核。

应收系统的收款单用来记录企业所收到的客户款项,款项性质包括应收款、预收款、销售定金、现款结算、其他费用等。其中应收款、预收款性质的收款单将与发票、应收单、付款单进行核销勾对。

应收系统付款单用来记录发生销售退货时,企业开具的退还给客户的款项。该付款单可与应收、预收性质的收款单、红字应收单、红字发票进行核销。

1)收款单据录入

收款单据录入,是将已收到的客户款项(包括客户支付的销售定金)或退回客户的款项,录入到应收款管理系统。录入包括收款单与付款单(即红字收款单)的录入。

2)收款单说明

应收系统的收款单用来记录企业收到的款项,当企业收到每一笔款项时,应明确该款项是客户结算的货款,还是支付的销售定金,还是提前支付的货款,还是支付其他费用,还是手续费、利息。系统用款项类型来区别不同的用途,在录入收款单时,需要指定其款项用途。如果对于同一张收款单上包含了不同用途的款项,应在表体记录中分行显示。

在一张收款单中,款项类型分为应收款、预收款、其他费用、手续费、利息、现款结算、销售定金。

对于不同用途的款项,系统提供的后续业务处理不同。对于冲销应收账款,以及形成预收款的款项,需要进行核销,即将收款单与其对应的销售发票或应收单进行核销勾对,进行冲销客户债务的处理。对于其他费用、手续费及利息用途的款项则不需要进行核销。对于现款结算的款项,系统控制一定要和对应的发票进行核销,对于销售定金的款项,只能业务完成后做转出处理再进行核销。

若一张收款单中,表头客户与表体客户不同,则视表体客户的款项为代收款。代收款的形成及处理:收到一个单位的一笔款项,但该款项包括为另外一个单位付的款。这时有两种处理方式:将付款单位直接记录为另外一个单位,金额为代付金额;将付款单位仍然记录为该单位,但通过在表体输入代付客户的功能处理代付款业务,这种方式的好处是既可以保留该笔付款业务的原始信息,又可以处理同时代多个单位付款的情况。

3)付款单说明

应收系统付款单用来记录发生销售退货时,支付客户的款项。同样,需要指明付款单是应收款项退回、预收款退回、还是其他费用退回。应收、预收性质的付款单可与应收、预收用途的收款单、红字应收单、红字发票进行核销。

6.5　核销处理

1)单据核销

核销是指确定收、付款单与原始的发票、应收单之间的对应关系的操作。需要指明每一次收款是收的哪几笔销售业务的款项,而且可以进行异币种之间的核销处理。明确核销关系后,进行精确的账龄分析。单据核销的作用是解决收回客商款项核销客商应收款的处理,建立收款与应收款的核销记录,监督应收款及时核销,加强往来款项的管理。

2)核销类别

(1)按照币种的不同分

①同币种核销。币种相同的发票、应收单与收款单进行核销。同币种的核销可以在“核销处理”中进行批量、自动核销。

②异币种核销。在币种不同的应收单与收款单据中进行核销。异币种核销时,需要先到初始设置——“中间币种”设置中进行设置。异币种核销只能在“收款单据录入”中进行核销处理。

(2)按照自动化程度分

①手工核销。由用户手工确定收款单核销与它们对应的应收单据的工作。通过本功能可以根据查询条件选择需要核销的单据,然后手工核销,加强了往来款项核销的灵活性。

②自动核销。系统确定收款单核销与它们对应的应收单据的工作。通过本功能,可以根据查询条件选择需要核销的单据,然后系统自动核销。

(3)核销说明

核销时可以修改本次结算金额,但是不能大于该记录的原币余额,中间币种金额应该根据修改的本次结算金额进行对应计算后显示。

6.6 票据管理与转账

1)票据管理

该功能主要对银行承兑汇票和商业承兑汇票进行管理,记录票据详细信息,记录票据处理情况,查询应收票据(包括即将到期且未结算完的票据),包括增加票据、删除票据、修改票据、票据贴现、票据背书、票据计息、票据结算、票据转出、查询票据登记簿。

2)转账处理

该功能主要包括以下4种常见业务:

①应收冲应收:本功能将应收款业务在客户、部门、业务员、项目和合同之间进行转入、转出,实现应收业务的调整,解决应收款业务在不同客户、部门、业务员、项目和合同间入错户或合并户问题。

②预收冲应收:处理客户的预收款和该客户应收欠款的转账核销业务。

③应收冲应付:用某客户的应收账款,冲抵某供应商的应付款项。

④红票对冲:将某客户的红字应收单与其蓝字应收单、收款单与付款单中间进行冲抵的操作。

系统提供了两种处理方式:系统自动对冲和手工对冲。

系统自动对冲:可同时对多个客户依据红冲规则进行红票对冲,提高红票对冲的效率。自动红票对冲提供进度条,并提交自动红冲报告,用户可了解自动红冲的完成情况及失败原因。

手工对冲:对一个客户进行红票对冲,可自行选择红票对冲的单据,提高红票对冲的灵活性。手工红票对冲时采用红蓝上下两个列表形式提供,红票记录全部采用红色显示,蓝票记录全部用黑色显示。

6.7　坏账与制单处理

1) 坏账处理

坏账处理是指系统提供的计提应收坏账准备处理、坏账发生后的处理、坏账收回后的处理等功能。坏账处理的作用是系统自动计提应收款的坏账准备,当坏账发生时即可进行坏账核销,当被核销坏账又收回时,即可进行相应处理。

2) 制单处理

制单即生成凭证,并将凭证传递至总账记账。系统在各个业务处理的过程中都提供了实时制单的功能;除此之外,系统提供了一个统一制单的平台,可以快速、成批生成凭证,并可依据规则进行合并制单等处理。

3) 单据查询

系统提供对应收单、结算单、凭证等的查询。进行各类单据、详细核销信息、报警信息、凭证等内容的查询。在查询列表中,系统提供自定义显示栏目、排序等功能,可以通过单据列表操作来制作符合企业要求的单据的列表。用户若启用客户、部门数据权限控制,则用户在查询单据时只能查询有权限的单据。

6.8　期末处理

期末处理指用户进行的期末结账工作。如果当月业务已全部处理完毕,就需要执行月末结账功能,只有月末结账后,才可以开始下月工作。当执行了月末结账功能后,该月将不能再进行任何处理。如果这个月的前一个月没有结账,则本月不能结账。一次只能选择一个月进行结账。

应收款管理系统与销售管理系统集成使用,应在销售管理系统结账后,才能对应收系统进行结账处理。

当选项中设置审核日期为单据日期时,本月的单据(发票和应收单)在结账前应该全部审核。

当选项中设置审核日期为业务日期时,截止到本月末还有未审核单据(发票和应收单),照样可以进行月结处理。

如果还有合同结算单未审核,仍然可以进行月结处理。

如果本月的收款单还有未审核的,不能结账。

当选项中设置月结时必须将当月单据以及处理业务全部制单,则月结时若检查当月有未制单的记录时不能进行月结处理。

当选项中设置月结时不用检查是否全部制单,则无论当月有无未制单的记录,均可进行月结处理。

如果是本年度最后一个期间结账,则本年度进行的所有核销、坏账、转账等处理全部制单。

取消结账意味着将取消最近月份的结账状态。

第7章　应付款管理

7.1　系统功能

1）系统概述

应付款管理系统，通过发票、其他应付单、付款单等单据的录入，对企业的往来账款进行综合管理，及时、准确地提供供应商的往来账款余额资料，提供各种分析报表，帮助企业合理地进行资金的调配，提高资金的利用效率。

根据对供应商往来款项核算和管理的程度不同，系统提供了“详细核算”和“简单核算”两种应用方案。

“详细核算”方案适用于采购业务及应付账款业务较多；或者需要追踪每一笔业务的应付款、付款等情况；该方案能够帮助企业了解每笔业务详细的应付情况、付款情况及余额情况，并进行账龄分析。

“简单核算”方案适用于单位采购业务及应付款核算业务并不十分复杂，或者现结业务较多的企业。具体选择哪一种方案，企业可以在应付款管理系统中通过设置“应付账款核算模型”来设置。

2）系统功能

应付管理系统主要提供了设置、日常处理、单据查询、账表管理、其他处理等功能。

（1）设置

提供系统参数的定义，用户结合企业管理要求进行的参数设置，是整个系统运行的基础。提供单据类型设置、账龄区间的设置，为各种应付款业务的日常处理及统计分析做准备。提供期初余额的录入，保证数据的完整性与连续性。

（2）日常处理

提供应付单据、付款单据的录入、处理、核销、转账、汇兑损益、制单等处理。

(3)单据查询

提供各类单据、详细核销信息、报警信息、凭证等内容的查询。

(4)账表管理

提供总账表、余额表、明细账等多种账表查询功能;提供应付款账龄分析、付款账龄分析、欠款分析等丰富的统计分析功能。

(5)其他处理

为用户提供远程数据传递的功能。提供用户对核销、转账等处理进行恢复的功能,提供进行月末结账等处理。

3)系统特点

①系统提供简单核算和详细核算两种模式进行应付账款的核算,满足用户的不同需求。

②系统提供功能权限的控制、数据权限的控制来提高系统应用的准确性和安全性。

③系统提供了各种预警,帮助企业及时了解应付款以及企业信用情况。

④提供票据的跟踪管理,可以随时对票据的计息、结算等操作进行监控。

⑤提供收付款单的批量审核、自动核销功能,并能与网上银行进行数据的交互。

⑥系统提供总公司和分销处之间数据的导入、导出及其服务功能,为企业提供完整的远程数据通信方案。

⑦提供全面的账龄分析功能,支持多种分析模式,帮助企业强化对应付款的管理和控制。

⑧系统既可独立运行,又可与采购管理系统、总账系统等其他系统结合运用,提供完整的业务处理和财务管理信息。

4) 应付款框架结构图

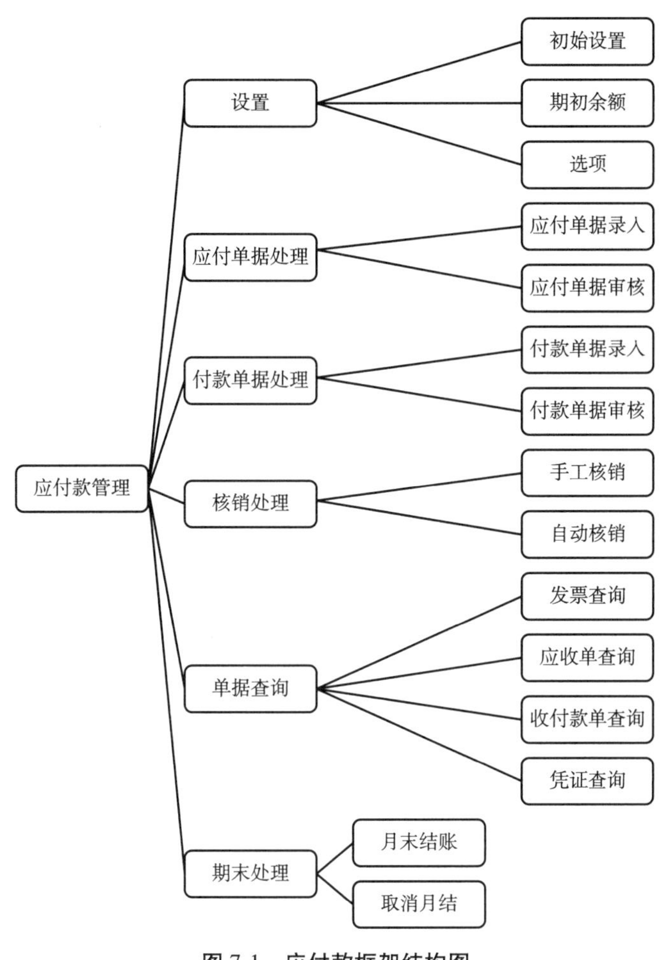

图 7-1　应付款框架结构图

7.2　初始参数设置

系统初始化是指用户在使用应付系统之前进行的初始设置,包括:

1) 初始设置

初始设置的作用是建立应付管理的基础数据,确定使用哪些单据(单据模板)处理应付业务,确定需要进行账龄管理的账龄区间,确定凭证科目。有了这些功能,用户可以选择使用自己定义的单据类型,进行业务的处理、统计、分析、制单,使应付业务管理更符合用户的需要。同时,初始设置与应收业务单据关联,可选择自己定义的应付业务单据。基础设置与统计分析关联,可实现对应付款、付款及往来业务的账龄分析查询。具体设

置包括:

①单据类型的设置:解决使用何种单据处理应付业务的问题。

②凭证科目的设置:依据用户定义的科目,在依据不同的业务类型,生成凭证自动带出科目。

③账龄区间设置:解决用户定义查询或分析应付账款账龄的区间,可随时掌握应付款的动态变化。

④报警级别的设置:提供用户进行报警级别的设置。

2)期初余额

通过期初余额功能,用户可将正式启用账套前的所有应付业务数据录入系统中,作为期初建账的数据,系统即可对其进行管理,这样既保证了数据的连续性;又保证了数据的完整性。

3)系统选项

在运行本系统前,用户应在“系统选项”中设置运行所需要的账套参数,以便系统根据用户所设定的选项进行相应的处理。由于本系统业务类型较固定,生成的凭证类型也较固定,因此为了简化凭证生成操作,可以在此处将各业务类型凭证中的常用科目预先设置好。系统将依据制单规则在生成凭证时自动带入。

4)基本科目设置

可以在此定义应付系统凭证制单所需要的基本科目。如应付科目、预付科目、采购科目、税金科目等。若用户未在单据中指定科目,且控制科目设置与产品科目设置中没有明细科目的设置,则系统制单依据制单规则取基本科目设置中的科目设置。

5)控制科目设置

进行应收科目、预收科目的设置。依据在系统初始中的控制科目依据而显示设置依据。在核算对供应商的赊购欠款时,针对不同的供应商“供应商分类、地区分类、采购类型、存货分类、存货”分别设置了不同的应付账款科目和预付账款科目,可以先在账套参数中选择设置的依据,然后在此处进行设置。系统依据制单业务规则将设置的科目自动带出。

6)产品科目的设置

针对不同的存货(存货分类、供应商分类、供应商、采购类型)分别设置不同的采购科目、应交进项税科目。

7)结算方式科目设置

不仅可以设置常用的科目,而且可以为每种结算方式设置一个默认的科目。系统依据制单业务规则将设置的科目自动带出。

7.3　应付单据处理

应付单据处理指用户进行单据录入和单据管理的工作。通过单据录入，单据管理可记录各种应付业务单据的内容，查阅各种应付业务单据，完成应付业务管理的日常工作。

1) 单据录入类型

①如果同时启用应付款管理系统和采购管理系统，则发票由采购系统录入，在应付系统可以对这些单据进行审核、弃审、查询、核销、制单等功能。应付系统需要录入的单据仅限于应付单。

②如果没有启用采购系统，则各类发票和应付单均应在应付系统录入。

2) 应付单据录入

应收单据录入是应付系统处理的起点。

应付单用于记录企业采购业务之外所发生的各种其他应付业务，它的实质是一张凭证，应付单表头中的信息相当于凭证中的一条分录的信息，表头科目应该为核算所欠该供应商款项的一个科目。应付单表头科目必须是应付系统的受控科目。表头科目的方向即为选择的单据的方向。应付单表体信息可以不输入，不输入的情况下点击"保存"按钮系统会自动形成一条方向相反、金额相等的记录，用户可修改。表体中的一条记录也相当于凭证中的一条分录。

3) 发票说明

采购发票是从供货单位取得的进项发票及发票清单。

启用采购系统，则采购发票在采购系统中录入，在应付系统中进行审核记账。在采购系统录入的发票在应付系统不能修改、删除，只能到采购系统中进行修改操作。

若没有启用采购系统，则采购发票在应付系统中录入，它的修改、删除与应付单同。

4) 应付单据审核

应付单据审核主要提供用户批量审核。系统提供用户手工审核、自动批审核的功能。在"应付单据审核"界面中显示的单据可包括所有已审核、未审核的应付单据，包括从采购管理系统传入的单据。做过后续处理，如核销、制单、转账等处理的单据，在"应付单据审核"中不能显示。对这些单据的查询，可在"单据查询"中进行。

批审中也可以进行新增单据、单据修改，批量删除等操作，其约束条件与应付单据录入同。

(1)自动批审

通过点击“日常处理”—“应付单据处理”—“应付单据审核”,系统显示一查询条件框。输入查询条件后,用户可以点击“批审”按钮,系统根据当前的过滤条件将符合条件的未审核单据全部进行后台的一次性审核处理。批审完成后,系统提交单据批审报告,自动批审报告显示成功的张数以及明细审核单据;也可显示已成功审核的明细单据。

(2)手工批审

用户也可在输入过滤条件后,进入单据列表界面,进行选择。在选择标志一栏里,双击鼠标或者打对钩,然后点击工具栏中的审核按钮,则表示要将该张单据审核;也可以将所有的单据全部选中,取消所做的选择。选择单据后,单击“审核”图标将当前选中的单据全部审核。批审完成后,系统提交单据批审报告,显示成功的张数以及未成功单据的张数。也可显示明细单据。

(3)单张审核

在审核列表界面,可双击单据记录或点击“单据”按钮,则进入单据卡片界面,直接单击“审核”按钮将当前单据审核。

5)应收单据弃审

(1)批量弃审

用户也可在输入弃审单据的过滤条件后,点击“确认”按钮。进入已审核单据列表界面,通过点击“全选”“全消”按钮将列表中的记录全部打上选择标志或取消选择标志。在需要进行弃审的结算单打上选择标志,点击“弃审”按钮,对当前应收单进行批量弃审。批量弃审完成后,系统提交单据批量弃审报告,报告显示弃审成功的张数以及明细单据。也可显示未成功弃审的明细单据。

(2)单张弃审

每次只对当前符合条件一张单据进行取消审核操作。

7.4 付款单据处理

付款单据处理主要是对结算单据(付款单、收款单即红字付款单)进行管理,包括付款单、收款单的录入、审核。应付款管理系统的付款单用来记录企业所支付的款项。应付款管理系统的收款单用来记录发生采购退货时,企业所收到的供应商退款。

1)付款单据录入

付款单据录入,是将支付供应商款项依据供应商退回的款项,录入到应付款管理系统,包括付款单与收款单(即红字付款单)的录入。

2) 付款单说明

应付系统的付款单用来记录企业所支付的款项，当支付每一笔款项时，应知道该款项是结算供应商货款，还是提前支付供应商的预付款，还是支付供应商其他费用。系统用款项类型来区别不同的用途。在录入付款单时，需要指定其款项用途。如果对于同一张付款单，如果包含不同用途的款项，应在表体记录中分行显示。

对于不同的用途的款项，系统提供的后续业务处理不同。对于冲销应付款，以及形成预付款的款项，需要进行付款结算，即将付款单与其对应的采购发票或应付单进行核销勾对，进行冲销企业债务的操作。对于其他费用用途的款项则不需要进行核销。

若一张付款单中，表头供应商与表体供应商不同，则视表体供应商的款项为代付款。

3) 收款单说明

应付系统收款单用来记录发生采购退货时，收到供应商退回企业的款项。同样，需要指明红字付款单是应付款项退回、预付款退回，还是其他费用退回。应付、预付用途的红字付款单可与应付、预付用途的付款单、红字应付单、红字发票进行核销。

7.5　核销处理

1) 核销

核销处理指用户日常进行的付款核销应付款的工作。单据核销的作用是处理付款核销应付款，建立付款与应付款的核销记录，监督应付款及时核销，加强往来款项的管理。

2) 核销的类型

①手工核销，用户手工确定系统内付款与应付款的对应关系，选择进行核销。

②自动核销，系统自动确定系统内付款与应付款的对应关系，选择进行核销。

3) 核销规则

①同币种核销：对当前结算单进行核销，且可核销的单据其币种应该与本结算单相同。

②异币种核销：对当前结算单进行核销，可核销该供应商的所有对方单据，不受币种的限制。

③按照选项中用户设置的核销规则进行对应核销。

7.6　票据管理与转账

1）票据管理

票据管理主要是对银行承兑汇票和商业承兑汇票进行管理，包括：记录票据详细信息和记录票据处理情况。

2）转账处理

该功能主要包括以下几种常见业务。

①应付冲应付：将供应商、部门、业务员、项目和合同的应付款转到另一个中去。通过本功能将应付款业务在供应商、部门、业务员、项目和合同之间进行转入、转出，实现应付业务的调整，解决应付款业务在不同供应商、部门、业务员、项目和合同间入错户或合并户问题。

②预付冲应付：可将预付供应商款项和所欠供应商的货款进行转账核销处理。

③应付冲应收：用对某供应商的应付账款，冲抵对某客户的应收账款。

④红票对冲：将同一供应商的红票和其蓝字发票进行冲销。

⑤自动对冲：可同时对多个供应商依据红冲规则进行红票对冲，提高红票对冲的效率。自动红票对冲提供进度条，并提交自动红冲报告，用户可了解自动红冲的完成情况及失败原因。

⑥手工对冲：对一个供应商进行红票对冲，可自行选择红票对冲的单据，提高红票对冲的灵活性。手工红票对冲时采用红蓝上下两个列表形式提供，红票记录全部采用红色显示，蓝票记录全部用黑色显示。

7.7　制单管理

1）制单

制单即生成凭证，并将凭证传递至总账记账。系统对不同的单据类型或不同的业务处理提供实时制单的功能。除此之外，系统提供了一个统一制单的平台，可以在此快速、成批生成凭证，并可依据规则进行合并制单等处理。

2）制单业务规则

（1）采购发票制单

对采购发票制单时，系统先判断控制科目依据，根据单据上的控制科目依据取“控制科目设置”中对应的科目。然后系统判断采购科目依据，根据单据上的采购科目依据取“产品科目设置”中对应的科目；若没有设置，则取“基本科目设置”中设置的应付科目和采购科目，如果都没有，则手工输入。

(2)质保金发票制单

采购发票表体带有质保金金额制单时，系统先判断控制科目依据，根据控制科目依据取“控制科目设置”中的对应的应付账款科目。然后系统判断采购科目依据，单据采购科目依据取“产品科目设置”中对应的科目；若没有设置，则取“基本科目设置”中设置的应付科目、质保金科目和采购科目，如果都没有，则手工输入。

(3)进口发票制单

进口发票制单时，应付账款科目的取数规则与原来采购发票的受控科目一致。应付系统的贷方科目是否有税金科目依据进口发票上是否有税金决定，有税金的情况下，与采购发票制单取科目的规则保持一致。运费发票和费用发票的财务处理与采购系统的运费发票及费用发票一样。

(4)应付单制单

对应付单制单时，贷方取应付单表头科目，借方取应付单表体科目。若应付单上表体没有科目，则需要手工输入科目。若表头没有科目，则取控制科目设置中的应付科目。

(5)合同结算单制单

对合同结算单制单时，借方科目取合同支付科目，贷方科目取应付系统的控制科目，合同支付科目设置时只能选择应收系统的非受控科目，而且必须是末级、本位币科目，如分包款科目。

(6)付款单制单

应付系统中的付款单制单，结算单表体款项类型为应付款，则借方科目为应付科目；款项类型为预付款，则借方科目为预付科目；款项类型为其他费用，则借方科目为费用科目；贷方科目为结算科目，取表头金额。

(7)收款单制单

应付系统中的收款单制单，即结算单表体款项类型为应付款，则借方科目为应付科目，金额为红字；款项类型为预付款，则借方科目为预付科目，金额为红字；款项类型为其他费用，则借方科目为费用科目，金额为红字；贷方科目为结算科目，取表头金额，金额为红字。

(8)票据处理制单

应付票据制单，借方则取“基本科目”设置中的应付票据科目，贷方取“产品科目设置”设置中的采购科目及税金科目，若无取“基本科目”设置中采购科目及税金科目，若都没有设置，则需要您手工输入科目。票据利息制单，借方取“结算方式科目设置”中的结算科目，贷方取“基本科目”设置中的票据利息科目。

(9)汇兑损益制单

汇兑损益制单,汇兑损益科目取“基本科目”设置中的汇兑损益科目。

(10)转账制单

依据系统选项进行判断转账是否制单。

(11)现结制单

对现结或者部分现结的采购发票制单时,借方取“产品科目设置”中对应的采购科目和应交增值税科目,贷方取“结算方式科目”设置中的结算方式对应的科目。

3)单据查询

系统提供对应付单、结算单、凭证等的查询。进行各类单据、详细核销信息、报警信息、凭证等内容的查询。在查询列表中,系统提供自定义显示栏目、排序等功能,可以通过单据列表操作来制作符合企业要求的单据的列表。

7.8 期末处理

期末处理指用户进行的期末结账工作。如果当月业务已全部处理完毕,就需要执行月末结账功能,只有月末结账后,才可以开始下月工作。一旦执行了月末结账功能后,该月将不能再进行任何处理。

应付款管理系统与采购管理系统集成使用,应在采购管理系统结账后,才能对应付款系统进行结账处理。

当选项中设置审核日期为单据日期时,本月的单据(发票和应付单)在结账前应该全部审核。

当选项中设置审核日期为业务日期时,截止到本月末还有未审核单据(发票和应付单),照样可以进行月结处理。

如果还有合同结算单未审核,仍然可以进行月结处理。

如果本月的付款单还有未审核的,不能结账。

当选项中设置“月结时必须将当月单据以及处理业务全部制单”,则月结时如果检查到当月有未制单的记录时不能进行月结处理。

当选项中设置月结时不用检查是否全部制单,则无论当月有无未制单的记录,均可以进行月结处理。

如果是本年度最后一个期间结账,建议将本年度进行的所有核销、转账等处理全部制单。

如果是本年度最后一个期间结账,建议本年度外币余额为0的单据的本币余额结转为0。

如果这个月的前一个月没有结账,则本月不能结账。

一次只能选择一个月进行结账。

第 8 章　固定资产管理

8.1　系统功能

1) 系统概述

固定资产管理模块适用于各类企业和行政事业单位进行固定资产管理、折旧计提等，为总账系统提供折旧凭证，为成本管理系统提供固定资产的折旧费用等，包括系统设置、日常业务处理、折旧计提、各类张表输出等。本系统资产管理采用严格的序时管理，序时到日，具体体现在：当以一个日期登录对系统进行编辑操作后，以后只能以该日期或以后的日期登录才能再次进行编辑操作。对任何资产的操作也是序时的，比如要无痕迹删除一张卡片，必须按与制作时相反的顺序，删除该卡片所做的所有变动单和评估单。

2)固定资产管理框架结构图

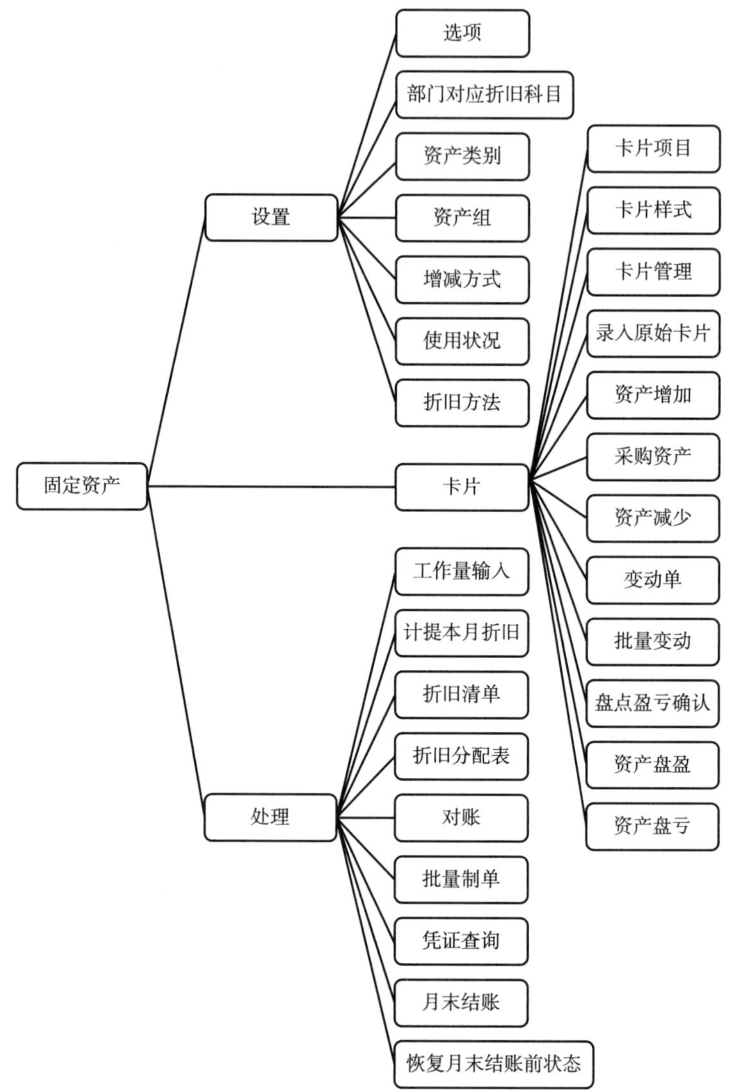

图 8-1 固定资产管理框架结构图

3)系统功能

固定资产管理在企业中分为两部分:一是固定资产卡片台账管理,负责登记固定资产增加、减少、折旧、使用部门、是否在用等有关固定资产的信息;二是固定资产的会计处理,包括确定固定资产的折旧方法、使用年限、每月计提固定资产折旧、固定资产清理等。

(1)卡片项目管理

系统定义的卡片项目是固定资产卡片上要显示的用来记录资产资料的栏目,如原值、资产名称、使用年限、折旧方法等是卡片最基本的项目,称为系统项目,系统提供了必选项目、可选项目和自定义项目。

(2)卡片样式管理

系统提供了一种通用卡片样式和新增卡片样式两种功能,可以以系统提供的通用卡片样式为基础新增卡片样式,也可以完全重新设置卡片样式,也可以根据不同的行业特色或企业特色设置行政事业类样式、土地房屋类样式、通信设备类样式、运输设备类样式、机械设备类样式等卡片样式。

(3)折旧方法管理

系统给出了最常用的折旧方法:不提折旧、平均年限法(两种计算公式)、工作量法、双倍余额递减法、年数总和法供选择,也可根据企业情况自定义。

(4)资产类别管理

资产一般要按类别管理,系统提供了固定资产的类别设置功能,便于对资产的管理。

(5)期初数据管理

系统提供原始卡片的录入功能,企业在建账月份之前购买的固定资产,可以通过此功能录入。

8.2　系统初始化设置

系统初始化是使用固定资产管理模块的首要操作,是根据单位的具体情况,建立一个适合本企业需要的固定资产子账套的过程。要设置的主要内容包括:启用月份、折旧信息、编码方式、账务接口和完成设置。

1)启用月份

启用月份是指固定资产开始使用的年份和会计期间,启用日期只能查看不可修改。要录入系统的期初资料一般指截至该期间期初的资料。固定资产账的开始使用期间不得大于系统管理中的建该套账的期间。

2)折旧信息

(1)折旧方案选择

判断本单位选择何种应用方案:如果选用的是行政事业单位应用方案,则按照会计制度规定所有固定资产不计提折旧,那么该判断的判断框内不打钩,表示本账套不提折旧。一旦确定本账套不提折旧,账套内与折旧有关的功能不能操作,该判断在保存初始化设置后不能修改,所以在选择前要慎重。如果选用企业单位应用方案,则根据制度规定资产需要计提折旧,在该判断框内打钩。

(2)折旧方法选择

系统提供常用的六种方法:平均年限法(一)、平均年限法(二)、工作量法、年数总和法、双倍余额递减法(一)、双倍余额递减法(二);另外也可以选择“不提折旧”。默认“平均年限法(二)”。如果选择“本账套不计提折旧”,则选择的折旧方法为“不提折旧”。

(3)折旧汇总分配周期

企业根据所处的行业和自身实际情况确定计提折旧和将折旧归集入成本和费用的周期。本功能是每个会计月期间均计提折旧,但折旧的汇总分配按这里设定的周期进行,把该周期内各会计月计提的折旧汇总分配。一旦选定折旧汇总分配周期,系统自动提示第一次分配折旧,也是本系统自动生成折旧分配表制作记账凭证的期间。

3)类别和资产编码方式设置

(1)资产类别

资产类别是单位根据管理和核算的需要给固定资产所做的分类,可参照国家标准或本企业的需要建立分类体系。本系统类别编码最多可设置 8 级、20 位,可以设定每一级的编码长度。系统推荐采用国家规定的 4 级 6 位(2112)方式。

(2)固定资产编号

固定资产编号是为了方便管理给固定资产确定的唯一标识,有两种输入方法:可以在输入卡片时手工输入,也可以选用自动编码的形式根据编码原则自动生成。如果选择了“手工输入”,则在卡片输入时通过手工输入的方式录入资产编号。如果选择了“自动编号”,可单击下拉键,从“类别编号+序号、部门编号+序号、类别编号+部门编号+序号、部门编号+类别编号+序号”中根据单位的情况选择一种,系统根据选择的编码原则自动生成固定资产编号。自动编号中序号的长度可自由设定为 1~5 位。自动编号的好处在于输入卡片时简便快捷,并可根据资产编号了解资产的基本情况,便于资产管理。

资产类别编码方式设定以后,如果某一级资产设置了类别,则该级的长度不能修改,没有使用过的各级的长度可修改。每一个账套资产的自动编码方式只能一种,一经设定,该自动编码方式不得修改。

4)账务接口

(1)与账务系统进行对账

只有存在对应总账系统的情况下才可操作。如果在该判断框内打钩,表示本系统要与账务系统对账,对账的含义是将固定资产系统内所有资产的原值、累计折旧和总账系统中的固定资产科目和累计折旧科目的余额核对,看数值是否相等。可以在系统运行中任何时候执行对账功能,如果不平,肯定在两个系统出现偏差,应引起注意,予以调整。如果不想与总账系统对账,可不打钩,表示不对账。

(2)对账不平允许月末结账

本系统在月末结账前自动执行“对账”功能一次(存在相对应的总账账套的情况下),给出对账结果,如果不平,说明两系统出现偏差,应予以调整。但是偏差并不一定是由错误引起的,有可能是操作的时间差异(在账套刚开始使用时比较普遍,如第一个月原始卡片没有录入完毕等)造成的,因此给出判断是否“对账不平允许月末结账”,如果希望严格控制系统间的平衡,并且能做到两个系统录入的数据没有时间差异,则不要在该判断的判断框内打钩,否则打钩。

5)完成设置

初始化设置已经完成,本界面显示相关已定义内容,系统初始化中有些参数一旦设置完成,退出初始化向导后是不能修改的,如果要改,只能通过“重新初始化”功能实现,重新初始化将清空您对该账套所做的一切工作。所以确认无误后,再保存退出。

8.3 原始卡片录入

1)原始卡片

原始卡片是指卡片记录的资产开始使用日期的月份先于其录入系统的月份,即已使用过并已计提折旧是指卡片记录的资产开始使用日期的月份先于其录入系统的月份,即已使用过并已计提折旧的固定资产卡片。

2)原始卡片录入

在使用固定资产系统进行核算前,必须将原始卡片资料录入系统,保持历史资料的连续性。原始卡片的录入不限制必须在第一个期间结账前,任何时候都可以录入原始卡片。录入原始卡片不生成凭证。

3)与计算折旧有关的项目录入

系统会按照输入的内容将本月应提的折旧额显示在“本月计提折旧额”项目内,可将该值与手工计算的值比较,看是否有录入错误。

其他页签录入的内容只是为管理卡片设置,不参与计算。并且除附属设备外,其他内容在录入月结账后除备注外不能修改和输入,由系统自动生成。

原值、累计折旧、累计工作量录入的一定要是卡片录入月月初的价值,否则将会出现计算错误。

已计提月份必须严格按照该资产已经计提的月份数,不包括使用期间停用等不计提折旧的月份,否则不能正确计算折旧。

8.4 卡片管理

卡片管理是对固定资产系统中所有卡片进行综合管理的功能操作,包括对卡片修改、删除、打印等。

1) 卡片修改

在使用过程中发现卡片录入有错误,或需要修改卡片内容时,可通过卡片修改功能实现。注意,修改前的内容不可恢复。如果修改的内容是原值或累计折旧数值,且该资产已制作了记账凭证,只有删除该凭证才能修改卡片。

原始卡片的原值、使用部门、工作总量、使用状况、累计折旧、净残值(率)、折旧方法、使用年限、资产类别在没有做变动单或评估单情况下,录入当月可修改。如果做过变动单,只有删除变动单才能修改。

通过"资产增加"录入系统的卡片如果没有制作凭证和变动单、评估单情况下,录入当月可修改。如果做过变动单,只有删除变动单才能修改。如果已制作凭证,要修改原值或累计折旧必须删除凭证后,才能修改,原值、使用部门、使用状况、累计折旧、净残值(率)、折旧方法、使用年限、资产类别各项目在做过一次月末结账后,只能通过变动单或评估单调整,不能通过卡片修改功能改变。

2) 卡片删除

卡片删除是指把卡片资料彻底从系统内清除,不是资产清理或减少。该功能只在下列两种情况下有效:一是卡片录入当月若发现卡片录入有错误,想删除该卡片,可通过"卡片删除"功能实现,删除后如果该卡片不是最后一张,卡片编号保留空号。二是通过"资产减少"功能减少的资产的资料,会计档案管理要求必须保留一定的时间,所以本系统在账套"选项"中设定删除的年限,对减少的资产的卡片只有在超过了该年限后,才能通过"卡片删除"将原始资料从系统彻底清除,在设定的年限内,不允许删除。不是本月录入的卡片,不能删除。已制作过凭证的卡片删除时,必须先删除相应凭证,然后才能删除卡片。卡片做过一次月末结账后不能删除。做过变动单或评估单的卡片删除时,提示先删除相关的变动单或评估单。删除采购资产卡片,会删除与该张采购资产卡片同批生成的所有卡片。

8.5 资产增减变动管理

1) 资产增加

企业在购进或通过其他方式增加企业资产时,该部分资产通过"资产增加"操作录入系统。这时的固定资产开始使用日期的会计期间应等于录入会计期间。新增资产需要入账,需要生成凭证。原值录入的一定要是卡片录入月月初的价值,否则将会出现计算错误。如果录入的累计折旧、累计工作量不是零,说明是旧资产,该累计折旧或累计工作量是在进入本企业前的值。已计提月份必须严格按照该资产在其他单位已经计提或估计已计提的月份数,不包括使用期间停用等不计提折旧的月份,否则不能正确计算折旧。

2)资产减少

资产在使用过程中,总会出于各种原因,如毁损、出售、盘亏等,退出企业,该部分操作称为“资产减少”。本系统提供资产减少的批量操作,为同时清理一批资产提供方便。所输入资产的清理信息可以通过该资产的附属页签“减少信息”查看。若当前账套设置了计提折旧,则需在计提折旧后才可执行资产减少。如果当时清理收入和费用还不知道,可以以后在该卡片的附表“清理信息”中输入。

8.6　资产评估

1)资产评估的内容

资产评估主要包括:将评估机构的评估数据手工录入或定义公式录入到系统。根据国家要求手工录入评估结果或根据定义的评估公式生成评估结果。该模块提供可评估的资产内容包括原值、累计折旧、净值、使用年限、工作总量、净残值率。

2)资产评估的流程

首先要选择要评估的项目,原值、累计折旧和净值三个中只能选两个,并且必须选择两个,另一个通过公式“原值-累计折旧=净值”推算得到。其次,选择要评估的资产,可以选择手工方式,也可以条件方式,挑选出要评估的资产。

3)资产评估方式

①手工选择。如果要评估的资产没有共同点,则选中“手工选择”,单击“确定”后,将资产一个一个地增加到评估变动表内进行评估。

②条件选择。通过一些查询条件,将符合该条件集合的资产挑选出来评估。如果要评估的资产有共同之处,可以通过条件选择的方式选择资产,而不用一个资产一个资产地增加。

4)制作资产评估单

选择评估项目和评估资产后,必须录入评估后数据或通过自定义公式生成评估后数据,系统才能生成评估单,评估单显示评估资产所评估的项目在评估前和评估后的数据。只有当月制作的评估单才可以删除。任一资产既做过变动单又做过评估单,按操作顺序反向删除。原值、累计折旧和净值三个中只能而且必须选择两个,另一个通过公式“原值-累计折旧=净值”推算得到。

8.7　计提折旧

1)计提折旧

自动计提折旧是固定资产系统的主要功能之一。系统每期计提折旧一次,根据录入系统的资料自动计算每项资产的折旧,并自动生成折旧分配表,然后制作记账凭证,将本期的折旧费用自动登账。执行此功能后,系统将自动计提各个资产当期的折旧额,并将当期的折旧额自动累加到累计折旧项目。

本系统在一个期间内可以多次计提折旧,每次计提折旧后,只是将计提的折旧累加到月初的累计折旧,不会重复累计。

如果上次计提折旧已制单把数据传递到账务系统,则必须删除该凭证才能重新计提折旧。

计提折旧后又对账套进行了影响折旧计算或分配的操作,必须重新计提折旧,否则系统不允许结账。

如果自定义的折旧方法月折旧率或月折旧额出现负数,自动中止计提。

本系统月末结账时,将自动计提一次折旧,折旧计提只是重复本期所做的最后一次计提,然后将一些信息记入数据库。修改本月计提折旧额后,以后各次计提不包括月末结账自动计提折旧。

如果选项中"当月初使用月份=使用年限×12-1 时是否将折旧提足"的判断结果是"是",则除工作量法外,本月计提折旧额=净值-净残值,并且不能手工修改;如果选项中"当月初使用月份=使用年限×12-1 时是否将折旧提足"的判断结果是"否",则该月不提足,并且可手工修改,但如以后各月按照公式计算的月折旧率或本月计提折旧额是负数时,认为公式无效,令月折旧率=0,本月计提折旧额=净值-净残值。

本系统发生与折旧计算有关的变动后,以前修改的本月计提折旧额或单位折旧的继承值无效。

2)折旧计提和分配的基本原则

①若选项中的"新增资产当月计提折旧"选项被选中,则本月计提新增资产的折旧;反之,本月不计提新增资产的折旧,下月计提。

②系统提供的直线法计算折旧时是以净值作为计提原值,以剩余使用年限为计提年限计算折旧。

③本系统影响折旧计算的因素包括:原值变动、累计折旧调整、净残值(率)调整、折旧方法调整、使用年限调整、使用状况调整、工作总量调整、减值准备期初、计提减值准备调整、转回减值准备调整。

④本系统发生与折旧计算有关的变动后,以前修改的月折旧额或单位折旧的继承值

无效;如加速折旧法在变动生效的当期以净值为计提原值,以剩余使用年限为计提年限计算折旧;平均年限法还以原公式计算。

⑤当发生原值调整,若变动单中的"本变动单当期生效"选项被选中,则该变动单本月计提的折旧额按变化后的值计算折旧;反之,本月计提的折旧额不变,下月按变化后的值计算折旧。

⑥当发生累计折旧调整,若选项中的"累计折旧调整当期生效"选项被选中,则本月计提的折旧额按变化后的值计算折旧;反之,本月计提的折旧额不变,下月按变化后的值计算折旧。

⑦当发生净残值(率)调整时,若选项中的"净残值(率)调整当期生效"选项被选中,则本月计提的折旧额按变化后的值计算折旧;反之,本月计提的折旧额不变,下月按变化后的值计算折旧。

⑧折旧方法调整、使用年限调整、工作总量调整、减值准备期初当月按调整后的值计算折旧。

⑨使用状况调整、计提减值准备调整、转回减值准备调整本月计提的折旧额不变,下月按变化后的值计算折旧。

⑩本系统各种变动后计算折旧采用未来适用法,不自动调整以前的累计折旧,采用追溯调整法的企业只能手工调整累计折旧。

⑪折旧分配:部门转移和类别调整当月计提的折旧分配,分配到变动后部门和类别。

⑫报表统计:将当月折旧和计提原值汇总到变动后的部门和类别。

⑬如果选项中"当月初使用月份=使用年限×12-1 时是否将折旧提足"的判断结果是"是",则除工作量法外,本月月折旧额=净值-净残值,并且不能手工修改;如果选项中"当月初使用月份=使用年限×12-1 时是否将折旧提足"的判断结果是"否",则该月不提足,并且可手工修改,但如以后各月按照公式计算的月折旧率或额是负数时,认为公式无效,令月折旧率=0,月折旧额=净值-净残值。

3)折旧清单

折旧清单显示所有应计提折旧的资产所计提折旧数额的列表,单期的折旧清单中列示了资产名称、计提原值、月折旧率、单位折旧、月工作量、本月计提折旧额等信息。全年的折旧清单中同时列出了各资产在 12 个计提期间中月折旧额、本年累计折旧等信息。全年的折旧清单指同时列出各资产在 12 个计提期间中月折旧额、本年累计折旧等信息的清单。

折旧清单中只有本月计提折旧额(工作量法时是单位折旧)可手工修改。

4)折旧分配表

折旧分配表是编制记账凭证,把计提折旧额分配到成本和费用的依据。什么时候生成折旧分配凭证根据在初始化或选项中选择的折旧分配汇总周期确定,如果选定的是一个月,则每期计提折旧后自动生成折旧分配表;如果选定的是三个月,则只有到三的倍数的期间,即第3、6、9、12期间计提折旧后才自动生成折旧分配凭证。折旧分配表有两种类型:部门折旧分配表和类别折旧分配表,只能选择一个制作记账凭证。

8.8 月末处理

1)制单处理

固定资产模块提供生成凭证的两种方式:一是业务发生后立即制单,每次只针对当前业务生成凭证;二是期末批量制单,批量功能可同时将一批需制单业务连续制作凭证传输到账务系统,避免了多次制单的烦琐。凡是业务发生当时没有制单的,该业务自动排列在批量制单表中,表中列示应制单而没有制单的业务发生的日期、类型、原始单据号,缺省的借贷方科目和金额以及选择标志。

2)期末对账

系统在运行过程中,应保证本系统管理的固定资产的价值和账务系统中固定资产科目的数值相等。而两个系统的资产价值是否相等,通过执行本系统提供的对账功能实现,对账操作不限制执行的时间,任何时候均可进行对账。系统在执行月末结账时自动对账一次,给出对账结果,并根据初始化或选项中的判断确定不平情况下是否允许结账。只有系统初始化或选项中选择了与账务对账,本功能才可操作。

3)月末处理

固定资产模块提供系统结账功能,表明本月业务及与总账系统的数据传递已完成。

第9章　薪资管理

9.1　系统功能

1)系统概述

薪资管理系统适用于各类企业、行政事业单位进行工资核算、工资发放、工资费用分摊、工资统计分析和个人所得税核算等。可以与总账系统集成使用,将工资凭证传递到总账中;可以与成本管理系统集成使用,为成本管理系统提供人员的费用信息。

如果启用了“人力资源系统”下的“HR基础设置”和“人事管理”两个模块,则系统菜单下又会显示“薪资标准”和“薪资调整”两组功能,“薪资标准”功能可以模拟企业的薪酬体系,根据薪资标准调整员工的档案工资,并记录生效时间。调整后的档案工资不会自动进入当月的工资表,需要手工设置工资项目从薪资档案(工资基本情况表)获取数据的取数公式,并在工资变动模块执行取数功能。

2)系统功能

(1)初始设置

完成人员档案、设置人员附加信息、工资类别适用部门(多工资类别)、设置多次发放、自定义工资项目及计算公式、设置工资项目从人事系统获取数据的取数公式、提供多工资类别核算、工资核算币种、扣零处理、个人所得税扣税处理等账套参数设置。

(2)业务处理

进行工资数据的变动、汇总处理,支持多套工资数据的汇总。工资分钱清单:提供部门分钱清单、人员分钱清单、工资发放取款单。工资分摊:月末自动完成工资分摊、计提、转账业务,并将生成的凭证传递到总账系统。银行代发:灵活的银行代发功能,预置银行代发模板,适用于由银行发放工资的企业。可实现在同一工资账中的人员由不同的银行代发工资,以及多种文件格式的输出。扣缴所得税:提供个人所得税自动计算与申报功能。

(3)统计分析报表业务处理

提供按月查询凭证的功能,提供工资表、工资发放签名表、工资发放条、工资卡、部门工资汇总表、人员类别汇总表、条件汇总表、条件明细表、条件统计表、多类别工资表等。提供工资分析表包括工资项目分析表、工资增长分析、员工工资汇总表、按月分类统计表、部门分类统计表、按项目分类统计表、员工工资项目统计表、分部门各月工资构成分析表、部门工资项目构成分析表等。

3）薪资管理框架结构图

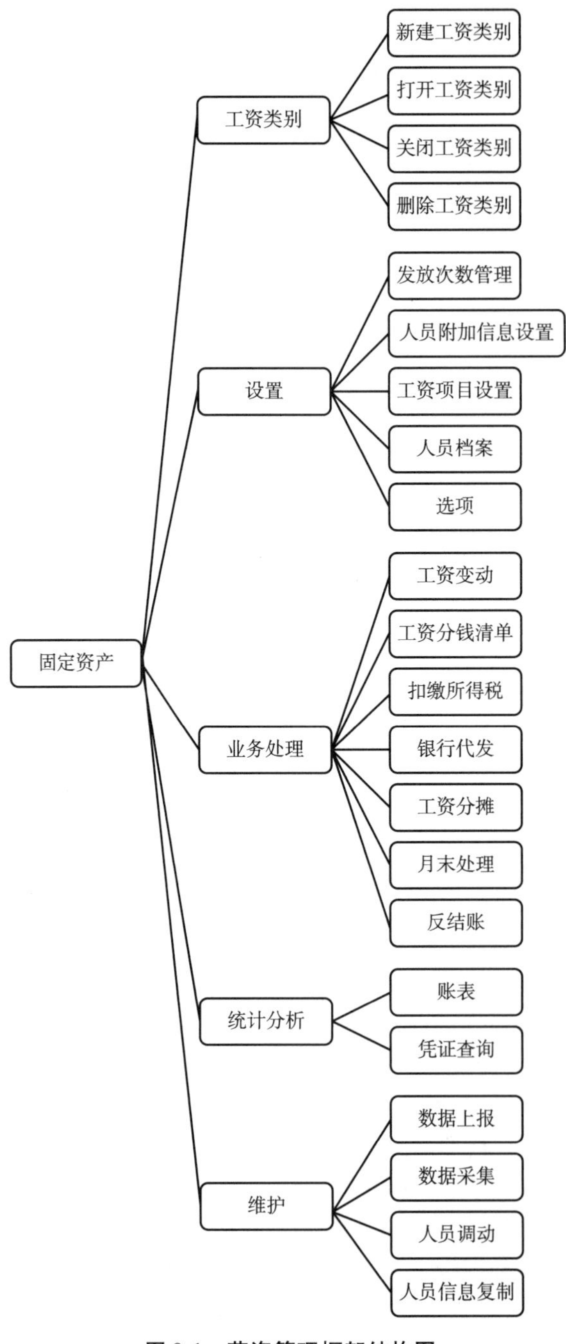

图9-1　薪资管理框架结构图

9.2　建立工资账套

建账工作是整个薪资管理正确运行的基础。建立一个完整的账套,是系统正常运行的根本保证。可通过系统提供的建账向导,逐步完成整套工资的建账工作。当启动薪资管理系统时,如所选择账套为首次使用,系统将自动进入建账向导。系统提供的建账向导共分为 4 步:

第一步:参数设置。

选择本账套处理的工资类别个数:单个或多个。如单位按周或一月发多次工资,或者是单位中有多种不同类别(部门)的人员,工资发放项目不尽相同,计算公式亦不相同,但需进行统一工资核算管理,应选择“多个”工资类别。如果单位中所有人员的工资统一管理,而且人员的工资项目、工资计算公式全部相同,选择“单个”工资类别,可提高系统的运行效率。

选择币种名称和“是否核算计件工资”,系统根据此参数判断是否显示计件工资核算的相关信息。

第二步:扣税设置。

选择“是否从工资中代扣个人所得税”,当选择此项,工资核算时系统会根据输入的税率自动计算个人所得税额。

第三步:扣零设置。

确定是否进行扣零处理。若选择进行扣零处理,系统在计算工资时将依据所选择的扣零类型将零头扣下,并在积累成整时补上。扣零的计算公式将由系统自动定义,无须设置。

第四步:人员编码。

人员编码与前面的基础设置部分的人员编码保持一致,无须在本系统设置。

9.3　基础设置

1)发放次数管理

发放次数管理是对发放次数进行增加、修改、删除以及停用的管理。如果企业中每个月发放工资或薪金的次数不止一次,就要建立新的发放次数。比如:周薪、补发以前期间工资、年终奖等都要用到多次发放。发放次数管理要在退出工资管理系统其他功能后才能进入。

2)人员附加信息设置

除了人员编号、人员姓名、所在部门、人员类别等基本信息外,还需要一些辅助管理信息,人员附加信息的设置就是设置附加信息名称。本功能可用于增加人员信息,丰富人员档案的内容,便于对人员进行更加有效的管理。例如增加设置人员的性别、民族、婚否等。还可对薪资中的人员附加信息与人事基础信息设置对应关系,这些附加信息可分别通过手动或自动方式与 HR 的对应人员信息保持一致。

3)工资项目设置

设置工资项目的名称、类型、宽度,可根据企业需要自由设置工资项目。如:基本工资、岗位工资、副食补贴、扣款合计等。

项目名称必须唯一,工资项目一经使用,数据类型不允许修改,如果在"选项"设置中选择"是否核算计件工资"为是,则在此界面可以看到"计件工资"项目属性。如果在"选项"设置中选择"代扣个人所得税",则在此可以看到"扣税合计""代扣税"等预置工资项目。

4)部门设置

部门档案的设置是对当前打开工资类别的对应部门进行设置,以便按部门核算各类人员工资,提供部门核算资料。

5)人员档案设置

人员档案用于登记工资发放人员的姓名、职工编号、所在部门、人员类别等信息,处理员工的增减变动等。可以通过"批增"功能将公共人员名单导入薪资管理模块。

6)选项

系统在建立新的工资账套后,由于业务的变更,发现一些工资参数与核算内容不符,可以在此进行工资参数的调整。如:扣零设置、扣税设置、参数设置和调整汇率等。

如果要核算计件工资,需要在"参数设置"页先选中"是否核算计件工资"选项。如果修改了扣税设置,需要进入工资变动重新计算个人所得税。只有主管可以修改工资参数。在打开工资类别时修改参数,系统将只能修改打开工资类别的参数。如果修改的工资类别不是外币工资类别,则不可调整汇率。已经进行过"月结"的工资类别或"发放次数"不能修改币种。同一个工资类别应当使用相同的币种。

9.4 日常业务处理

1)工资变动

用于日常工资数据的调整变动以及工资项目增减、汇总处理,支持多套工资数据的汇总等。首次进入本功能前,需先进行工资项目设置,然后再录入数据。

2)分段计薪

员工在计薪周期中会发生试用期转正、岗位变动等人事业务变动,工资标准在月中将发生相应变化,员工工资需分段进行计算处理。启用分段计薪后,可解决月中发生调薪人员的工资分段计算问题。它支持从 U8 考勤系统根据分段开始日期-结束日期设置考勤数据汇总公式,并回写入工资变动数据。

3)工资分钱清单

提供部门分钱清单、人员分钱清单、工资发放取款单

4)扣缴所得税

提供个人所得税自动计算与申报功能。企业只需要录入个人所得税的税率和纳税基数,系统将自动计算企业每个员工的个人所得税额。

5)银行代发

银行代发即由银行发放企业职工个人工资。

目前许多单位发放工资时都采用工资银行卡方式。这种做法既减轻了财务部门发放工资工作的繁重,有效地避免了财务部门到银行提取大笔款项所承担的风险,又提高了对员工个人工资的保密程度。

9.5　期末业务处理

1)工资费用分摊

该功能能够在月末自动完成工资分摊、计提、转账业务,并将生成的凭证传递到总账系统。财会部门根据工资费用分配表,将工资费用根据用途进行分配。工资分摊中能查询到无权限的部门工资数据,其只受功能权限控制,不受数据权限控制。

2)制单处理

本月发生的与工资有关的业务月底都要生成凭证,传回总账系统,参与费用的处理。

3)月末结转

月末结转是将当月数据经过处理后结转至下月。每月工资数据处理完毕后均可进行月末结转。进行期末处理后,当月数据将不再允许变动。月末结账后,选择的需清零的工资项系统将予以保存,不用每月再重新选择。月末处理功能只有主管人员才能执行。在多次发放的工资类别下,各个发放次数的结账要按照打开工资类别界面中设置的顺序依次进行。由于在工资项目中,有的项目是变动的,即每月的数据均不相同,在每月

工资处理时，均需将其数据清为0，而后输入当月的数据，此类项目即为清零项目。

如果存在下列情况之一，系统不允许结账：

①若本月工资数据未汇总，系统将不允许进行月末结转。

②若已启用工资变动审核控制，则只有该工资类别的工资数据全部审核后才允许进行月末处理。

③同一个工资类别中必须将当月所有未停用的发放次数全部月结后，才能进行下月业务处理。

4）反结账

工资管理系统结账后，发现还有一些业务或其他事项需要在已结账月进行账务处理，此时需要使用反结账功能，取消已结账标记，待完成本月全部业务后重新结账。

如果存在下列情况之一，系统不允许反结账：

①总账系统已结账。

②成本管理系统上月已结账。

③本月工资分摊、计提凭证传输到总账系统，如果总账系统已制单并记账，需做红字冲销凭证后，才能反结账；如果总账系统未做任何操作，只需删除此凭证即可。

④如果凭证已经由出纳签字或主管签字，需取消出纳签字或主管签字，并删除该张凭证后，才能反结账。

5）年末结转

年末结转是将工资数据经过处理后结转至下年。进行年末结转后，新年度账将自动建立。只有处理完所有工资类别的工资数据，或关闭多工资类别的所有工资类别，才能在系统管理中选择“年度账”菜单，进行上年数据结转。其他操作与月末处理类似。

年末结转只有在当月工资数据处理完毕后才能进行。若当月工资数据未汇总，将不允许进行年末结转。进行年末结转后，本年各月数据将不允许变动。年末处理功能只有账套主管才能进行。

9.6 账表管理

工资数据处理结果最终通过工资报表的形式反映，薪资管理系统提供了主要的工资报表，报表的格式由系统提供。如果对报表提供的固定格式不满意，可以自行设计表的格式。

工资表包括工资发放签名表、工资发放条、工资卡、部门工资汇总表、人员类别工资汇总表、条件汇总表、条件统计表、条件明细表、工资变动明细表、工资变动汇总表等由系统提供的原始表，主要用于本月工资发放和统计。工资表可以进行修改和重建。

工资分析表是以工资数据为基础，对部门、人员类别的工资数据进行分析和比较，由此产生各种分析表，供决策人员使用。

第 10 章　期末业务处理

10.1　系统功能

1）系统概述

本系统是在完成企业本月日常业务处理工作后，对相关费用、收入类业务进行的月末结转处理。

2）系统功能

期末处理系统功能包括转账定义、转账生成、对账和结账。转账定义又分为自定义结账、对应结转、销售成本结转、售价（计划价）销售成本结转、汇兑损益结转、期间损益结转、自定义比例转账和费用摊销与预提。

（1）自定义转账

自定义转账功能可以完成的转账业务包括“费用分配”的结转、“费用分摊”的结转、“税金计算”的结转、“提取各项费用”的结转、“部门核算”的结转、“项目核算”的结转、“个人核算”的结转、“客户核算”的结转、“供应商核算”的结转。如果客户和供应商使用本公司的应收、应付系统管理，那么在总账系统中，该公司不能按客户、供应商辅助项进行结转，只能按科目总数进行结转。

（2）对应结转

当两个或多个上级科目的下级科目及辅助项有一一对应关系时，可将其余额按一定比例系数进行对应结转，可一对一结转，也可一对多结转。本功能只结转期末余额。一张凭证可定义多行，转出科目及辅助项必须一致，转入科目及辅助项可不相同。

（3）销售成本结转

销售成本结转，是将月末商品（或产成品）销售数量乘以库存商品（或产成品）的平均单价计算各类商品销售成本并进行结转。

(4)售价(计划价)销售成本结转

本功能提供按售价(计划价)结转销售成本或调整月末成本。计算科目必须同构。允许有辅助核算,但只能是部门、项目。库存商品科目与销售收入科目的末级科目必须有数量核算。结转凭证不受金额权限控制,不受辅助核算及辅助项内容的限制。

(5)汇兑损益结转

汇兑损益结转用于期末自动计算外币账户的汇兑损益,并在转账生成中自动生成汇兑损益转账凭证,汇兑损益处理外汇存款户和外币现金两个账户;外币结算的各项债权、债务,不包括所有者权益类账户,成本类账户和损益类账户。为了保证汇兑损益计算正确,填制某月的汇兑损益凭证时必须先将本月的所有未记账凭证先记账。汇兑损益入账科目若有辅助核算,则必须与外币科目的辅助账类一致或少于外币科目的辅助账类,且不能有数量外币核算。若启用了应收(付)系统,且在应收(付)的选项中选择了“详细核算”,应先在应收(付)系统做汇兑损益,生成凭证并记账,再在总账作相应科目的汇兑损益。只有在选项中选择了自定义项作为辅助核算,汇兑损益才按自定义项结转。

(6)期间损益结转

期间损益结转用于在一个会计期间终了将损益类科目的余额结转到本年利润科目中,从而及时反映企业利润的盈亏情况。期间损益结转主要是对于管理费用、销售费用、财务费用、销售收入、营业外收支等科目向本年利润的结转。本年利润科目若有的辅助账类,则必须与损益科目的辅助账类一致。结转凭证不受金额权限控制,不受辅助核算及辅助项内容的限制。只有在选项中选择了自定义项作为辅助核算,期间损益才按自定义项结转。

(7)自定义比例结转

当两个或多个科目及辅助项有一一对应关系时,可将其余额按一定比例系数进行对应结转,可一对一结转,也可多对多结转和多对一结转。可在转账生成时显示生成的转账明细数据表,用户根据明细表可定义结转的金额和比率。本功能只结转期末余额。一张凭证可定义多行,转出科目辅助项必须一致,转入科目及辅助项可不相同。转出科目与转入科目必须末级科目,转入辅助项可比转出辅助项少,但必须是转出科目已有的辅助项。同一编号的凭证类别必须相同。自动生成转账凭证时,同一辅助核算组合的转出科目有多个,结转比例是一致的。

(8)费用摊销和预提

本功能可实现分期等额摊销待摊费用和计提预提费用。费用摊销可针对已经计入待摊费用的数据进行分期摊销,按一定的结转比例或金额转入费用类科目。费用预提可按一定的结转比例或金额计提预提费用。可一对一结转,也可一对多结转。

3)期末业务处理框架结构图

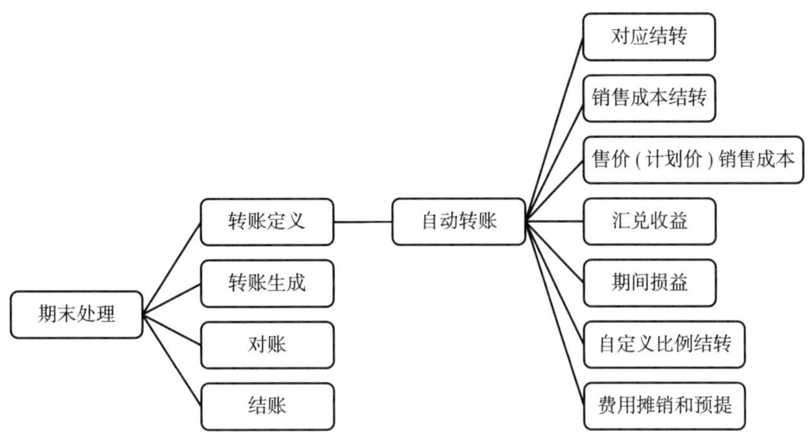

图 10-1　期末业务处理框架结构图

10.2　对账与结账

1)对账

一般说来,只要记账凭证录入正确,计算机自动记账后各种账簿都应是正确、平衡的,但由于非法操作或计算机病毒或其他原因有时可能会造成某些数据被破坏,因而引起账账不符,为了保证账证相符、账账相符,用户应经常使用本功能进行对账,至少一个月一次,一般可在月末结账前进行。进入系统时,隐藏了“恢复记账前状态”功能,如果要使用必须进入“对账”功能按[Ctrl+H]激活“恢复记账前功能”。

2)反记账

反记账也就是恢复记账前状态,恢复记账前状态需要满足几个条件:

①记账过程一旦断电或其他原因造成中断后,系统将自动调用“恢复记账前状态”恢复数据,然后需要再重新记账。

②在记账过程中,不得中断退出。

③在第一次记账时,若期初余额试算不平衡,系统将不允许记账。

④所选范围内的凭证如有不平衡凭证,系统将列出错误凭证,并重选记账范围。

3)结账

为符合会计制度的要求,本系统特别提供了结账功能。结账意味着本月所有会计业务的结束,可以开启下一个月会计业务的处理,已结账月份不能再填制凭证,结账只能由有结账权的人进行。往来辅助核算中,年末按明细结转时,如果总账分录中的往来科目

（包括客户、供应商、个人）的未核销分录，本位币金额不为零、外币金额为零时，此分录不结转到下一年度的期初。

结账只能每月进行一次。出现下列情况之一系统不能结账：

①上月未结账，则本月不能记账，但可以填制凭证、审核凭证。

②如本月还有未记账凭证时，则本月不能结账。

③若总账与明细账对账不符，则不能结账。

4）反结账

当结账后的账务发现存在问题时，可以采用反结账的方法来补救，在“结账向导一”中，选择要取消结账的月份上，按[Ctrl+Shift+F6]键即可进行反结账。反结账操作只能由有反结账权的人进行。这是会计信息系统与传统会计做账最大的区别所在，反结账的操作也为做假账埋下了隐患，如何正确看待反结账操作，需要会计同仁们达成共识。

第 11 章　UFO 报表管理

11.1　系统功能

1) 系统概述

UFO 报表系统是与用友 U8 的各个子模块有统一接口的财务报表处理工具。它与其他电子表软件的最大区别在于它是真正的三维立体表，完全实现了三维立体表的四维处理能力。其具有强大的自定义报表能力和财务数据处理能力，内置多个行业的报表模板供不同行业的企业需要。UFO 报表可以独立运行，但只能在 UFO 报表系统中打开，常规的应用环境下无法识别。

2) 系统功能

UFO 的主要功能如下。

(1) 提供各行业报表模板

该系统提供了 33 个行业的标准财务报表模板，可轻松生成复杂报表。提供自定义模板的新功能，可以根据本单位的实际需要定制模板。

(2) 文件管理功能

提供了各类文件管理功能，并且能够进行不同文件格式的转换：文本文件、*.MDB 文件、EXCEL 文件、LOTUS1-2-3 文件。支持多个窗口同时显示和处理，可同时打开的文件和图形窗口多达 40 个。提供了标准财务数据的“导入”和“导出”功能，可以和其他流行财务软件交换数据。该系统提供了 3 种文件类型：

①报表文件（后缀.rep）。报表文件是我们在日常操作中要熟练使用的，一个报表文件就是一个电子报表，例如资产负债表、损益表、利润表等，一张报表中包括一页或多页格式相同、但具有不同数据的表页。

②批命令文件（后缀.shl）。批命令文件是多个 UFO 命令的集合，即在一个批命令文件中编写多个命令，执行这个批命令文件就可以一次完成这些命令。批命令文件在二次

开发窗口 UFOEDIT 中编写。

③菜单文件(后缀.mnu)。菜单文件在常规操作中较少用到,是用户设计的、可以实现特定功能和操作流程的菜单文件,它可以取代系统菜单。菜单文件在二次开发窗口 UFOEDIT 中编写。

(3)格式管理功能

提供了丰富的格式设计功能,如设组合单元、画表格线(包括斜线)、调整行高列宽、设置字体和颜色、设置显示比例等等,可以制作各种要求的报表。

(4)公式管理功能

UFO 提供了丰富的计算公式,可以完成几乎所有的计算要求。

UFO 的计算公式有 3 种方式:

单元公式,存储在报表单元中,按"="即可定义。

命令窗中的计算公式,在命令窗中一条一条书写,按回车计算。

批命令中的计算公式,在批命令(SHL 文件)中一次性书写,执行批命令时批量计算。

在计算公式中,可以取本表页的数据,可以取其他表页中的数据,也可以取其他报表的数据。

(5)数据处理功能

UFO 以固定的格式管理大量不同的表页,能将多达 99999 张具有相同格式的表页资料统一在一个报表文件中管理,并且在每张表页之间建立有机的联系;并且提供了排序、审核、舍位平衡、汇总功能、绝对单元公式和相对单元公式,可以方便、迅速地定义计算公式。

提供了种类丰富的函数,可以从"账务""应收款管理""应付款管理""薪资管理""固定资产管理"等模块中提取数据,生成财务报表。

(6)打印功能

采用"所见即所得"的打印,报表和图形都可以打印输出。提供"打印预览",可以随时观看报表或图形的打印效果。报表打印时,可以打印格式或数据,可以设置财务表头和表尾,可以在 0.3 到 3 倍之间缩放打印,可以横向或纵向打印,等等。

(7)二次开发功能

提供批命令和自定义菜单,自动记录命令窗中输入的多个命令,可将有规律性的操作过程编制成批命令文件。提供了 Windows 风格的自定义菜单,综合利用批命令,可以在短时间内开发出本企业的专用系统。

(8)报表汇总

报表的汇总是报表数据不同形式的叠加。UFO 提供了表页汇总和可变区汇总两种汇总方式,表页汇总是把整个报表的数据进行立体方向的叠加,汇总数据可以存放在本报表的最后一张表页或生成一个新的汇总报表。可变区汇总是把指定表页中可变区数据进行平面方向的叠加,把汇总数据存放在本页可变区的最后一行或一列。

(9)图表功能

UFO 提供了强大的图表处理功能,能够直观的将报表中的数据以直方图、圆饼图、折线图、面积图四大类共 10 种格式的图表形式呈现。图表与报表存在着紧密的联系,当报表中的源数据发生变化时,图表也随之变化。一个报表文件可以生成多个图表。图表以图表窗口的形式存在。图表并不是独立的文件,它的存在依附于源数据所在的报表文件,只有打开报表文件后,才能打开有关的图表。报表文件被删除之后,由该报表文件中的数据生成的图表也同时删除。

3) UFO 报表框架结构图

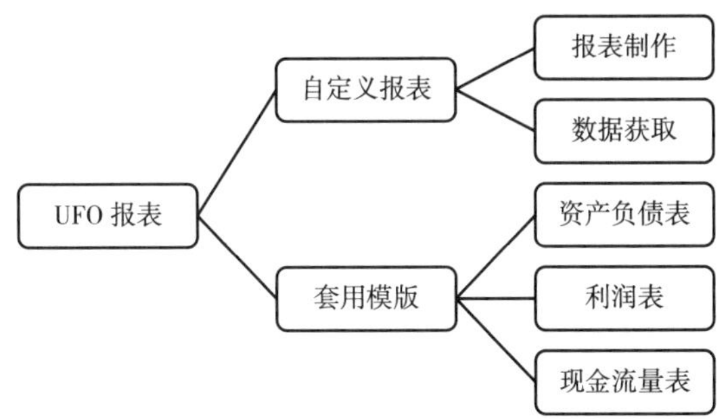

图 11-1　UFO 报表框架结构图

11.2　基本概念

UFO 将含有数据的报表分为两大部分来处理,即报表格式设计工作与报表数据处理工作。报表格式设计工作和报表数据处理工作是在不同的状态下进行的。实现状态切换的是一个特别重要的按钮——"格式/数据"按钮,点击这个按钮可以在格式状态和数据状态之间切换。

1) 格式状态

在格式状态下设计报表的格式,如设置表尺寸、行高列宽、单元属性、单元风格、组合单元、关键字、可变区等。报表的 3 类公式:单元公式(计算公式)、审核公式、舍位平衡公式也在格式状态下定义。在格式状态下所做的操作对本报表所有的表页都发生作用。在此状态下不能进行数据的录入、计算等操作,只能看到报表的格式,不能看到报表的数据,数据全部都隐藏了。

2) 数据状态

在数据状态下管理报表的数据,如输入数据、增加或删除表页、审核、舍位平衡、做图形、汇总、合并报表等。在数据状态下不能修改报表的格式。

3) 单元

单元是组成报表的最小单位,单元名称由所在行、列标识。行号用数字 1~9 999 表示,列用字母 A-IU 表示。系统提供了 3 种单元类型:

①数值单元:报表的数据,在数据状态下输入,数字可以直接输入或由单元中存放的单元公式运算生成。建立一个新表时,所有单元的类型缺省为数值。

②字符单元:报表的数据,在数据状态下输入。字符单元的内容可以是汉字、字母、数字及各种键盘可输入的符号组成的一串字符,一个单元中最多可输入 255 个字符。字符单元的内容也可由单元公式生成。

③表样单元:报表的格式,是定义一个没有数据的空表所需的所有文字、符号或数字。一旦单元被定义为表样,那么在其中输入的内容对所有表页都有效。表样在格式状态下输入和修改,在数据状态下不允许修改。一个单元中最多可输入 255 个字符。

4) 组合单元

组合单元由相邻的两个或更多的单元组成,这些单元必须是同一种单元类型(表样、数值、字符),UFO 在处理报表时将组合单元视为一个单元。可以组合同一行相邻的几个单元,可以组合同一列相邻的几个单元,也可以把一个多行多列的平面区域设为一个组合单元。组合单元的名称可以用区域的名称或区域中的单元的名称来表示,组合单元格可以定义公式。

5) 区域

区域由一张表页上的一组单元组成,自起点单元至终点单元是一个完整的长方形矩阵。在 UFO 中,区域是二维的,最大的区域是一个二维表的所有单元(整个表页),最小的区域是一个单元。

6) 表页

一个 UFO 报表最多可容纳 99 999 张表页,每一张表页是由许多单元组成的。一个报表中的所有表页具有相同的格式,但其中的数据不同。表页在报表中的序号在表页的下方以标签的形式出现,称为“页标”。页标用“第 1 页”~“第 99 999 页”表示。

7) 二维表和三维表

确定某一数据位置的要素称为“维”。在一张有方格的纸上填写一个数,这个数的位置可通过行和列(二维)来描述。如果将一张有方格的纸称为表,那么这个表就是二维表,通过行(横轴)和列(纵轴)可以找到这个二维表中的任何位置的数据。如果将多个相同的二维表叠在一起,找到某一个数据的要素需增加一个,即表页号(Z 轴)。这一叠表称为一个三维表。如果将多个不同的三维表放在一起,要从这多个三维表中找到一个数据,又需增加一个要素,即表名。三维表中的表间操作即称为“四维运算”。

8)报表的大小

行数:1~9 999(缺省值为 50 行)
列数:1~255(缺省值为 7 列)
行高:0~160 毫米(缺省值为 5 毫米)
列宽:0~220 毫米(缺省值为 26 毫米)
表页数:1~99 999 页(缺省值为 1 页)

9)固定区及可变区

(1)固定区

固定区是组成一个区域的行数和列数的数量是固定的数目。一旦设定好以后,在固定区域内其单元总数是不变的。

(2)可变区

可变区是屏幕显示一个区域的行数或列数是不固定的数字,可变区的最大行数或最大列数是在格式设计中设定的。

在一个报表中只能设置一个可变区,或是行可变区或是列可变区,行可变区是指可变区中的行数是可变的;列可变区是指可变区中的列数是可变的。设置可变区后,屏幕只显示可变区的第一行或第一列,其他可变行列隐藏在表体内。在以后的数据操作中,可变行列数随着需要而增减。有可变区的报表称为可变表。没有可变区的表称为固定表。

10)关键字

关键字是游离于单元之外的特殊数据单元,可以唯一标识一个表页,用于在大量表页中快速选择表页。

关键字在格式状态下设置,在数据状态下录入,每个报表可以定义多个关键字。UFO 共提供了种关键字。

11)筛选

筛选是在执行 UFO 的命令或函数时,根据用户指定的筛选条件,对报表中每一个表页或每一个可变行(列)进行判断,只处理符合筛选条件的表页或可变行(列);不处理不符合筛选条件的表页或可变行(列)。筛选条件分为表页筛选条件和可变区筛选条件。表页筛选条件指定要处理的表页,可变区筛选条件指定要处理的可变行或可变列。筛选条件跟在命令、函数的后面,用“FOR 筛选条件”来表示。

12)关联

报表数据不是孤立存在的,一张报表中不同表页的数据或多个报表中的数据可能存在着这样或那样的经济关系或勾稽关系,要根据这种对应关系找到相关联的数据进行引用,就需要定义关联条件。UFO 在多个报表之间操作时,主要通过关联条件来实现数据组织。关联条件跟在命令、函数的后面,用“RELATION<关联条件>”来表示。如果有筛选条件,则关联条件应跟在筛选条件的后面。

11.3 报表制作

制作报表的操作流程如下:

第一步 启动 UFO,建立报表

启动 UFO 后,首先要创建一个报表,并进入格式状态。这时可以在这张报表上开始设计报表格式,在保存文件时用自己的文件名给这张报表命名。

第二步 设计报表的格式

①设置表尺寸:即设定报表的行数和列数。

②定义行高和列宽。

③画表格线。

④设置单元属性:把固定内容的单元如“项目”“行次”等定义为表样单元;把需要输入数字的单元定为数值单元;把需要输入字符的单元定为字符单元。

⑤设置单元风格:设置单元的字型、字体、字号、颜色、图案、折行显示等。

⑥定义组合单元:把几个单元作为一个使用。

⑦设置可变区:确定可变区在表页上的位置和大小。

⑧确定关键字在表页上的位置,如单位名称、年、月等。

第三步 定义各类公式

UFO 有 3 类公式:计算公式(单元公式)、审核公式、舍位平衡公式,公式的定义在格式状态下进行。

①计算公式定义了报表数据之间的运算关系,在报表数值单元中键入“=”就可直接定义计算公式,所以称为单元公式。

②审核公式用于审核报表内或报表之间的勾稽关系是否正确,需要用“审核公式”菜单项定义。

③舍位平衡公式用于报表数据进行进位或小数取整时调整数据,避免破坏原数据平衡,需要用“舍位平衡公式”菜单项定义。

第四步 报表数据处理

①因为新建的报表只有一张表页,需要追加多个表页。

②如果报表中定义了关键字,则录入每张表页上关键字的值。

③在数值单元或字符单元中录入数据。

④如果报表中有可变区,可变区初始只有一行或一列,需要追加可变行或可变列,并在可变行或可变列中录入数据。

第五步　报表图形处理

选取报表数据后可以制作各种图形，如直方图、圆饼图、折线图、面积图、立体图等。

①图形可随意移动，图形的标题、数据组按照要求设置。

②图形设置好之后可以打印输出。

第六步　打印报表

可控制打印方向，横向或纵向打印；可控制行列打印顺序；不但可以设置页眉和页脚，还可设置财务报表的页首和页尾；可缩放打印；利用打印预览可观看打印效果。

第七步　退出 UFO

所有操作进行完毕之后，保存报表文件。保存后可以退出 UFO 系统。如果忘记保存文件，UFO 在退出前将提醒保存文件。

11.4　生成报表

1）自定义报表

企业可以根据自身需要，在 UFO 系统中手动编制报表或者在“文件管理器”里有一个目录“自定义报表”，用户可以直接调用自定义报表工具，进行自定义报表的定义、计算。自定义报表的结果保存为 REP 格式，以供 UFO 报表使用。

2）利用模板生成报表

根据用户账套初始设置的默认账套的账套行业性质自动生成资产负债表、损益表、利润分配表以及与该行业性质相关的其他报表。利用模板生成报表尽管可以拿过来直接使用，但应根据企业实际情况对公式做适当调整。为安全起见，在首次使用模板编制三大报表时，最好将所有公式重新定义一遍，下月再次编制报表时只需要修改关键字的日期即可。

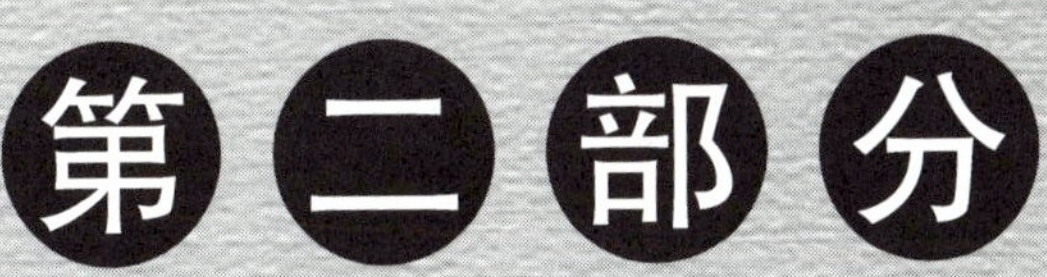

案例实验

实验 1　系统管理

一、实验要求

①理解系统管理各功能菜单的作用。
②掌握系统建账、账套参数修改、添加用户及财务人员的分工、视图的相关操作。

二、业务场景

1.核算单位信息

单位名称:江夏临江电池股份有限公司
单位简称:江夏临江
单位地址:湖北省武汉市江夏区临江大道 101 号
法人代表:张淼

2.账套基本信息

表 S1-1　企业账套基本信息

项　目	内　容
账套号	725
账套名称	江夏临江
单位名称	江夏临江电池股份有限公司
简称	江夏临江
税号	00005(税号后五)
行业性质	工业企业
记账本位币	人民币

续表

项　目	内　容
行业性质	2007 年新会计制度科目
启用会计期	2024 年 01 月
科目预制语言	简体中文
科目预制语言	简体中文
账套主管	刘诺
有无外币核算	是
客户是否分类	是
供应商是否分类	是
存货是否分类	是
开户银行	中国农业银行武汉市江夏区临江支行
银行账号	89-040201049999999（人民币）
税号	914200006154013201

3.编码方案

表 S1-2　编码方案

项　目	编码方案
会计科目级次	4-2-2-2-2
客户分类编码级次	1-2-3
供应商分类编码级次	1-2-3
存货分类编码级次	2-2-3
部门编码级次	1-2
地区分类编码级次	2
费用项目分类	1-2
结算方式编码级次	1-2
岗位体系编码级次	2
收发类别编码级次	1-2

4.财务人员分工

表 S1-3　财务人员分工

人员编码	姓　名	岗　位	权　限
01	刘诺	主管	拥有公司整个账务的全部权限,负责财务业务一体化管理系统运行环境的建立,以及各项初始设置工作;负责管理软件的日常运行管理工作,监督并保证系统的有效、安全、正常运行;负责总账管理系统的凭证审核、记账、账簿查询、月末结账工作;负责报表管理及其财务分析工作
02	张霞	会计	负责总账及各个子模块凭证的对接,负责总账系统的凭证管理工作以及客户往来、供应商往来管理工作。具有总账管理、应收款管理、应付款管理的全部操作权限
03	刘坤	采购员	负责采购相关业务,主要负责采购业务处理。具有公共目录设置、应收款管理、应付款管理、总账管理、采购管理、销售管理、库存管理、存货核算的全部操作权限
04	崔姚	销售员	负责销售相关业务
05	王红	出纳	负责现金及银行账的日常业务,拥有出纳签字的权限

三、实验步骤

1.系统进入

进入系统的两种方式:一是双击桌面<系统管理>图标,进入用友 U8<系统管理>窗口。二是通过<开始>—<所有程序>—<用友 U8 V10.1>—<系统服务>—<系统管理>进入用友 U8<系统管理>窗口,如图 S1-1 所示。

2.系统登录

操作路径:<系统管理>—<系统>—<注册>,如图 S1-2 所示。

【操作说明】

①登录到:选择服务器,在客户端登录,则选择服务端的服务器名称;服务端或单机用户则选择本地服务器。

②操作员:admin(不区分大小写)。

③密码:空。

④账套:default。

⑤语言区域:简体中文。

⑥如何更改密码:登录时,在密码栏中输入正确的密码,然后将“修改密码”栏目选中“√”,点击<确定>按钮,在提示窗口输入并确定新密码,用户输入新的口令,并进行确认。模拟上机过程中不建议修改密码。

图 S1-1　进入系统图

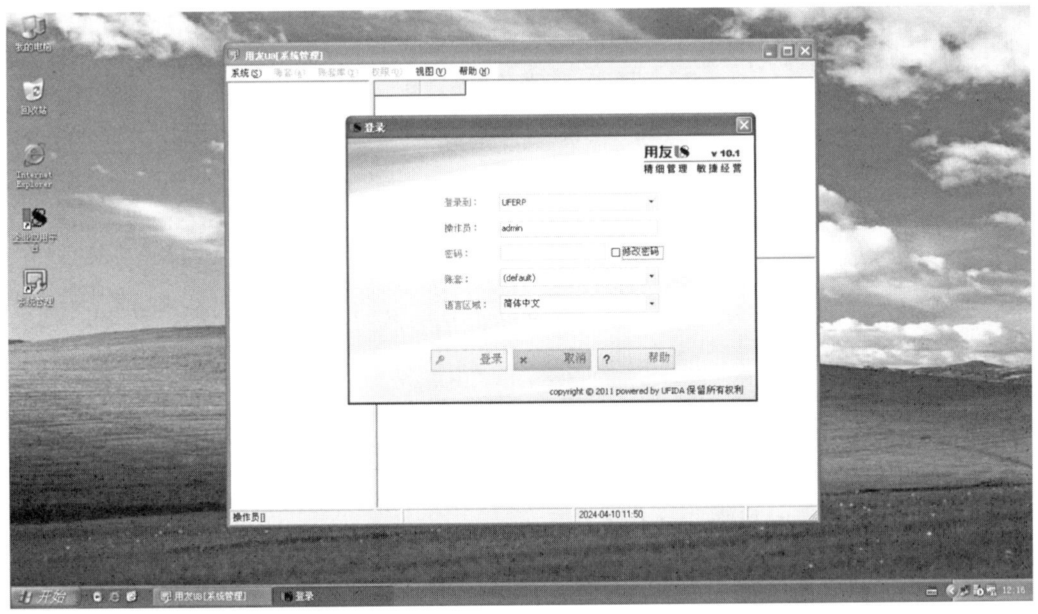

图 S1-2　系统登录界面

专家点拨：

系统管理员(Admin)、安全管理员(SAdmin)、管理员用户和账套主管看到的登录界面是有差异的，系统管理员、安全管理员登录界面只包括：服务器、操作员、密码、语言区域；而管理员用户、账套主管则包括：服务器、操作员、密码、账套、操作日期、语言区域。

3.建立账套

建立账套

操作路径:<系统管理>—<系统>—<注册>—<账套>—<建立>—<创建账套>—<新建空白账套>—<下一步>—<下一步>—<下一步>—<下一步>—<完成>。

点击菜单栏上的<系统>菜单,录入账套信息,如图 S1-3 所示。

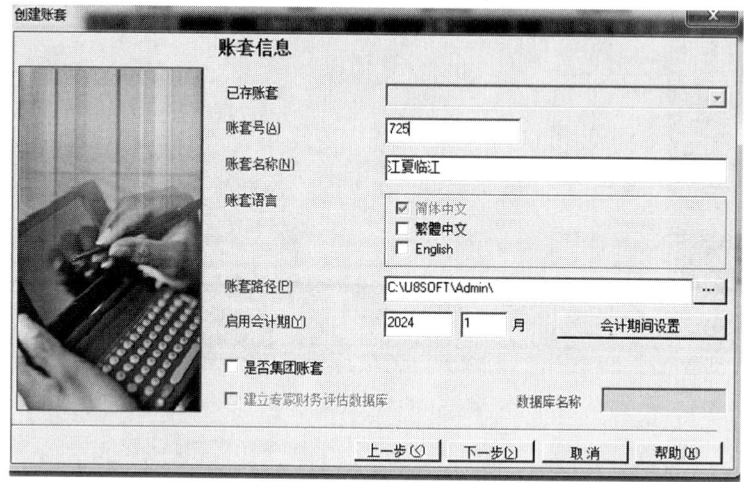

图 S1-3　账套基本信息

【操作说明】

①已存账套:空

②账套号(必录项):725

必须输入,账套号在 U8 系统中是唯一的。可以是 0~9 任意三位数的组合。

③账套名称(必录项):江夏临江

④账套路径:默认路径

用来确定新建账套将要被放置的位置,系统默认的路径为 C:\U8SOFT\Admin,用户可以人工更改,也可以利用“……”按钮进行参照输入。

⑤启用会计期(必录项):2024.01

会计期是指企业从何时开始使用 U8 系统。系统默认为计算机的当前系统日期。

⑥是否集团账套:不打钩

⑦建立专家财务评估数据库:不打钩

点击<下一步>,如图 S1-4 所示。

⑧单位名称(必录项):江夏临江电池股份有限公司

企业全称只在发票打印时使用,其余情况全部使用企业的简称。

⑨单位简称:江夏临江

用户单位的简称,建议输入。其他为可选项,根据业务场景提供的资料录入。点击<下一步>,进入核算类型的设置,如图 S1-5 所示。

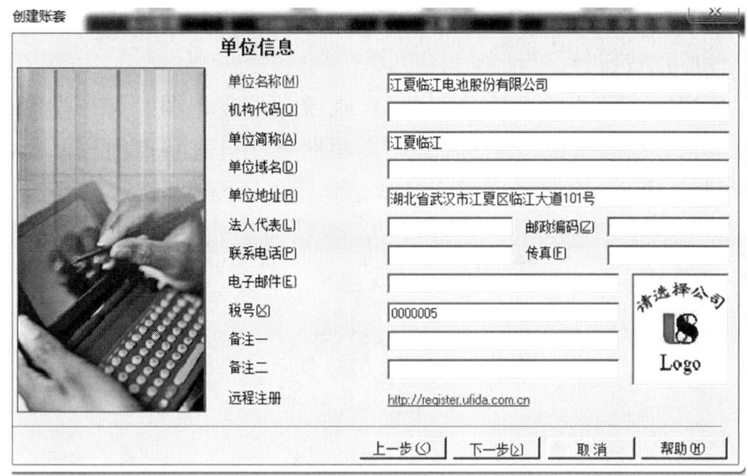

图 S1-4　单位信息

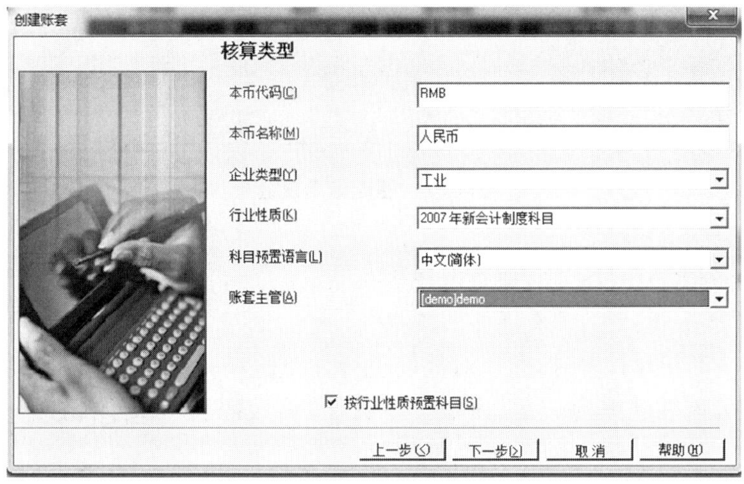

图 S1-5　核算类型设置

⑩本币代码:必须输入。本例采用系统默认值 RMB

⑪本币名称(必录项):人民币

⑫企业类型:工业

从下拉列表框中选择输入。系统提供了“工业”“商业”“医药流通”3 种模式。如果选择工业模式,则系统不能处理受托代销业务;如果选择商业模式,委托代销和受托代销都能处理。

⑬行业性质:2007 年新会计制度科目

从下拉列表框中选择输入,系统将按照所选择的行业性质预置科目。

⑭科目预置语言:中文(简体)

⑮账套主管:demo(临时借用)

暂时借用系统本身预制的成员,加了本账套 725 自己的财务人员后可以解除 demo 的主管权限,换用本企业自己的主管刘诺。在没有增加本企业财务人员前,系统原已预制了 demo、SYSTEM、UFSOFT 三人可选,必须从下拉列表框中选择输入。

⑯按行业性质预置科目

如果希望预置所属行业的标准一级科目,则选中该复选框。如果没有选中复选框,意味着本套账的会计科目全部为空,需要用户根据企业自身特点,自行录入所用到的全部科目,建议预制。点击<下一步>,进入基本信息设置界面,如图 S1-6 所示。

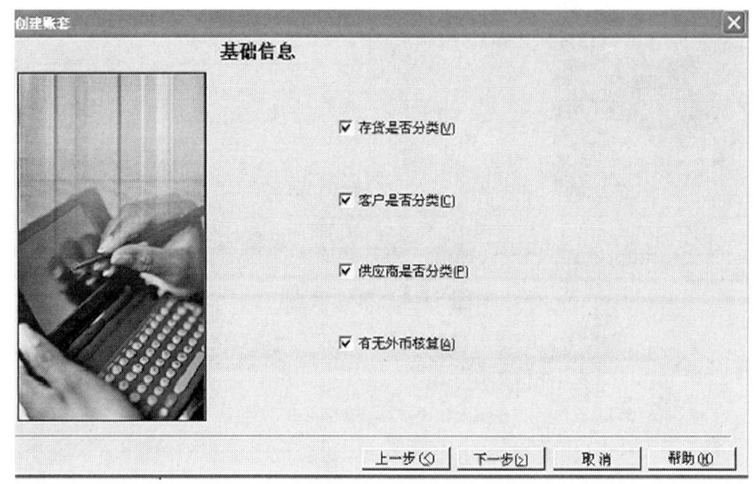

图 S1-6 基础信息设置

⑰基础信息

存货是否分类:√　　　客户是否分类:√

供应商是否分类:√　　有无外币核:√

客户、供应商相对较多时,建议对他们进行分类核算。如果此时不能确定是否进行分类核算,也可以在建账完成后,由账套主管在“修改账套”功能中设置分类核算(不提倡)。

点击<下一步>开始建账,如图 S1-7 所示。

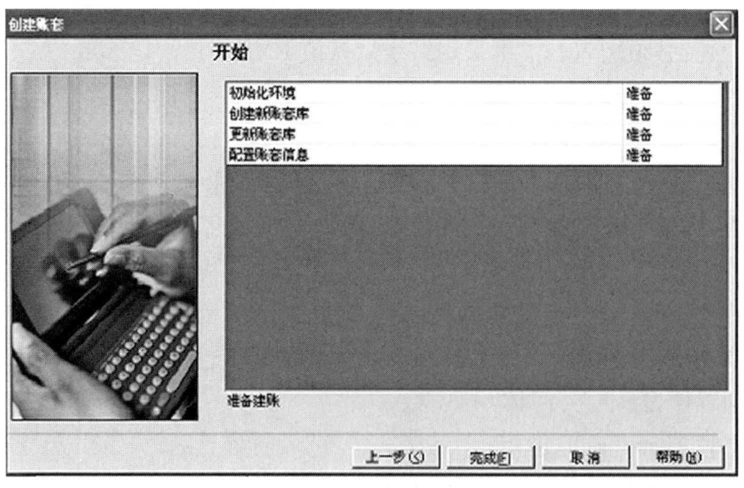

图 S1-7 开始建账

⑱开始建账

单击<完成>按钮,系统提示“可以创建账套了吗?”如图 S1-8 所示。

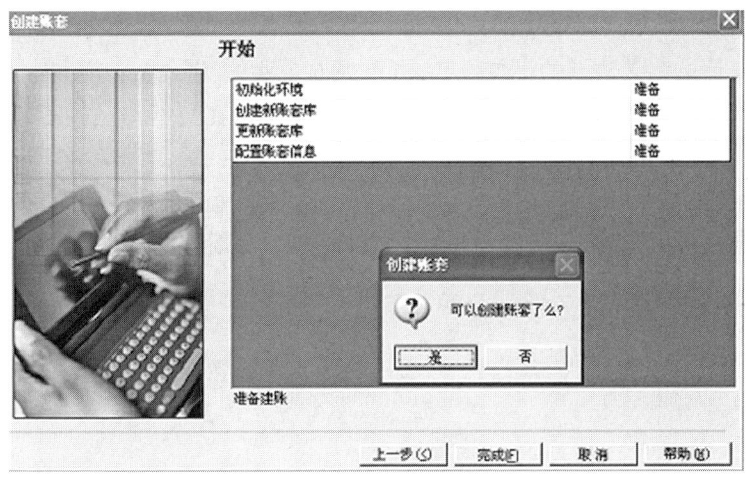

图 S1-8　**确认建账**

单击<是>按钮,系统依次进行初始化环境、创建新账套库、更新账套库、配置账套信息等工作,需要花费一段时间才能完成。

⑲编码方案

完成建账后,系统自动进入编码方案的设置,如图 S1-9、图 S1-10 所示。

编码方案

项目	最大级数	最大长度	单级最大长度	第1级	第2级	第3级	第4级	第5级	第6级	第7级	第8级	第9级
科目编码级次	13	40	9		2	2	2	2				
客户分类编码级次	5	12	9	1	2	3						
供应商分类编码级次	5	12	9	1	2	3						
存货分类编码级次	8	12	9	2	2	3						
部门编码级次	9	12	9	1	2							
地区分类编码级次	5	12	9	2								
费用项目分类	5	12	9	1	2							
结算方式编码级次	2	3	3	1	2							
货位编码级次	8	20	9	2	3	4						
收发类别编码级次	3	5	5	1	2							
项目设备	8	30	9	2	2							
责任中心分类档案	5	30	9	2	2							
项目要素分类档案	6	30	9	2	2							
客户权限组级次	5	12	9	2	3	4						

确定(O)　取消(C)　帮助(F)

图 S1-9　**编码方案** 1/2

编码方案

项目	最大级数	最大长度	单级最大长度	第1级	第2级	第3级	第4级	第5级	第6级	第7级	第8级	第9级
货位编码级次	8	20	9	2	3	4						
收发类别编码级次	3	5	5	1	2							
项目设备	8	30	9	2	2							
责任中心分类档案	5	30	9	2	2							
项目要素分类档案	6	30	9	2	2							
客户权限组级次	5	12	9	2	3	4						
供应商权限组级次	5	12	9	2	3	4						
存货权限组级次	8	12	9	2	2	2	2	3				
行业分类级次	5	12	9	1	2	3						
设备类别编码方式	4	15	9	1	2							
故障分类级次	5	15	9	2	3							
岗位体系级次	9	100	9	2								
指标定义级次	9	20	9	2	2	2	2	2	2	2		

确定(O)　取消(C)　帮助(F)

图 S1-10　**编码方案** 2/2

按业务场景提供的编码长度修改系统默认值,修改完成后,点击<确定>按钮,该窗口不会自动关闭,要想关闭该窗口,只能点击窗口右上角的<×>号。

科目编码级次中第 1 级科目编码长度根据建账时所选行业性质自动确定,此处显示为灰色,不能修改,只能设定第 1 级之后的科目编码长度。

对于编码方案设计的内容,一旦对应的编码被使用后,则不能再次修改,如果需要再次修改,则需要把后面已经用过的该编码的内容全部删掉后再改,即先定义后使用!

⑳数据精度

数据精度是指定义数据的小数位数,可以根据企业的实际情况有针对性地修改。本次实验采用系统默认值,单击<确定>按钮,系统显示“正在更新单据模板,请稍等”信息提示。

㉑完成账套建立

完成单据模板更新后,系统弹出“[725]建账成功”系统提示对话框,单击“否”按钮。

专家点拨:

①对于已存账套,用户只能查看,而不能输入或修改。其作用是在建立新账套时可以明晰已经存在的账套,避免在新建账套时重复建立。

②账套名称:可以输入40个字符。

③账套路径:用来输入新建账套所要被保存的路径,用户必须输入,可以参照输入,但不能是网络路径中的磁盘。

④启用会计期:用来输入新建账套将被启用的时间,具体到“月”,用户必须输入。

⑤会计期间设置:因为企业的实际核算期间可能和正常的自然日期不一致,所以系统提供此功能进行设置。自动将启用月份以前的日期标识为不可修改的部分;而将启用月份以后的日期(仅限于各月的截止日期,至于各月的初始日期则随上月截止日期的变动而变动)标识为可以修改的部分。用户可以任意设置。

⑥企业类型设置:对于新建账套,如果企业类型选择为医药流通,则将产品中的部分自定义项预置为医药流通所需要的项目。

⑦会计期间修改:在账套的使用中,可以对本年未启用的会计期间修改其开始日期和终止日期。只有没有业务数据的会计期间可以修改其开始日期和终止日期。使用该会计期间的模块均需要根据修改后的会计期间来确认业务所在的正确期间。只有账套管理员用户才有权限修改相应的账套。

⑧账套引入:引入以前的账套或自动备份的账套,应先使用文件解压缩功能,将所需账套解完压缩后再引入。

⑨账套输出:只有系统管理员(admin)有权限进行账套输出。

⑩账套删除:正在使用的账套必须先关闭才能删除,删除完成后,系统自动将系统管理员注销。账套删除和账套输出备份的操作基本一样,区别只是在输出选择界面选中删除操作和完成备份后的删除确认。

4.增加用户

添加用户以及编码规则

操作路径:<系统管理>—<系统>—<注册>—admin—<登录>—<权限>—<用户>—<增加>,点击<增加>按钮,如图S1-11所示。

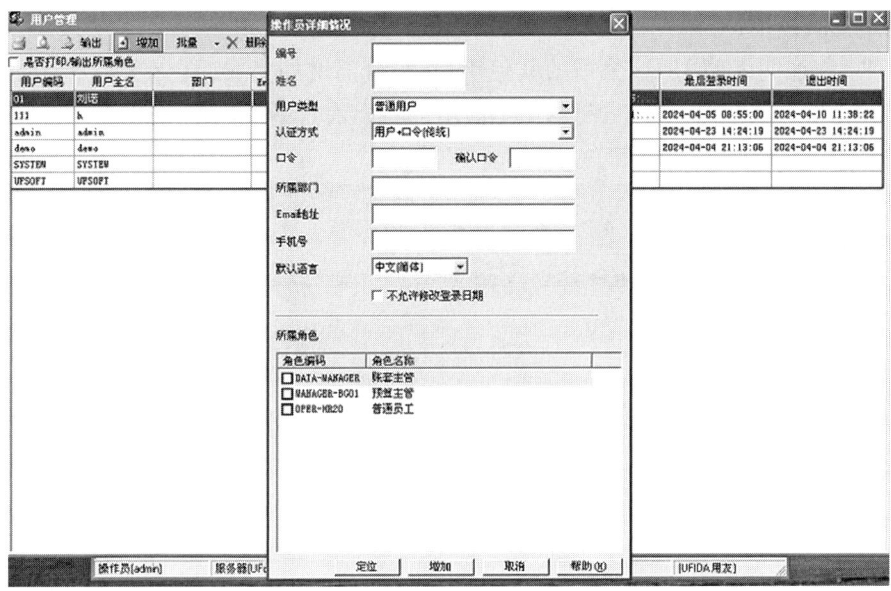

图 S1-11　增加用户

【操作说明】

在“用户管理”窗口看到的是系统安装完成后默认的几个用户。

①编号:01

用户编号在 U8 系统中不能重复,即使是不同的账套,用户编号也不能重复,如若重复,系统会在重复的编号前加 $ 符号以示区分。

②姓名:刘诺

准确输入该用户的中文全称。用户登录 U8 进行业务操作时,为明确经济责任,会在各个操作窗口显示该登录用户的姓名。

③用户类型:普通用户

用户类型有“普通用户”和“管理员用户”两种。普通用户指登录系统进行各种业务操作的人;管理员用户的性质与 admin 相同,他们只能登录系统进行管理操作,不能处理企业业务。

④认证方式:系统默认

提供“用户+口令(传统)”“动态密码”“CA 认证”“域身份验证”4 种认证方式。“用户+口令(传统)”是 U8 默认的用户身份认证方式,即通过系统管理中的用户管理来设置用户的安全信息。

⑤口令:111(用户便于记忆的口令)

设置操作员口令时,为保密起见,输入的口令在屏幕上以“ * ”号显示。

⑥所属角色:不选

系统预置了账套主管、预算主管、普通员工 3 种角色。

⑦增加其他用户

单击“增加”按钮增加该公司的其他用户，当全部增加完成后会在<用户管理>窗口看到当前已增加的全部人员，没有退出当前增加界面前看不到刚新增用户。增加完成后可看到已经增加成功的用户名单，如图 S1-12 所示。

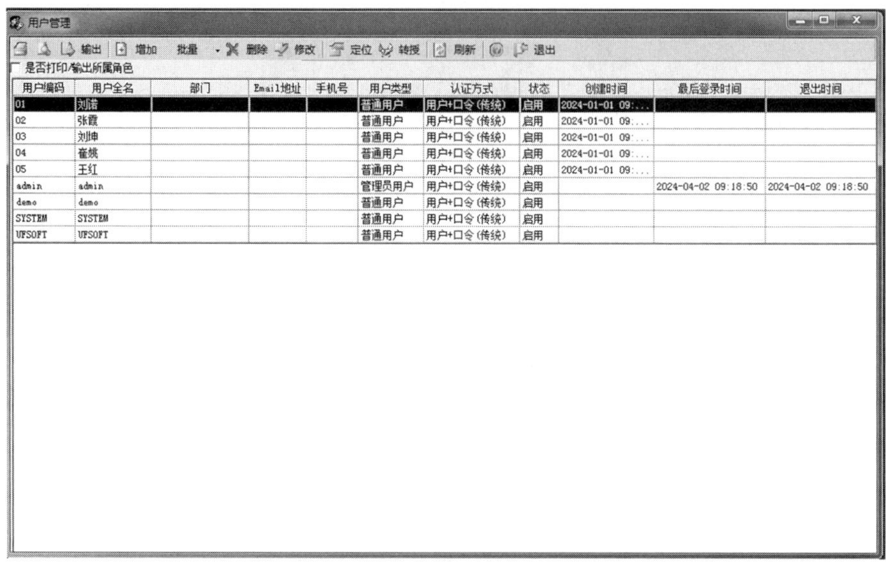

用户编码	用户全名	部门	Email地址	手机号	用户类型	认证方式	状态	创建时间	最后登录时间	退出时间
01	刘诺				普通用户	用户+口令(传统)	启用	2024-01-01 09:...		
02	张霞				普通用户	用户+口令(传统)	启用	2024-01-01 09:...		
03	刘坤				普通用户	用户+口令(传统)	启用	2024-01-01 09:...		
04	崔姚				普通用户	用户+口令(传统)	启用	2024-01-01 09:...		
05	王红				普通用户	用户+口令(传统)	启用	2024-01-01 09:...		
admin	admin				管理员用户	用户+口令(传统)	启用		2024-04-02 09:18:50	2024-04-02 09:18:50
demo	demo				普通用户	用户+口令(传统)	启用			
SYSTEM	SYSTEM				普通用户	用户+口令(传统)	启用			
UFSOFT	UFSOFT				普通用户	用户+口令(传统)	启用			

图 S1-12　增加用户

专家点拨：

①用户和角色设置不分先后顺序，用户可以根据自己的需要进行设置。但对于自动传递权限来说，应该首先设定角色，然后分配权限，最后进行用户的设置。这样在设置用户的时候，如果选择其归属哪一个角色，则其自动具有该角色的权限。一个角色可以拥有多个用户，一个用户也可以分属于多个不同的角色。若角色已经在用户设置中被选择过，系统则会将这些用户名称自动显示在角色设置中的所属用户名称的列表中。系统管理员或有权限的管理员用户可以进行该功能的设置。

②只有系统管理员才有权限设置角色和用户。

③所设置的操作员用户一旦被引用，便不能被修改和删除。

④如果操作员调离企业，可以通过“修改”用户功能“注销当前用户”。

⑤在“操作员详细情况”对话框中，蓝色字体标注的项目为必录项，其余项目为可选项。这一规则适用于 U8 所有界面。

5.财务分工

添加用户以及编码规则

操作路径：<系统管理>—<系统>—<注册>—admin—<登录>—<权限>—<权限>，点击<权限>后系统进入操作员权限设置窗口，如图 S1-13 所示。

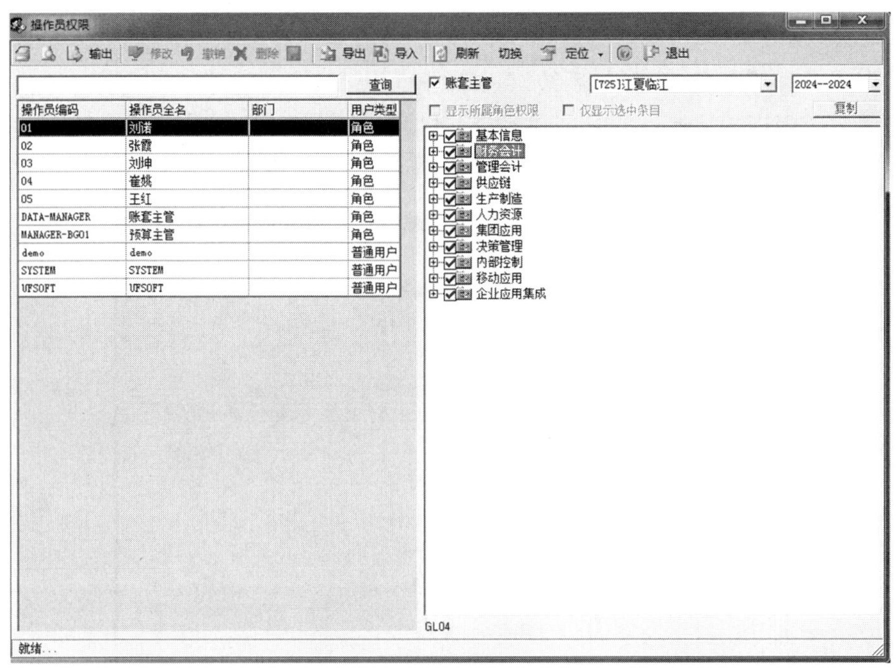

图 S1-13　**操作员权限**

【操作说明】

①在<操作员权限>窗口的列表中选择<刘诺>,右侧窗口中<账套主管>前打钩,指定刘诺为账套主管,将主管的全部权限赋给刘诺,同时,选择 2024-2024。如果是增加用户在建账套之前,在建账过程中已经选择了刘诺为账套主管,则在此处可以不用再次为刘诺赋权。

②一个账套理论上可以设定多个账套主管,但需结合企业的实际情况,为减少内耗,一般只设一个账套主管。

③在<操作员权限>窗口的列表中选择<张霞>,单击菜单栏上的<修改>按钮,选中<财务会计>前的"+"号图标,展开<财务会计>,选中<总账>前的"+"图标,展开<总账>,点击<总账>前面的复选框,将总账会计的权限指定给她。

④在<操作员权限>窗口的列表中选择<王红>,单击菜单栏上的<修改>按钮,选中<财务会计>前的"+"号图标,展开<财务会计>,选中<总账>前的"+"图标,展开<总账>,点击<出纳>前面的复选框,将出纳的权限指定给王红,同时,展开<总账>—<凭证>—<出纳签字>—<查询凭证><保存>。以同样的操作流程为财务部其他人员指定权限,具体权限参照本实验的业务场景。

专家点拨:

如果系统上存在多套账,在进行财务分工时,要注意人员所属的账套和对应的账套年度。

6.视图

操作路径:<系统管理>—<系统>—<注册>—admin—<登录>—<视图>,点击<视图>,进入系统管理的视图设置窗口,如图 S1-14 所示。

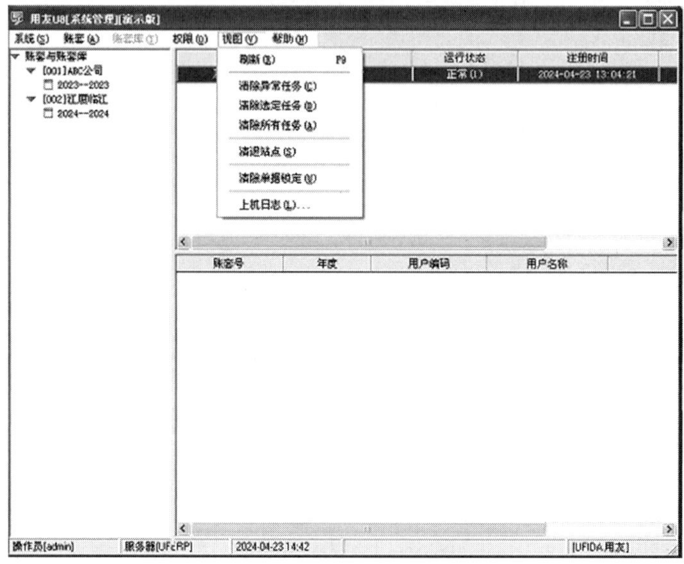

图 S1-14　视图管理

【操作说明】

根据出现的具体问题,选择相应的功能,如在修改会计科目时出现图 S1-15 的问题时,就需要点击此处的<清除单据锁定>功能,清除后重新注册进入系统,即可解决问题。

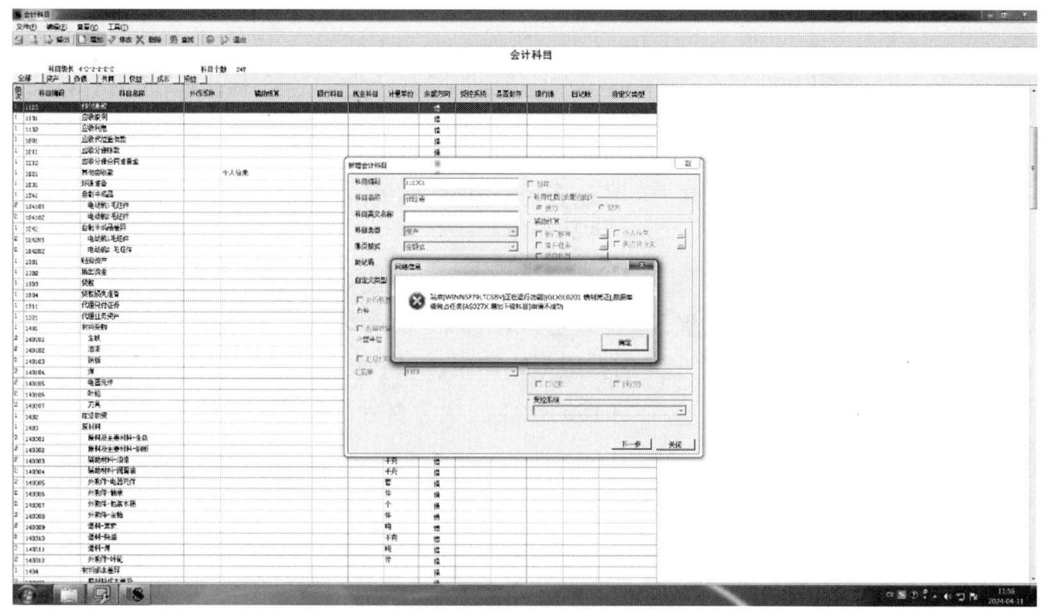

图 S1-15　问题锁定

> 专家点拨：
>
> 系统在运行过程中，因各种原因导致系统无法正常使用时，此时可以通过视图管理功能的“清除单据锁定”或者“清除异常任务”来解决。

7.账套输出与引入

操作路径：<系统管理>—<系统>—<注册>—admin—<登录>—<账套>—<输出>，点击菜单栏上的<输出>，进入账套输出界面，如图 S1-16 界面。

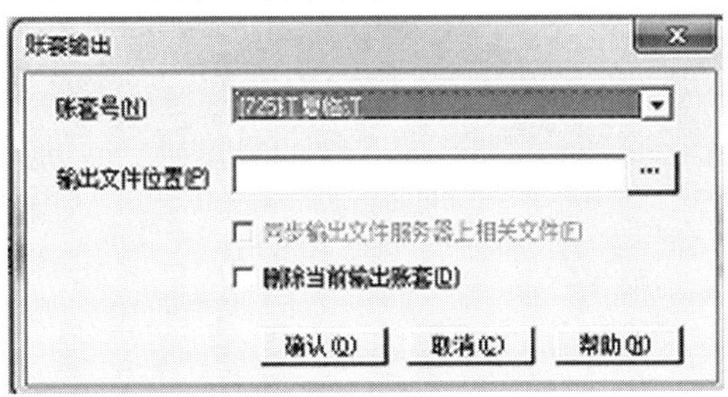

图 S1-16　账套输出

输出成功后，将有两个（UFDATA.BAK、UferpAct.Lst）文件存在，如图 S1-17 所示。

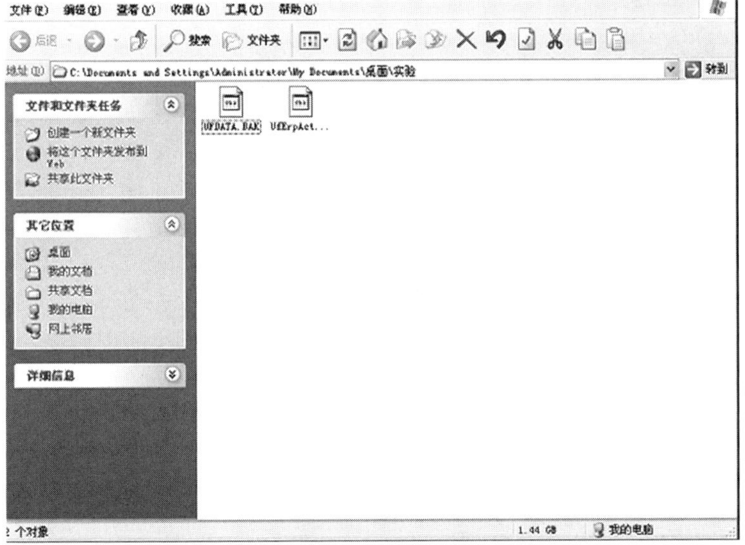

图 S1-17　输出的文件

【操作说明】

①在“账套号”处选择需要输出的账套，选择输出路径，点击<确认>按钮完成输出。系统会提示输出是否成功的标识。

②如果要删掉当前输出的账套，则在<删掉当前输出的账套>前打钩。

专家点拨：

①注册后才能被打开使用。

②输出是系统管理员操作的，如果账套主管进行输出，则输出的是年度账，输出的文件为 UFDATA.BAK、UferpYer.Lst。

③UferpYer.Lst 文件可以通过重命名的方式将它改回 UferpAct.Lst。

④考虑到系统的稳定性问题，建议输出时在根目录下先建立自己的文件夹，然后点击新建好的文件夹，把输出的账套存放在文件夹中，压缩后存入自己的存储设备中。

实验 2　公共基础档案设置

一、实验要求

①理解企业应用平台各模块间的数据传递过程。

②完成基础档案的设置，如人员类别、人员档案、部门档案、会计科目、凭证类别、外币设置、项目目录、收付结算方式、客商信息及存货等。

二、业务场景

1.部门档案

表 S2-1　部门档案

编　码	部　门	备　注
1	总经理办公室	
2	采购部	
201	采购一部	
202	采购二部	
3	销售部	
301	销售一部	
302	销售二部	
4	生产车间	
401	一车间	
402	二车间	
5	财务部	
6	人力资源部	
7	后勤集团	

2.人员类别

表 S2-2　人员类别

类别编码	人员类型
1011	管理人员
1012	技术人员
1013	销售人员
1014	采购人员

3.人员档案

表 S2-3　人员档案

人员编码	姓　名	所属部门	人员类别	业务员/操作员
601	崔洋	人力资源部	管理人员	否/是
602	王凯	人力资源部	管理人员	否/是
501	刘义诺	财务部	管理人员	否/是
502	张霞	财务部	管理人员	否/是
503	王红	财务部	管理人员	否/是
401	张冰	一车间	技术人员	是/否
402	王浩	二车间	技术人员	是/否
403	刘杨	二车间	技术人员	是/否
301	刘书	销售一部	销售人员	是/否
302	王永	销售二部	销售人员	是/否
303	崔姚	销售二部	销售人员	是/否
201	刘坤	采购一部	采购人员	是/否
202	胡敏	采购二部	采购人员	是/否
101	刘芳	总经理办公室	管理人员	否/是
102	王里	总经理办公室	管理人员	否/是

4.客户信息

客户分类:1.国内　　2.国外

地区分类:01.湖北　02.山东　03.四川　04.甘肃　05.内蒙古　06.浙江

表 S2-4　客户档案

客户编码	客户名称	客户简称	所属分类	所属地区	税号(18位)	开户银行	银行账号	地　址
101	藏龙机械有限公司	藏龙传媒	国内	湖北	124200007446123456	农行藏龙支行	89-040201040000000	武汉江夏学院路1号
102	郑州白云有限公司	郑州白云	国内	甘肃	124200007446123457	农行城关区支行	89-040201040000001	兰州城关区天平路8号
103	重庆飞宏有限公司	重庆飞宏	国内	四川	124200007446123458	农行人民路支行	89-040201040000002	重庆市人民路5号
104	济南万方有限公司	济南万方	国内	山东	124200007446123459	农行人民路支行	89-040201040000003	济南历城区人民路3号
105	达尔有限公司	内蒙古达尔	国内	内蒙古	124200007446123450	农行人民路支行	89-040201040000004	呼和浩特人民路8号

5.供应商信息

供应商分类:1.国内　2.国外

表 S2-5　供应商档案

供应商编码	供应商名称	供应商简称	所属分类	所属地区	税号(18位)	开户银行	银行账号	地　址
101	宁波科技有限公司	宁波科技	国内	浙江	124200006446123456	工行藏龙支行	89-040202040000000	浙江科技园路11号
102	兰州矿业有限公司	兰州华光	国内	甘肃	124200006446123457	工行城关区支行	89-040202040000001	兰州城关区天平路18号
103	重庆矿业有限公司	重庆兰科	国内	四川	124200006446123458	工行人民路支行	89-040202040000002	重庆市人民路15号
104	济南科方有限公司	济南科方	国内	山东	124200006446123459	工行人民路支行	89-040202040000003	济南历城区人民路13号
105	达科有限公司	内蒙古达科	国内	内蒙古	124200006446123450	工行人民路支行	89-040202040000004	呼和浩特人民路10号

6.系统启用

启用总账系统
薪资管理
固定资产
应收系统
各子系统启用为 2024 年 01 月 01 日。

7.会计科目

表 S2-6 会计科目表

类 型	级 次	科目编码	科目名称	辅助账类型	方 向
资产	1	1001	现金	日记账	借
资产	1	1002	银行存款	银行账、日记账	借
资产	2	100201	农行存款	银行账、日记账	借
资产	2	100202	中行存款	银行账、日记账	借
资产	1	1012	其他货币资金		借
资产	1	1121	应收票据	客户往来	借
资产	1	1122	应收账款	客户往来	借
资产	1	1231	坏账准备		贷
资产	1	1123	预付账款	供应商往来	借
资产	1	1221	其他应收款	个人往来	借
资产	1	1403	原材料	数量核算	借
资产	2	140301	石墨(20 吨)		借
资产	2	140302	锰酸锂		借
资产	1	1409	包装物		借
资产	1	1408	委托加工物资		借
资产	1	1405	库存商品		借
资产	1	1801	长期待摊费用		借
资产	1	1601	固定资产		借
资产	1	1602	累计折旧		贷
资产	1	1701	无形资产		借
资产	1	1801	长期待摊费用		借
负债	1	2001	短期借款		贷
负债	1	2201	应付票据		贷
负债	1	2202	应付账款	供应商往来	贷
负债	1	2203	预收账款	客户往来	贷

续表

类　型	级　次	科目编码	科目名称	辅助账类型	方　向
负债	1	2241	其他应付款		贷
负债	1	2211	应付职工薪酬		贷
负债	2	221101	应付工资		贷
负债	2	221102	应付福利费		贷
负债	2	221103	工会经费		贷
负债	2	221104	职工教育经费		贷
负债	1	2221	应交税费		贷
负债	2	222101	应交所得税		贷
负债	2	222102	应交个人所得税		贷
负债	2	222103	应交城建税		贷
负债	2	222104	未交增值税		贷
负债	2	222105	应交增值税		贷
负债	3	22210501	进项税额		贷
负债	3	22210502	销项税额		贷
负债	1	2161	应付股利		贷
负债	1	2201	长期借款		贷
负债	1	2211	应付债券		贷
负债	1	2221	长期应付款		贷
权益	1	3101	实收资本		贷
权益	1	3111	资本公积		贷
权益	1	3121	盈余公积		贷
权益	1	3141	利润分配		贷
成本	1	5001	生成成本	项目核算	借
成本	2	500101	直接材料	项目核算	借
成本	2	500102	直接人工	项目核算	借
成本	2	500103	制造费用	项目核算	借
成本	1	5101	制造费用		借
损益	2	6601	销售费用		借
损益	2	660101	折旧费		借
损益	1	6602	管理费用	部门核算	借
损益	2	660201	工资	部门核算	借
损益	2	660202	福利费	部门核算	借

续表

类　型	级　次	科目编码	科目名称	辅助账类型	方　向
损益	2	660203	办公费	部门核算	借
损益	2	660204	差旅费	部门核算	借
损益	2	660205	招待费	部门核算	借
损益	2	660206	折旧费	部门核算	借
损益	2	660207	其他	部门核算	借
损益	1	6702	信用减值损失		借

注:该会计科目表只列出了有期初余额的科目,其他科目以 U8 预装的科目为准。

8.项目核算相关信息

项目大类:电池

项目分类:01　内部生产　02　外部采购

项目名称:01　传统电池(分类码 01)　02　新能源电池(分类码 01)

9.指定科目

“库存现金(1001)”科目指定为现金总账科目。

“银行存款(1002)”科目指定为银行总账科目。

“库存现金(1001)”“银行存款(1002)及其明细科目”“其他货币资金(1012)”指定为现金流量科目。

10.结算方式

(1)支票结算:101　现金支票　102　转账支票　103　银行本票
104　商业汇票　105　银行汇票

(2)现金结算

(3)其他结算:301　汇兑　302　委托收款
303　托收承付　304　网上银行转账

11.凭证类别

表 S2-7　凭证类别

凭证类别	限制条件	限制科目
收款凭证	借方必有	1001,1002,100201,100202
付款凭证	贷方必有	1001,1002,100201,100202
转账凭证	凭证必无	1001,1002,100201,100202

三、实验步骤

以主管刘诺的身份登录,引入实验一的账套或者接着实验一继续操作。

1.登录企业应用平台操作路径

双击桌面上的<企业应用平台>图标,以主管刘诺的身份进入登录界面,如图 S2-1 所示。

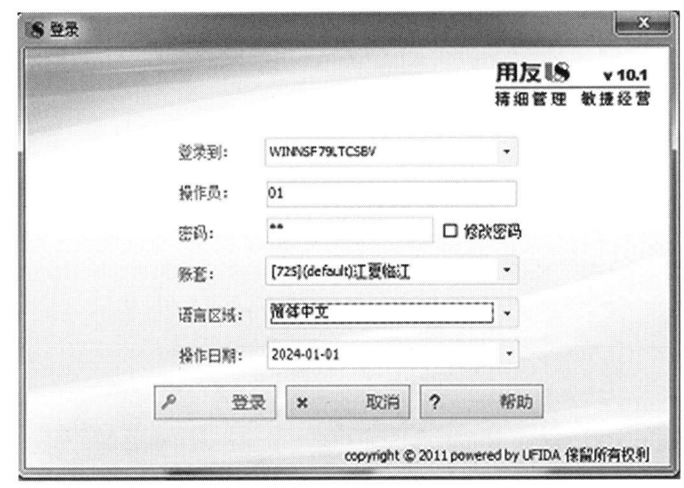

图 S2-1　登录企业应用平台

【操作说明】

①登录到:默认值

选择服务器:在客户端登录,选择服务端的服务器名称;服务端或单机用户选择本地服务器。

②操作员:01

以主管刘诺的身份登录,可以输入刘诺的编码 01,也可以直接输入操作员姓名,如刘诺。

③密码:01

输入在增加用户时设置的密码,如果没有设置密码,此处可以为空。如要修改密码,单击<修改密码>按钮。

④账套:725 江夏临江

点击后面的下拉按钮,选择要登录的账套。系统会根据当前操作员的权限显示该操作员可以登录的账套号。

⑤语言区域:简体中文

系统提供了简体中文、繁体中文、ENGLISH 三种语言供选择。

⑥操作日期:2024-01-01

日期输入格式为 yyyy-mm-dd,也可点日历参照选择一个自然时间。

专家点拨:

当输入操作员后在<账套>处无对应的账套,原因如下:

没有对操作员进行财务分工的设置;

财务分工时,因存在多套账,在赋权限时可能选择了其他不属于当前正在操作的账套。

如果在操作过程中出现日期格式问题,建议修改计算机的时间格式为 yyyy-mm-dd 格式。

2.系统启用

操作路径:<企业应用平台>—<基础设置>—<基本信息>—<系统启用>,如图 S2-2 所示。

系统启用

全启　刷新　退出

[725]江夏临江账套启用会计期间2024年1月

系统编码	系统名称	启用会计期间	启用自然日期	启用人
☑GL	总账	2024-01	2024-01-01	admin
☑AR	应收款管理	2024-01	2024-01-01	admin
☑AP	应付款管理	2024-01	2024-01-01	刘诺
☑FA	固定资产	2024-01	2024-01-01	刘诺
☐NE	网上报销			
☐NB	网上银行			
☐WH	报账中心			
☐SC	出纳管理			
☐CA	成本管理			
☐PM	项目成本			
☐FM	资金管理			
☐BM	预算管理			
☐CM	合同管理			
☐PA	售前分析			
☐SA	销售管理			
☐PU	采购管理			
☐ST	库存管理			
☐IA	存货核算			

图 S2-2　系统启用

【操作说明】

系统启用是指设定在用友 U8 管理软件中各个模块开始使用的日期。先启用后使用,只有在此处启用后,才能进入各个模块进行相关的业务处理。依次在<总账><应收款管理><应付款管理><固定资产管理><薪资管理>各个模块前打钩,启用日期一般为月初,也可为会计期间内的任意日期。

专家点拨：

①总账启用日期不能小于账套启用日期。

②也可以先启用<总账>模块，后面用到哪个模块时再启用相应模块。

3.修改编码方案

操作路径：<企业应用平台>—<基础设置>—<基本信息>—<编码方案>，如图 S2-3 所示。

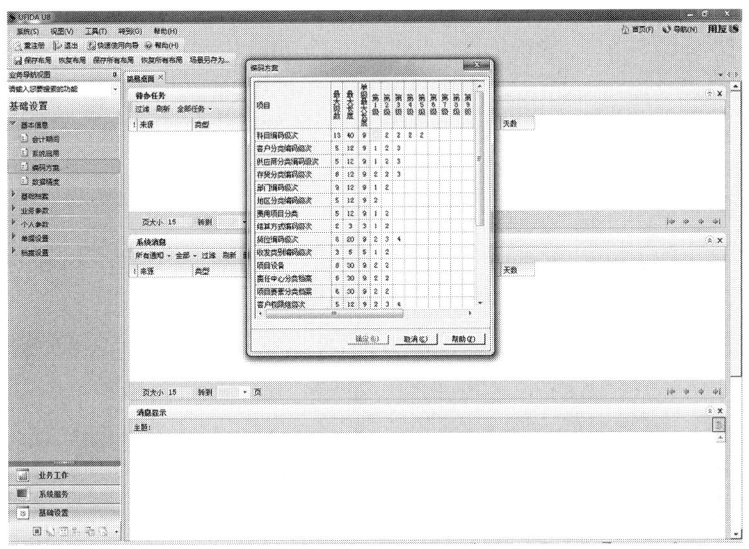

图 S2-3　**修改编码方案**

【操作说明】

可以在此处完成编码方案的修改，编码一旦使用，将以灰色显示，不能进行修改操作，如需修改，必须将用到的与编码相关的信息全部删除后才可修改。

4.修改数据精度

操作路径：<企业应用平台>—<基础设置>—<基本信息>—<数据精度>，如图 S2-4 所示。

【操作说明】

数据精度在没有使用的情况下可以在此处修改。一旦使用，不能修改。

5.本单位信息

操作路径：<企业应用平台>—<基础设置>—<基本信息>—<机构人员>—<本单位信息>，如图 S2-5 所示。

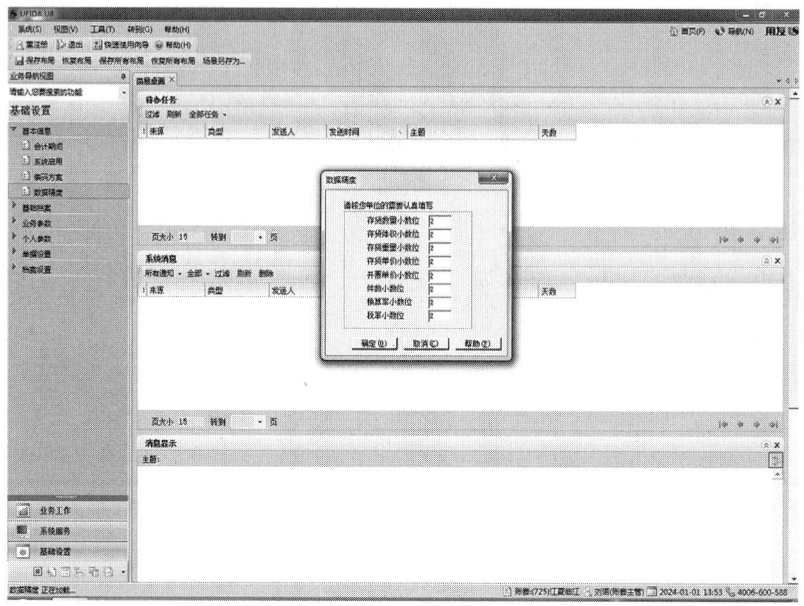

图 S2-4　修改数据精度

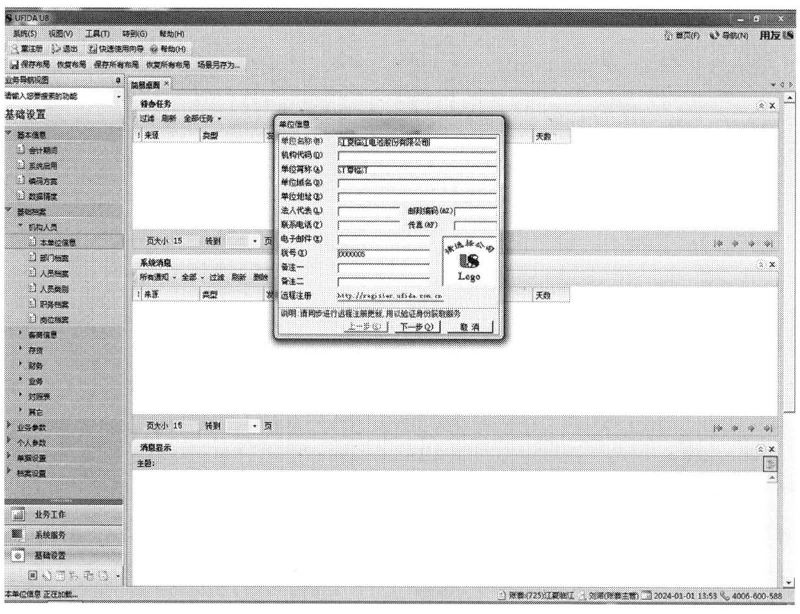

图 S2-5　本单位信息

【操作说明】

本单位信息可以在此处修改和补充完善信息。

6.部门档案

操作路径:<企业应用平台>—<基础设置>—<基本档案>—<机构人员>—<部门档案>—<增加>,如图 S2-6 所示。

部门档案+人员档案

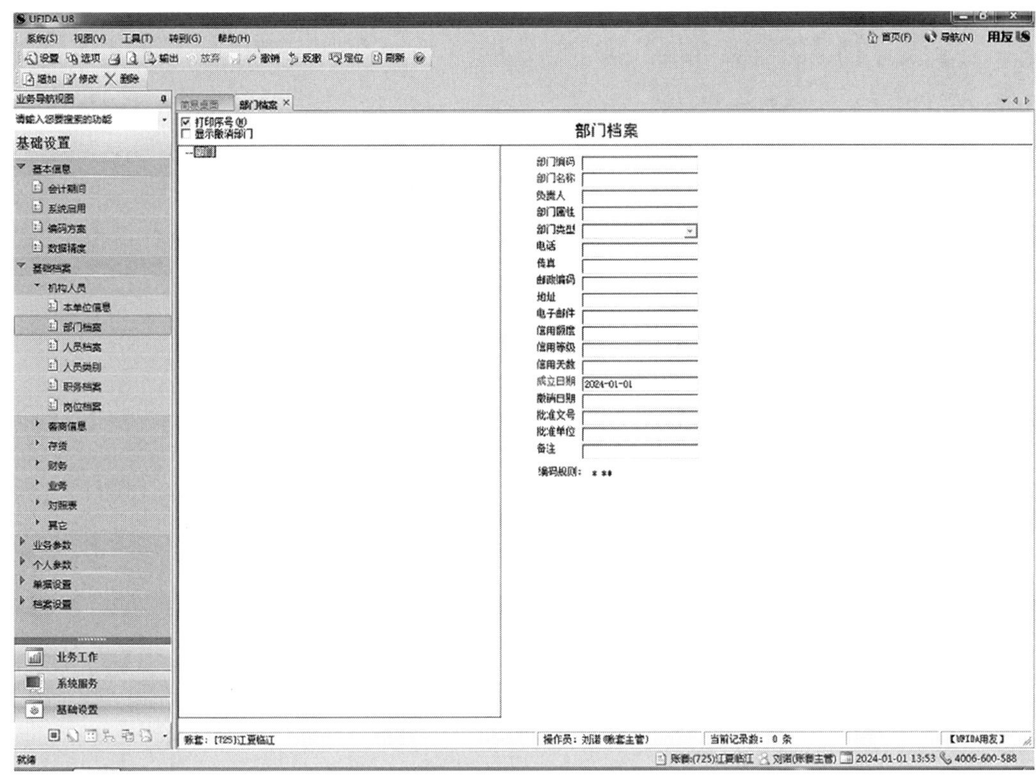

图 S2-6　增加部门档案

【操作说明】

①部门编码(必录项):根据编码方案里定义的部门编码规则录入,这里设置的部门编码规则是:*** ,即 1~2,也就是说,一级部门编码是 1~9 这 9 个数字任意一个,二级部门是两位,二级部门要能够反映出它所隶属的上一级部门的编码,如 201,2 在此处是代表的采购部。

②部门名称(必录项):根据业务场景提供资料录入。

③成立日期(必录项):该部门的成立日期。

④负责人:空。

其他各项为可选项,根据业务场景录入即可,一个部门录入完成后需要点击<保存>按钮。部门录入结果如图 S2-7 所示。

专家点拨:

①负责人可以在人员档案增加完毕后再次返回部门档案处修改增加,该账目前的人员档案还未建立。

②在没有保存按钮的界面,点击<增加>的同时即可实现保存功能。

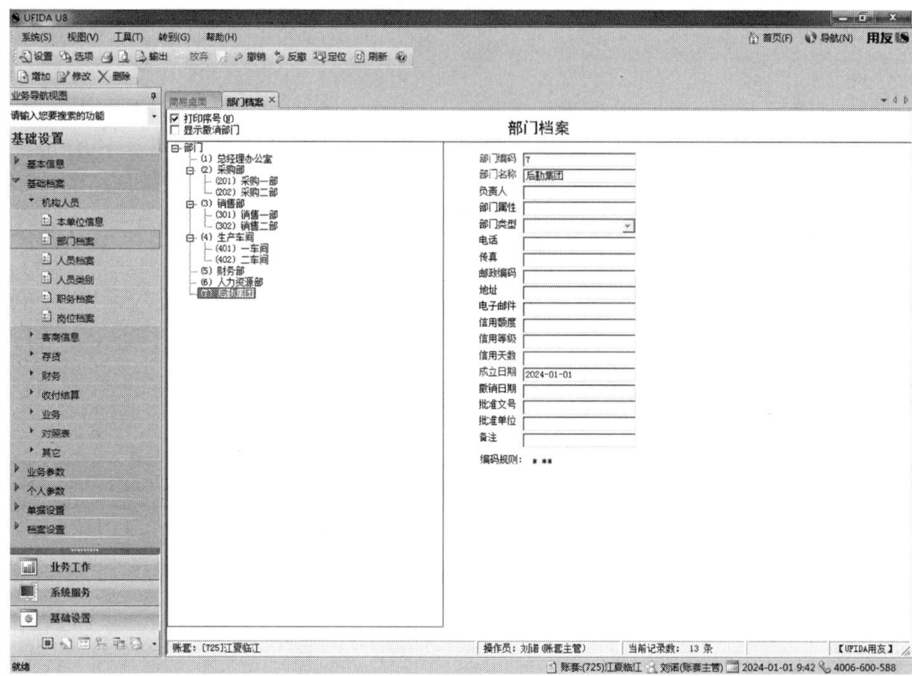

图 S2-7　部门档案

7.人员类别

操作路径:<企业应用平台>—<基础设置>—<基本档案>—<机构人员>—<人员类别>—<正式工>—<增加>,如图 S2-8 所示。

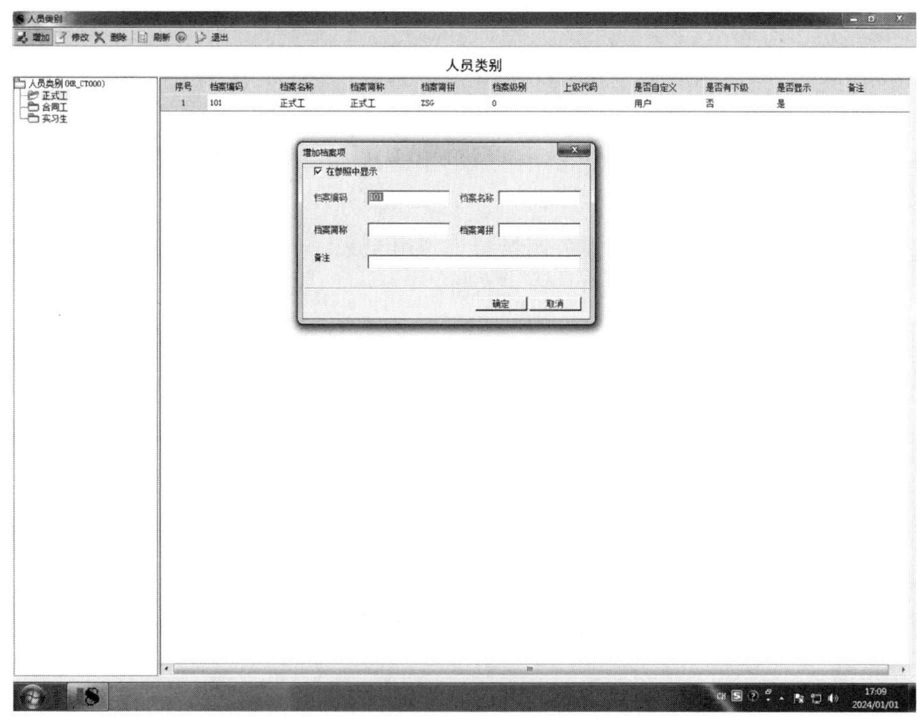

图 S2-8　人员类别设置

【操作说明】

①档案编码(必录项):1011

档案编码指的是人员类别的编码,前面的 101 是系统默认的正式人员的标志。

②档案名称(必录项):管理人员

档案名称即人员类别的名称,按照业务场景提供的资料录入即可。

专家点拨:

蓝色字体对应的内容是必须要录入的,黑色字体处的内容可录入也可以不录入。最终结果如图 S2-9 所示。

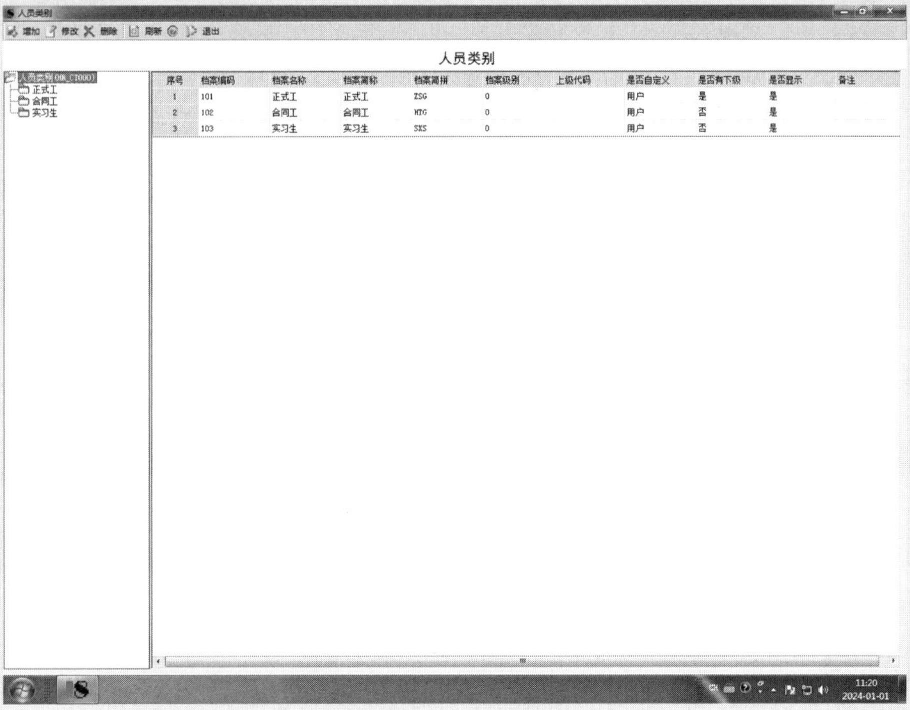

图 S2-9　人员类别

【操作说明】

根据企业的实际情况设定人员类别,在实验二中只需要将业务场景里提供的资料录入即可。

专家点拨:

①只有增加了人员类别后,在后面的人员档案中才可以使用,人员类别在没有使用前可以修改,一旦使用便不能修改。

②人员类别的设置会影响薪资管理模块里费用的分摊等。

部门档案+人员档案

8.人员档案

操作路径:<企业应用平台>—<基础设置>—<基本档案>—<机构人员>—<人员档案>—<总经理办公室>—<增加>,如图 S2-10 所示。

【操作说明】

①人员编号(必录项):编码唯一,一旦保存,不能修改。

图 S2-10　人员档案设置

②人员姓名(必录项):允许同名的存在,但编码不能雷同。

③性别(必录项):可根据性别从系统中选择。

④行政部门名称(必录项):通过后面的下拉按钮,参照部门档案,输入该职员所属的行政部门。

⑤雇佣状态(必录项):选择录入员工是在职、离退还是离职。

⑥人员类别(必录项):必须录入,参照人员类别档案选择录入。

⑦生效日期(必录项):2024-01-01,作为业务员时可操作业务产品的日期,默认为建立人员时的登录日期,可修改。

⑧业务或费用部门(必录项):根据员工所属的实际部分录入。

⑨银行:指人员工资等账户所属银行,参照银行档案。

⑩账号:指人员工资等的账号。

⑪是否业务员:指此人员是否可操作 U8 其他的业务产品,如总账、库存等。

⑫是否操作员:指此人员是否可操作 U8 产品,可以将本人作为操作员,也可与已有

的操作员做对应关系。

其他内容可以输入也可以不输入,结合企业的实际情况来定,在本次实验中可以不输入。

专家点拨:

①操作员编码不能修改,操作员的名称可随时修改。

②信用信息包括信用额度、信用等级、信用天数,指该职员对所负责的客户的信用额度和最大信用天数,可以为空。

③注销日期:已经做业务的业务员不能被删除,当他不再做业务时,取消其使用业务功能的权利;已注销的业务员可以取消注销日期。

④业务员的生效日期和失效日期与他的到岗日期、任职日期、离职日期等不做关联控制。

⑤作为财务部门的人员,在系统管理的“用户”处,已经有一个编码存在,如刘诺的编码为 01,在人员档案这里他的编码是 501,录入时会有提示编码不唯一,此时需要把系统显示的 501 编码在当前窗口删掉(光标选中 501,DEl 键即可)然后从后面选择按钮中选择前面定义的 01 编码。

9.人员列表

操作路径:<企业应用平台>—<基础设置>—<基本档案>—<机构人员>—<人员档案>—<总经理办公室>—<增加>—<保存>,如图 S2-11 所示。

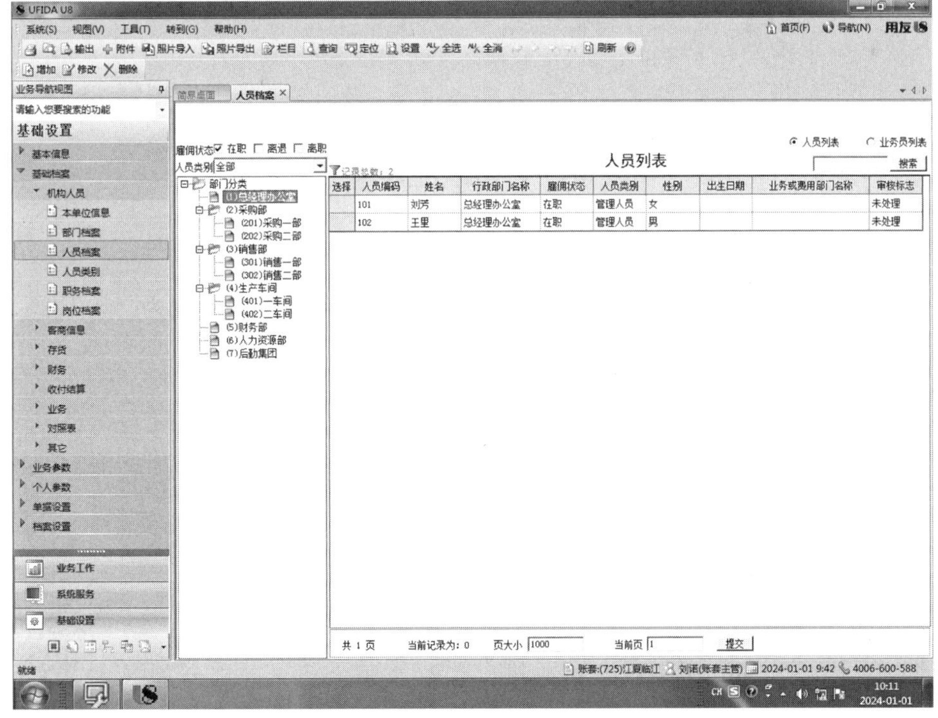

图 S2-11　人员档案列表

【操作说明】

每次录入完成一个人员的档案信息后点击<保存>按钮,即可看到如图 S2-11 所示的人员档案列表信息。

10.地区分类

操作路径:<企业应用平台>—<基础设置>—<基本档案>—<客商信息>—<地区分类>—<增加>,如图 S2-12 所示。

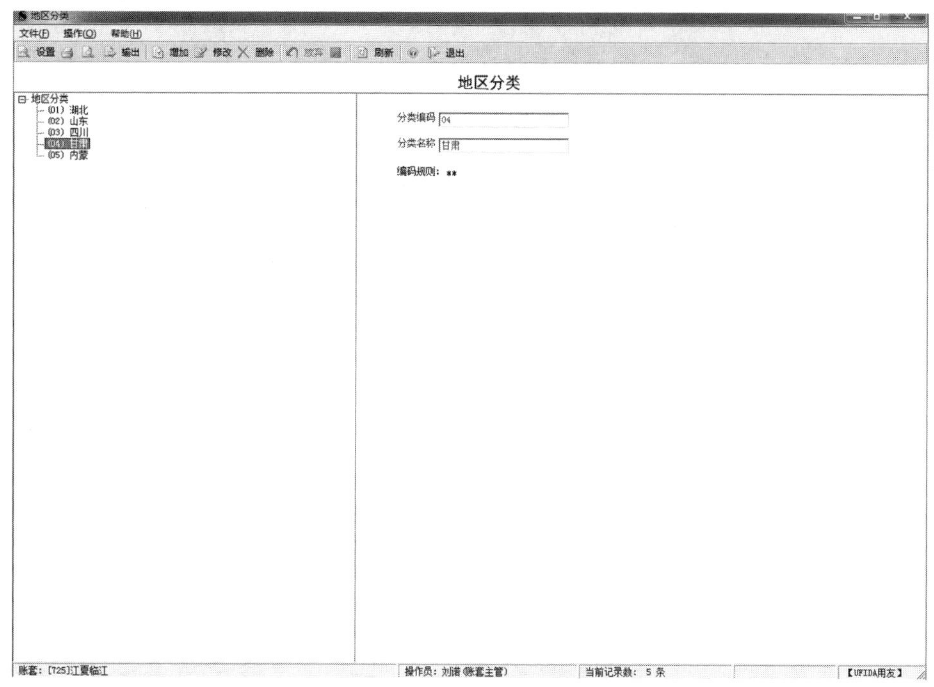

图 S2-12 地区分类设置

【操作说明】

①分类编码(必录项):遵循前期定义的编码规则,此处的编码规则为“ ** ”,即 2 位。

②分类名称(必录项):根据业务场景资料录入。

专家点拨:

①分类一旦使用则不能修改,若要修改必须先删掉已使用的内容。

②行业分类、供应商分类、客户分类可以参照地区分类的操作方法进行。

11.客户档案

客户档案

操作路径:<企业应用平台>—<基础设置>—<基本档案>—<客商信息>—<客户档案>—<增加>,显示如图 S2-13。

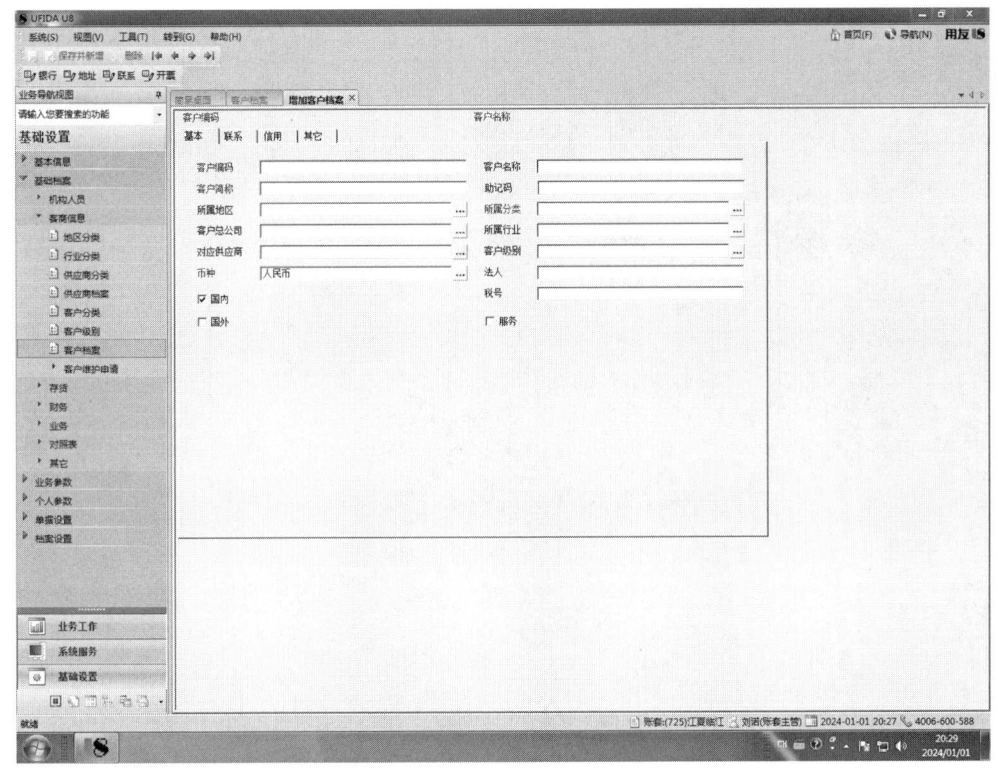

图 S2-13　增加客户档案

【操作说明】

①客户编码(必录项):客户编码必须唯一;客户编码可以用数字或字符表示,最多可录入 20 位数字或字符。

②客户简称(必录项):可以输入汉字或英文字母,客户名称最多可录入 30 个汉字或 60 个字符。客户简称用于业务单据和账表的屏幕显示。

③所属分类(必录项):点击参照按钮选择客户所属分类,或者直接输入分类编码。

④币种(必录项):可以输入 10 个或 5 个汉字,可参照前面基础设置部分的内容选择或直接输入,可随时修改。

⑤客户名称:可以是汉字或英文字母,客户名称最多可写 49 个汉字或 98 个字符。

其他黑字对应的各项可以根据企业实际情况录入,可录可不录。

12.客户银行档案

操作路径:<企业应用平台>—<基础设置>—<基本档案>—<客商信息>—<客户档案>—<增加>—<银行>—<增加>,客户银行档案如图 S2-14。

【操作说明】

①所属银行:最多可以输入 25 个汉字,可输可不输,可输入任意字符,也可以参照银行档案选择录入。

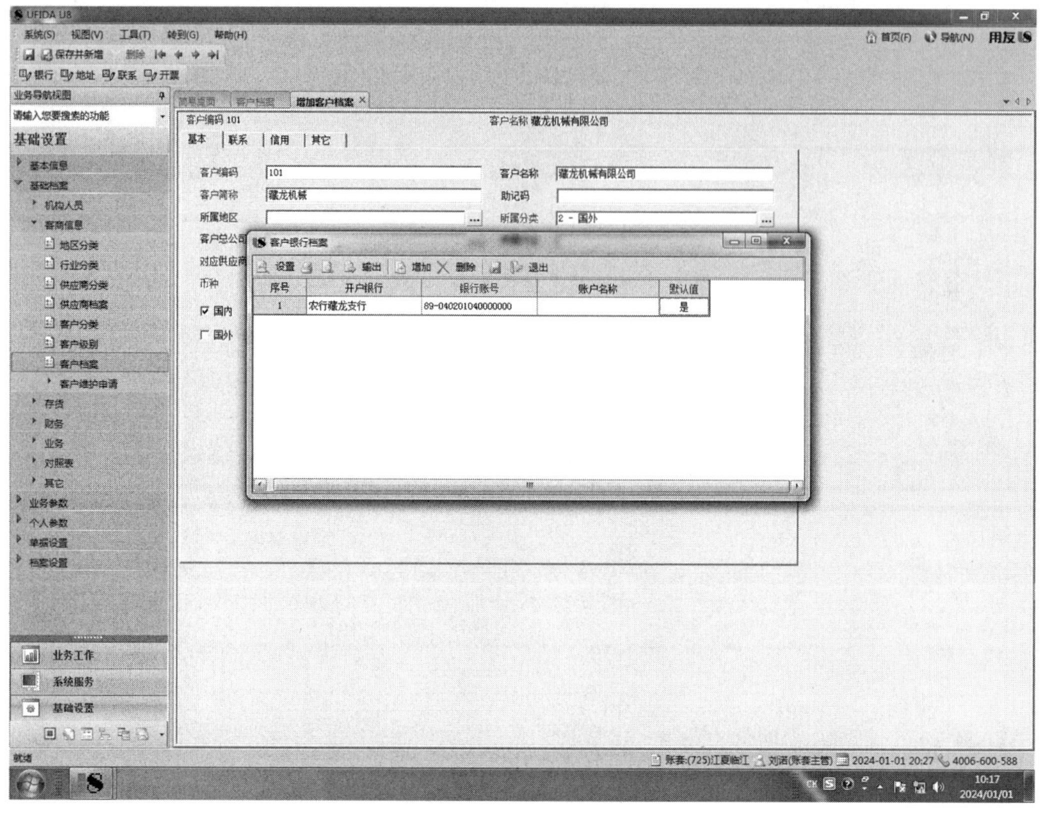

图 S2-14　客户银行档案

②开户银行：最多可以输入 50 个汉字，手工输入，可输可不输，也可输入任意字符。

③银行账号：最多可以输入 25 个汉字，手工输入，必须输入。

④账户名称：最多可以输入 30 个汉字，手工输入，可输可不输。

⑤默认值：是，必须输入，默认为否。

以此录入业务场景提供的所有客户档案的详细资料。

专家点拨：

①客户的基本信息编辑并保存完成后，方可使用银行的编辑功能来编辑此客户的银行信息。

②在编辑客户档案的窗口上方菜单中，提供了银行、地址、联系、开票等功能项，可根据需要进行填写。

③保存后的客户档案一旦使用不能修改。

增加完成后，客户档案如图 S2-15 所示。

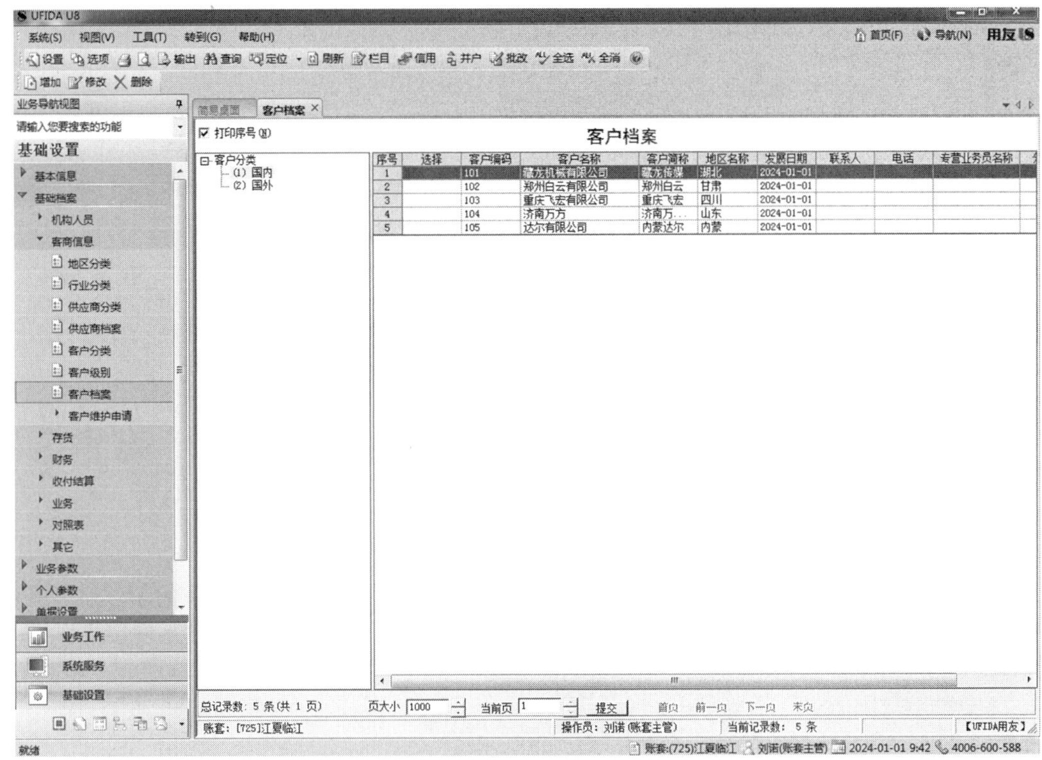

图 S2-15　客户档案

13.供应商档案

供应商档案+系统启用

操作路径：<企业应用平台>—<基础设置>—<基本档案>—<客商信息>—<供应商档案>—<增加>，如图 S2-16 所示。

【操作说明】

①供应商编码(必录项)必须唯一；供应商编码可以用数字或字符表示，最多可输入 20 位数字或字符。

②供应商名称：可以是汉字或英文字母，供应商名称最多输入 49 个字符。供应商名称用于销售发票的打印，即打印出来的销售发票的销售供应商栏目显示的内容为销售供应商的名称。

③供应商简称(必录项)：可以是汉字或英文字母，供应商名称最多可写 30 个汉字。供应商简称用于业务单据和账表的屏幕显示。

④所属分类(必录项)：可点击参照按钮选择供应商所属分类，或者直接输入分类编码。如果前面没有定义供应商分类，则在弹出的窗口中点击<编辑>菜单项，如图 S2-17 所示，在编辑窗口补充录入供应商的分类信息即可。

⑤其他黑字对应的各项，如员工人数、供应商总公司、助记码等，可以根据企业实际情况录入，可录可不录。

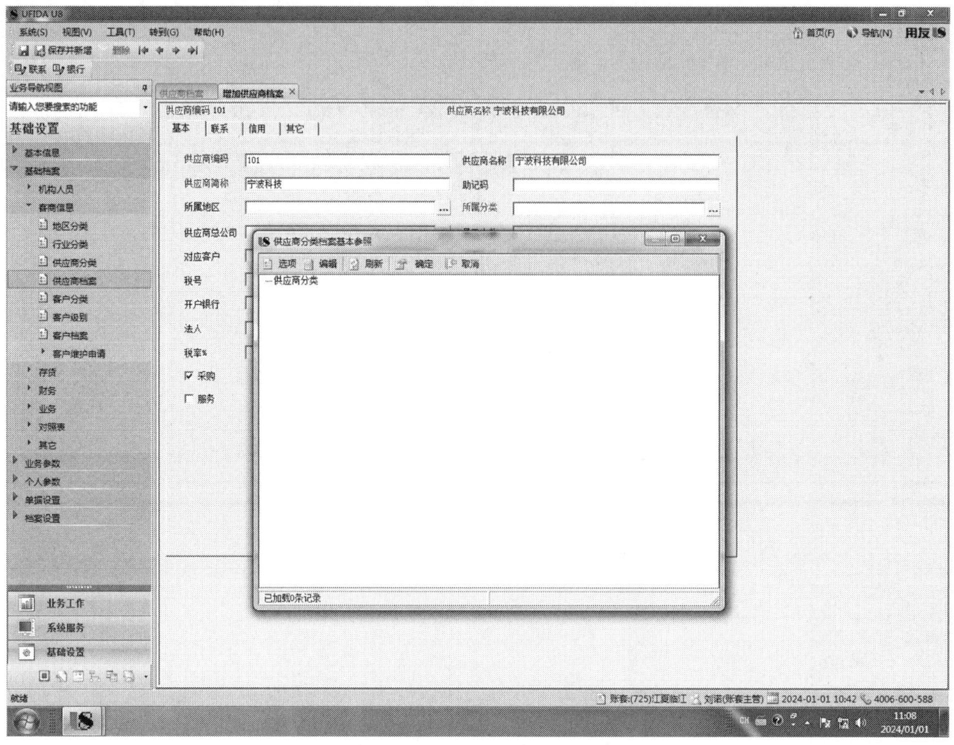

图 S2-16　增加供应商档案

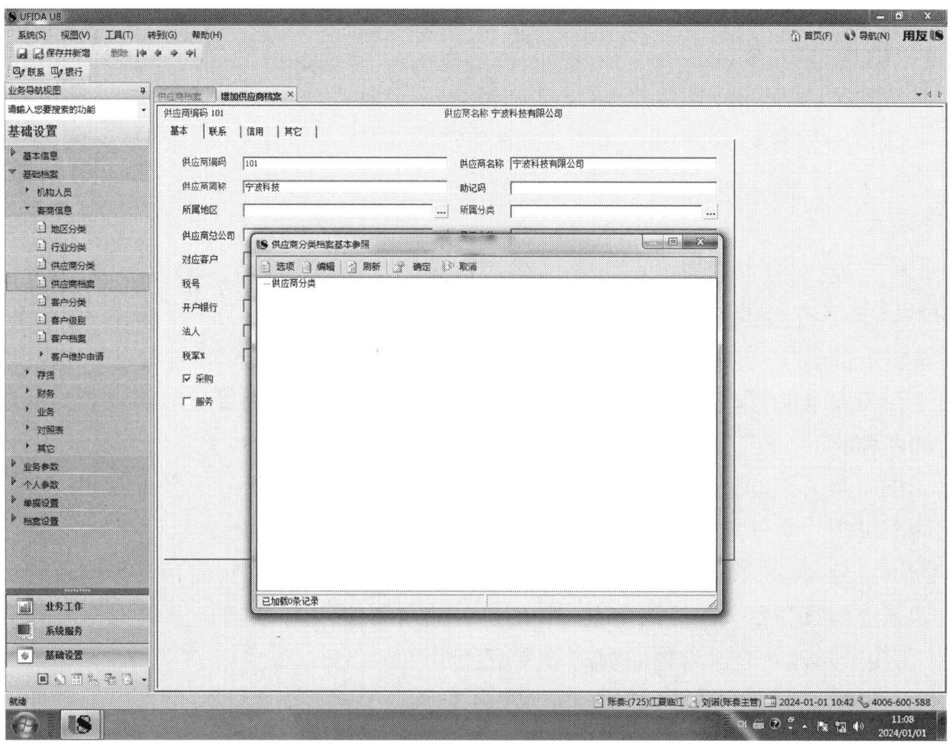

图 S2-17　补充录入供应商分类信息

14.供应商银行档案

操作路径:<企业应用平台>—<基础设置>—<基本档案>—<客商信息>—<供应商档案>—<增加>—<银行>—<增加>,供应商银行档案如图 S2-18 所示。

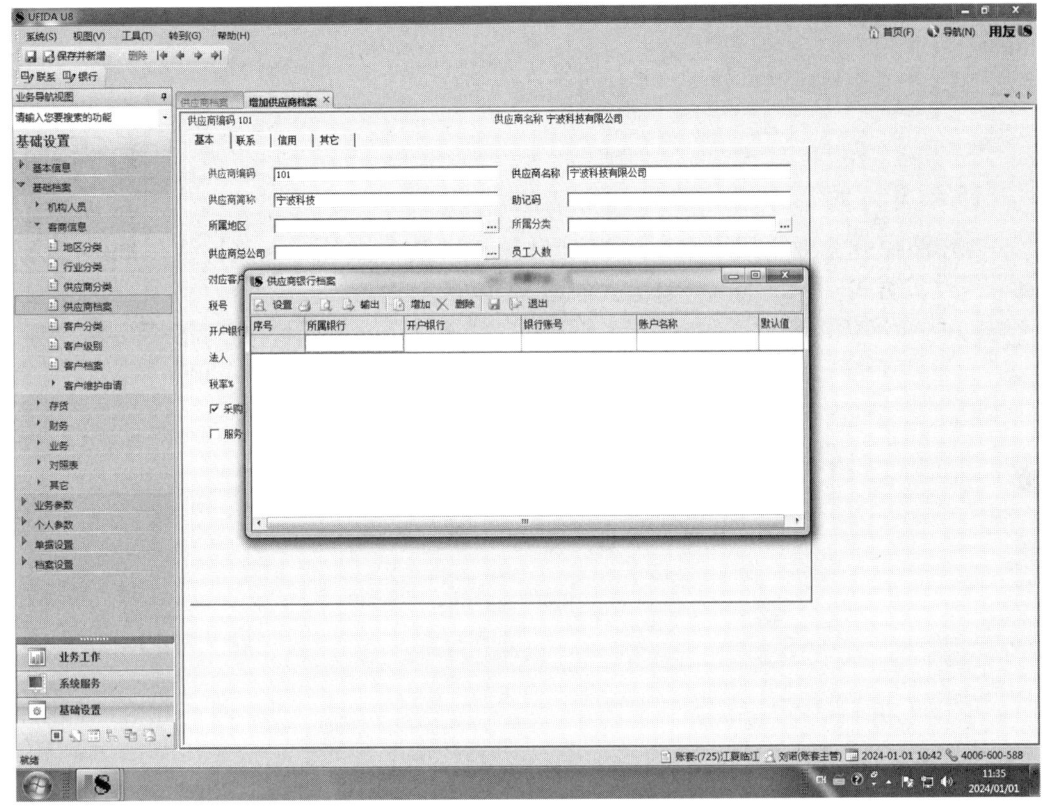

图 S2-18　供应商银行档案

【操作说明】

①所属银行:最多可以输入 25 个汉字,可输可不输,可输入任意字符,也可以参照银行档案选择录入。

②开户银行:最多可以输入 50 个汉字,手工输入,可输可不输,可输入任意字符。如果供应商的开户银行有多个,则在此处输入该企业同用户之间发生业务往来最常用的开户银行。

③银行账号:最多可以输入 25 个汉字,手工输入,必须输入,如果供应商在某开户银行中有多个银行账号,则在此处输入该企业同用户之间发生业务往来最常用的银行账号。

④账户名称:最多可以输入 30 个汉字,手工输入,可输可不输。

⑤默认值:是,必须输入,默认为否。

录入业务场景提供的所有供应商档案的详细资料。

专家点拨：

①供应商一旦被使用，则属性不能删除修改，可增选其他项。

②在编辑供应商档案的窗口上方菜单中，提供了银行、联系的功能项，可根据需要进行填写。

③保存后的供应商档案一旦使用不能修改。

结算方式

15.结算方式

操作路径：<企业应用平台>—<基础设置>—<基本档案>—<收付结算>—<结算方式>—<增加>，结算方式如图 S2-19 所示。

图 S2-19　结算方式

【操作说明】

①结算方式编码(必录项)：遵循事先设置好的编码规则“ *** ”，录入业务场景提供的编码，编码必须唯一，不能有相同的编码存在。

②结算方式名称(必录项)：结算方式名称最多可写 6 个汉字或 12 个字符。

③票据管理标志：打钩。

④适用零售：“适用零售”值为“是“的结算方式才下发给零售系统。

专家点拨：

①只有启用了“总账”模块后才能在<基础档案>里看到<结算方式>。

②在增加“结算方式”时，如果没有选择“使用票据管理”，则在后面填制凭证用到结算方式时有可能弹不出相应的票据。

会计科目及期初余额录入

16.会计科目

操作路径：<企业应用平台>—<基础设置>—<基本档案>—<财务>—<会计科目>—<增加>，如图 S2-20 所示。

【操作说明】

①级次：由系统根据科目编码自动定义，无须修改。

图 S2-20　增加会计科目

②科目编码：一般由数字(0—9)组成的四位数，必须唯一。

③科目名称：常用会计科目的名称。

④科目类型：行业性质为企业时，科目类型分为资产、负债、共同、所有者权益、成本、损益。

⑤助记码:用于帮助记忆科目的编码。如果在此处设置了助记码,在需要录入科目的地方输入助记码,系统可自动将助记码转换成科目名称。

⑥页格式:系统提供了金额式、外币金额式、数量金额式、外币数量式四种账页格式供选择。

⑦辅助核算:可进行部门核算、个人往来核算、客户往来核算、供应商往来核算、项目核算等设置。

⑧科目性质(余额方向):资产类科目的科目性质为借方,负债类科目的科目性质为贷方。

⑨外币核算:一个科目只能核算一种外币,只有有外币核算要求的科目才允许也必须设定外币币名。

⑩数量核算:设定该科目是否有数量核算,以及数量计量单位。

⑪封存:被封存的科目在制单时不可以使用。只能在科目修改时进行设置。

⑫受控系统:设置某科目为受控科目,则该受控系统只能使用受控科目制单。

⑬将会计科目按照业务场景提供的资料增加完成,对于企业用不到的科目可以在此处删掉,也可以不做任何操作。

错误展示:

在对会计科目进行修改等操作时,会出现图 S2-21 所示的系统异常。

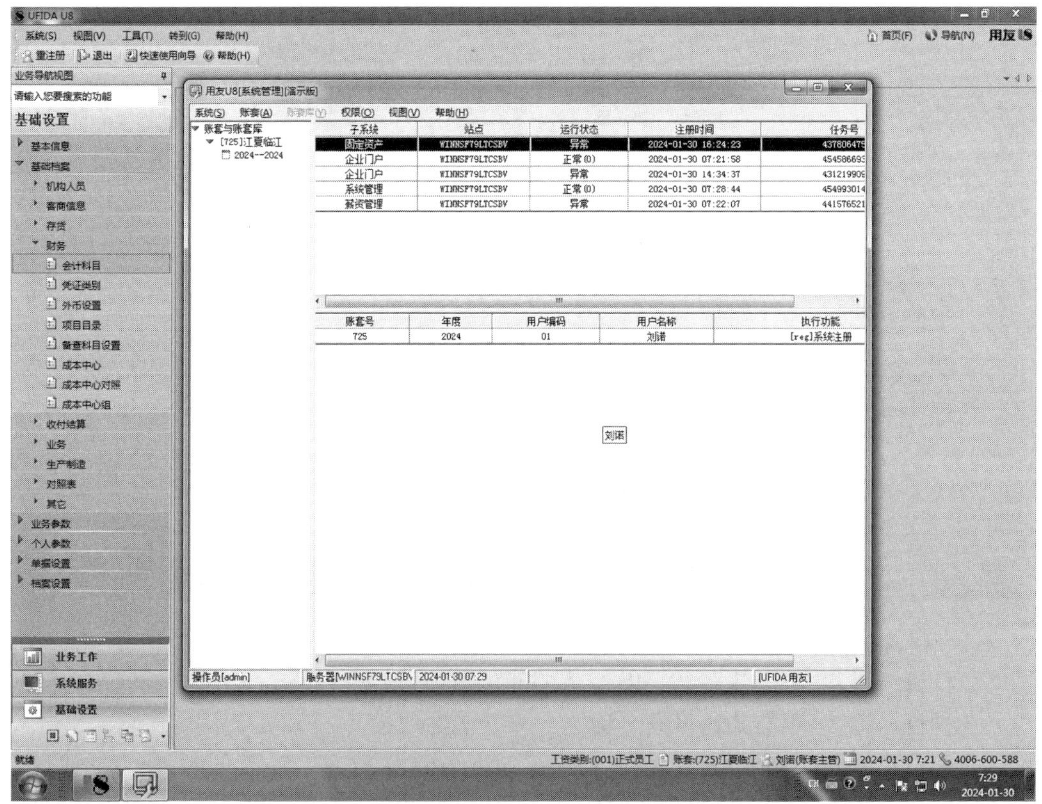

图 S2-21 系统异常

解决方案：

在视图菜单项下选择“清除异常”即可。

专家点拨：

①一个科目可同时设置3种专项核算。

②增加会计科目时必须遵循已设定好的科目级长规则。

③辅助核算可以组合设置，但部门和个人、客户与供应商核算不能一同设置。

④所有会计科目必须先定义后使用，否则容易引起对账不平。

⑤已经使用的科目，不能修改、删除，要想删除，必须把后面用到的与该科目相关的内容全部删掉后，才能对该科目进行修改、删除等操作。

⑥已使用末级的会计科目不能再增加下级科目，非末级科目及已使用的末级科目不能再修改科目编码。

17.指定科目

操作路径：<企业应用平台>—<基础设置>—<基本档案>—<财务>—<会计科目>—<编辑>—<指定科目>，如图S2-22所示。

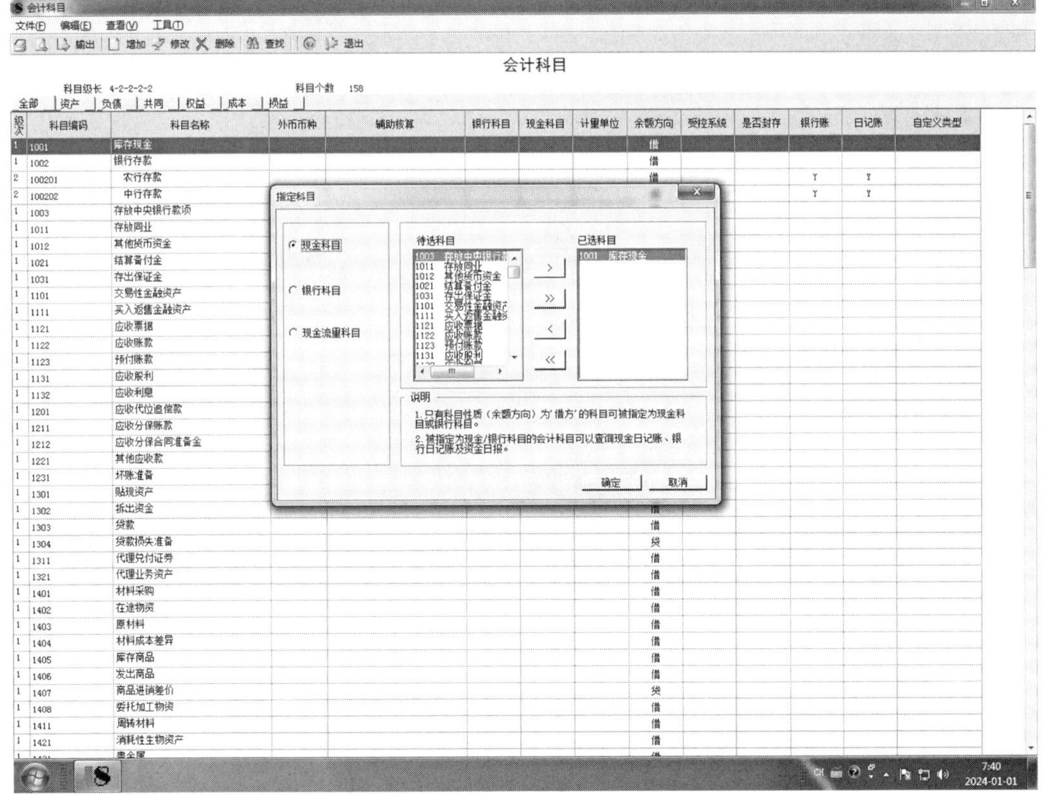

图S2-22　指定科目

【操作说明】

①指定现金科目：从图 S2-22 中的<指定科目>中点击<现金科目>再点击“>”确定即可。

②指定银行科目：从图 S2-22 中的<指定科目>中点击<银行科目>再点击“>”确定即可。

③指定现金流量科目：从图 S2-22 中的<指定科目>中点击<现金流量科目>再点击“>”确定即可。

错误展示：

在点击<编辑>菜单项时，有时会出现如图 S2-23 的错误。

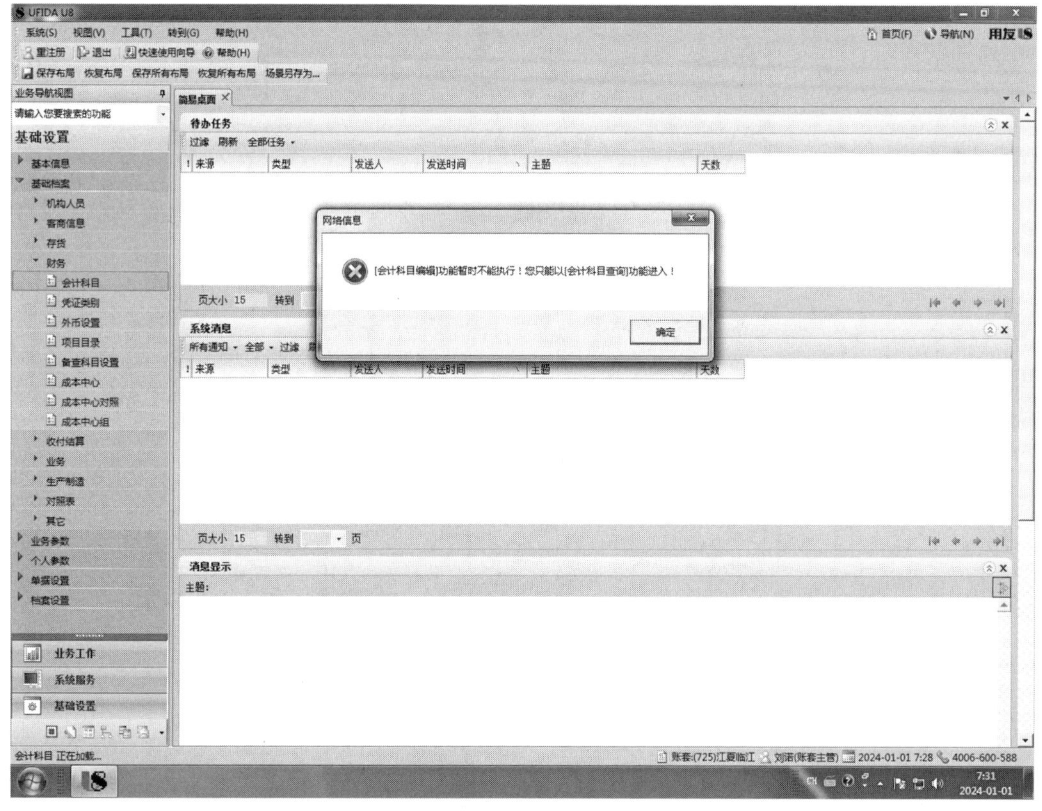

图 S2-23　**指定科目出错**

解决方案：

①退出系统，重新注册。

②关闭其他操作窗口，再次尝试点击<编辑>—<指定科目>功能。

专家点拨：

①指定科目的目的是为后续出纳工作做准备，只有在此处做了指定科目的设置，才可以查询现金日记账、银行存款日记账，只有指定了现金流量科目，在涉及现

全流量业务制单时，才能分离出流量，现金流量表也才有可能获取到数据。

②指定科目时，不能为了省时，点击“>>”，一次性将全部科目指定为某一项，否则会严重影响到后面填制凭证的业务。

③只有指定了科目，出纳才有可能进行“出纳签字”的工作，否则即使出纳有签字的权利，也无法实现在凭证上的签字。

项目核算

18.项目目录设置

操作路径:<企业应用平台>—<基础设置>—<基础档案>—<财务>—<项目目录>—<增加>，如图 S2-24 所示。

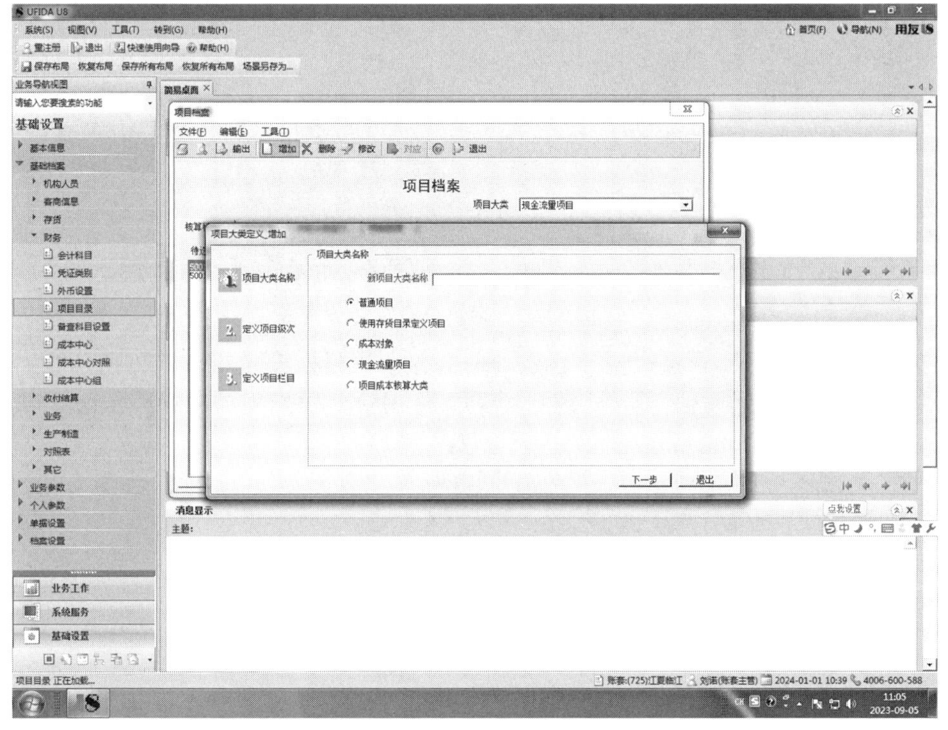

图 S2-24　定义项目大类

【操作说明】

①新项目大类名称:电池。

②项目级次:2。

③定义项目栏目:默认。

④从<项目大类>中选择自己定义的大类名称<电池>。

⑤从<待选科目>中选择在会计科目表中设置为“项目核算”的科目后点击<确定>。

⑥点击<项目分类定义>点击<增加>。

⑦分类编码:01。

⑧分类名称:内部生产,点确定后再录入其他分类编码,如图 S2-25 所示。

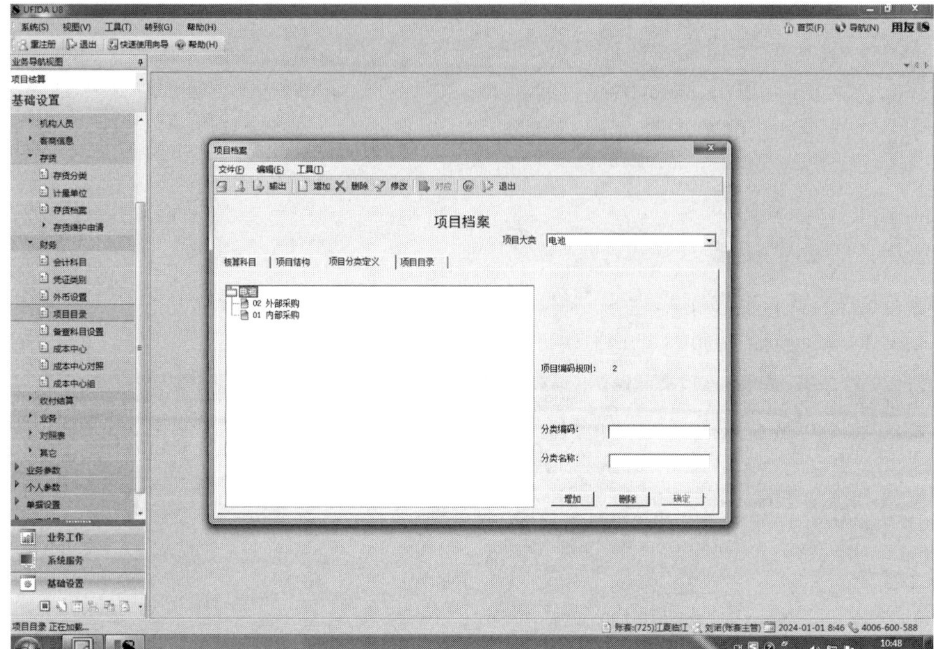

图 S2-25　项目分类定义

⑨点击<项目目录>再点<维护>再点<增加>录入项目档案,如图 S2-26 所示。

图 S2-26　项目档案录入

错误展示：

①通过该路径<企业应用平台>—<基础设置>—<基本档案>—<财务>—<项目目录>操作后，有可能出现如图S2-27的情况。

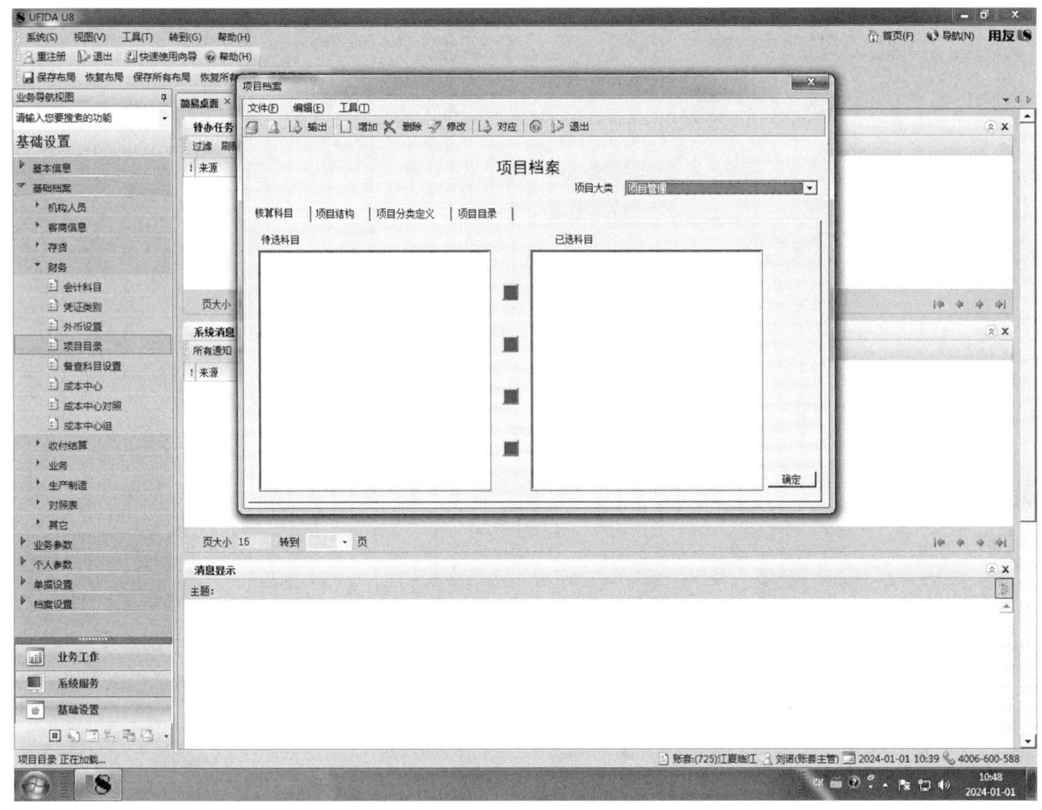

图S2-27　无待选科目

解决方案：

修改会计科目，准备进行项目核算的科目设置成项目核算，如图S2-28所示。

错误展示：

②无法删除已定义的项目大类，如图S2-29所示。

解决方案：

修改会计科目，将已设置为项目核算的科目改为无项目核算，把已经设置的“项目分类定义”删掉，即可删除项目大类。

19.凭证类别

操作路径：<企业应用平台>—<基础设置>—<基本档案>—<财务>—<凭证类别>，显示如图S2-30。

在当前窗口，点击<修改>按钮，完成图S2-31。

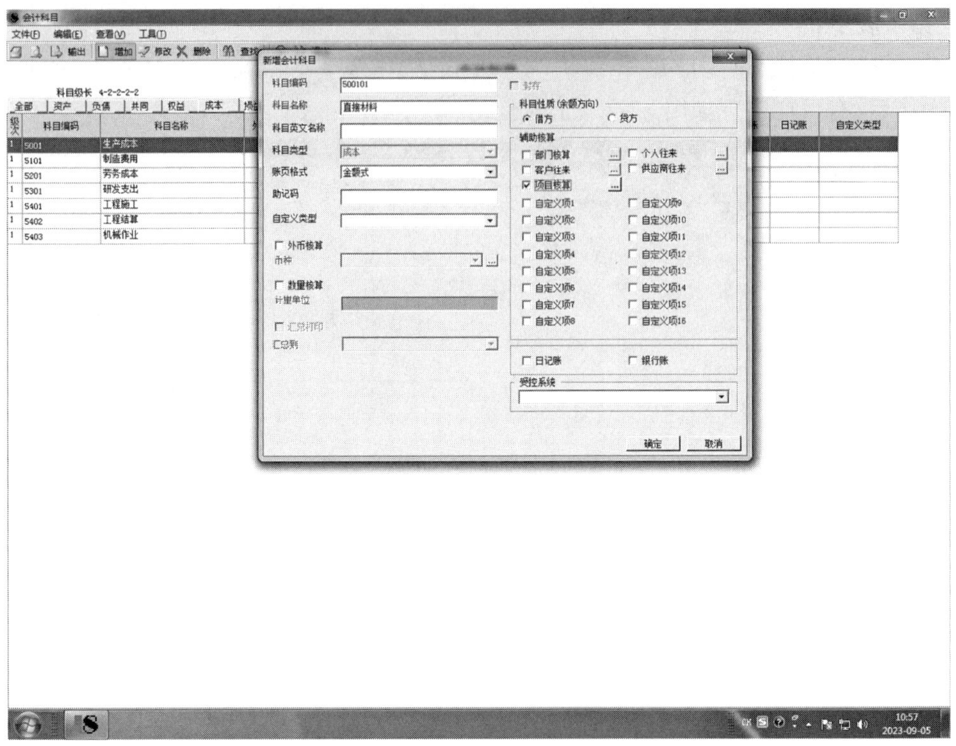

图 S2-28　设置科目为项目核算

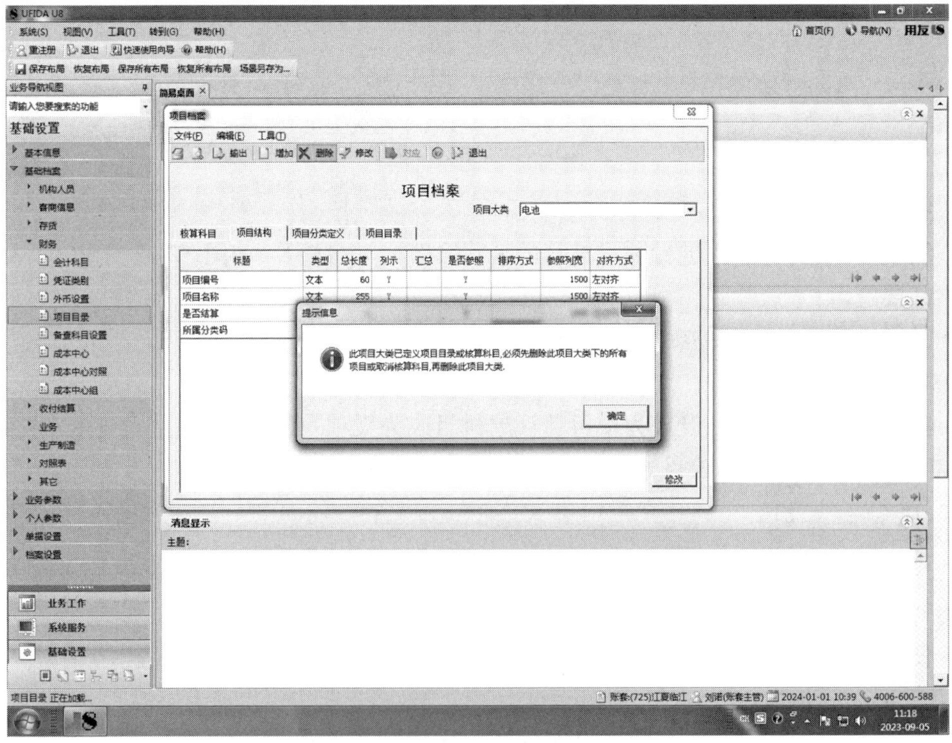

图 S2-29　删除项目大类报错

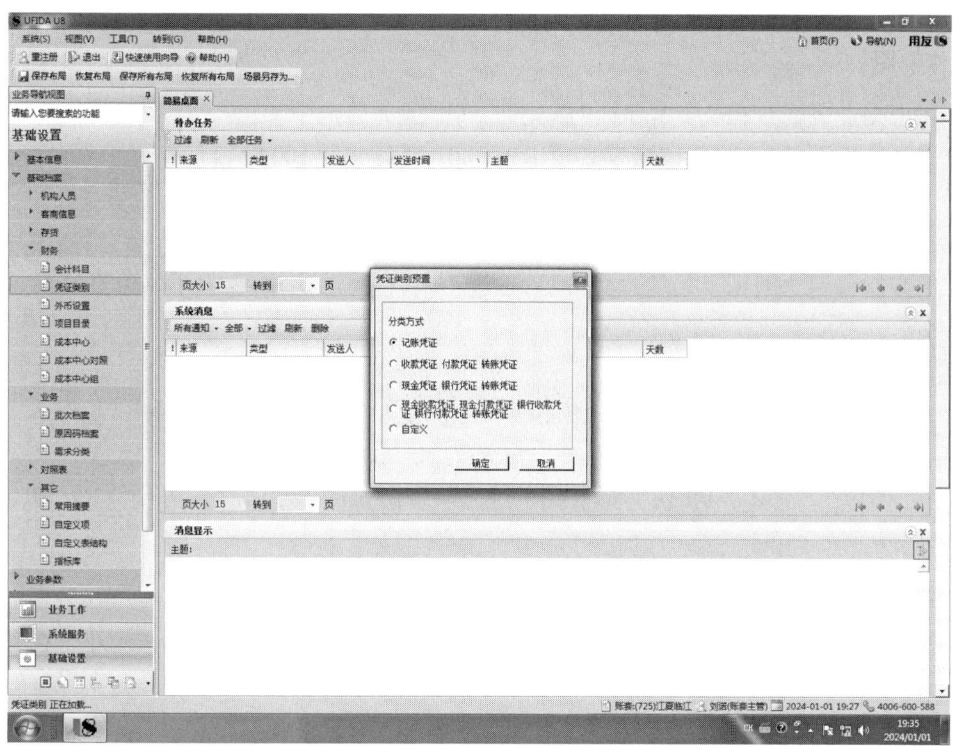

图 S2-30　凭证类别设置

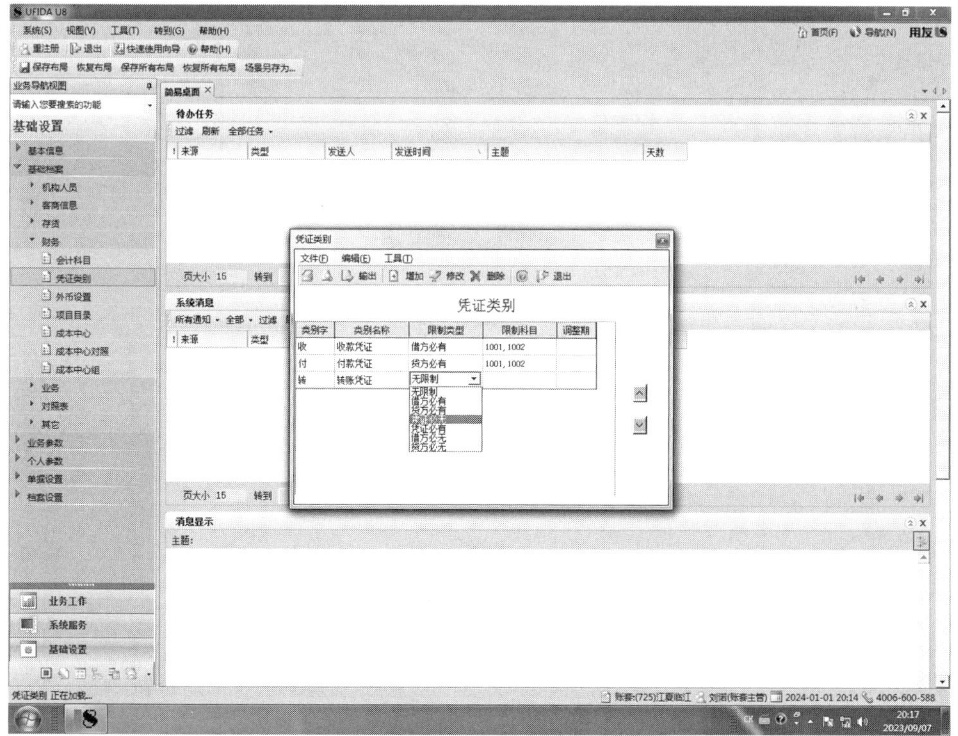

图 S2-31　凭证类别

【操作说明】

①根据业务场景在收款凭证、付款凭证、转账凭证前选中。

②收款凭证:制单时凭证借方必须出现 1001 科目或者 1002 科目。

③付款凭证:制单时凭证贷方必须出现 1001 科目或者 1002 科目。

④转账凭证:制单时凭证借贷方不能出现 1001 科目或者 1002 科目。

⑤限制科目之间用半角的逗号分隔,数量不限,也可参照输入,但不能重复录入。

专家点拨:

①已使用的凭证类别不能删除,也不能修改类别字。

②限制科目需要连同末级科目一同定义,否则制单时会报错。

③不定义凭证类别,在总账系统中将无法填制凭证。

20.外币设置

操作路径:<企业应用平台>—<基础设置>—<基本档案>—<财务>—<外币设置>,显示如图 S2-32 所示。

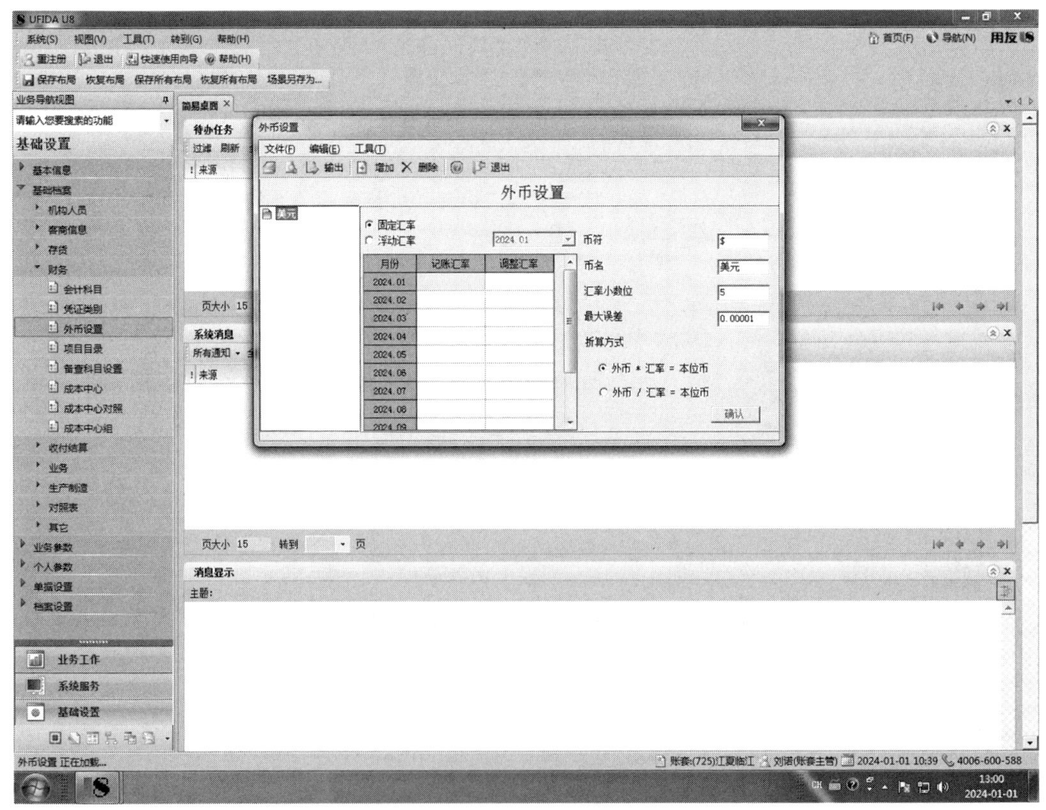

图 S2-32　外币设置

【操作说明】

①币符:$。

②币名:美元。

③汇率小数位:系统默认为5位。

④折算方式:外币×汇率=本位币。

折算方式本系统提供了直接汇率与间接汇率两种供使用。

⑤外币最大误差:默认最大折算误差为0.00 001。

⑥固定汇率与浮动汇率:固定汇率。

固定汇率是在各月的月初时录入汇率,浮动汇率是录入时所选月份的各日汇率。

专家点拨:

①只有在此处设置了外币,并且在会计科目修改时指定了要使用"外币核算"的科目,在业务发生时才可以进行外币业务的核算。

②完成该实验二的操作,需要备份账套。

实验3　总账初始化设置

一、实验要求

①了解总账模块在整个用友U8系统中的地位及作用。
②完成总账模块的基础设置，包括总账控制参数的设置和期初余额的录入等。
③理解总账期初余额与各个模块对应的期初余额的关系。

二、业务场景

1.期初财务数据

表S3-1　期初余额表

类　型	级次	科目编码	科目名称	辅助账类型	方向	余额(元)
资产	1	1001	现金	日记账	借	4 038.00
资产	1	1002	银行存款	银行账、日记账	借	672 038.10
资产	2	100201	农行存款	银行账、日记账	借	469 668.10
资产	2	100202	中行存款	银行账、日记账	借	202 370.00
资产	1	1012	其他货币资金		借	1 000 000.00
资产	1	1121	应收票据		借	292 300.00
资产	1	1122	应收账款	客户往来	借	1 268 000.00
资产	1	1231	坏账准备		贷	6 340.00
资产	1	1123	预付账款		借	180 000.00
资产	1	1221	其他应收款	个人往来	借	4 400.00
资产	1	1403	原材料	数量核算	借	1 414 708.00
资产	2	140301	石墨(20吨)		借	660 000.00

续表

类　型	级次	科目编码	科目名称	辅助账类型	方向	余额(元)
资产	2	140302	锰酸锂(75吨)		借	754 708.00
资产	1	1409	包装物		借	43 797.00
资产	1	1408	委托加工物资		借	40 000.00
资产	1	1405	库存商品		借	372 040.00
资产	1	1801	待摊费用		借	39 600.00
资产	1	1601	固定资产		借	856 480.00
资产	1	1602	累计折旧		贷	656 786.82
资产	1	1701	无形资产		借	143 000.00
负债	1	2001	短期借款		贷	500 000.00
负债	1	2201	应付票据		贷	204 750.00
负债	1	2202	应付账款	供应商往来	贷	1 058 756.00
负债	1	2203	预收账款			
负债	1	2241	其他应付款		贷	84 850.00
负债	1	2211	应付职工薪酬			173 323.4
负债	2	221101	应付工资		贷	10 000.00
负债	2	221102	应付福利费		贷	163 323.40
负债	2	221103	工会经费		贷	
负债	2	221104	职工教育经费		贷	
负债	1	2221	应交税费		贷	150 387.4
负债	2	222101	应交所得税		贷	90 808.21
负债	2	222102	应交个人所得税		贷	2 371.19
负债	2	222103	应交城建税		贷	3 742.00
负债	2	222104	未交增值税		贷	53 466.00
负债	2	222105	应交增值税		贷	
负债	3	22210501	进项税额		贷	
负债	3	22210502	销项税额		贷	
负债	1	2161	应付股利		贷	466 207.18
负债	1	2201	长期借款		贷	541 604.00
负债	1	2211	应付债券		贷	100 000.00
负债	1	2221	长期应付款		贷	68 695.30
权益	1	3101	实收资本		贷	1 600 000.00
权益	1	3111	资本公积		贷	292 701.00

续表

类　型	级次	科目编码	科目名称	辅助账类型	方向	余额(元)
权益	1	3121	盈余公积		贷	300 000.00
权益	1	3141	利润分配		贷	126 000.00
成本	1	5001	生成成本	项目核算	借	
成本	2	500101	直接材料	项目核算	借	
成本	2	500102	直接人工	项目核算	借	
成本	2	500103	制造费用	项目核算	借	
损益	2	6601	销售费用		借	
损益	2	660101	折旧费		借	
损益	1	6602	管理费用	部门核算	借	
损益	2	660201	工资	部门核算	借	
损益	2	660202	福利费	部门核算	借	
损益	2	660203	办公费	部门核算	借	
损益	2	660204	差旅费	部门核算	借	
损益	2	660205	招待费	部门核算	借	
损益	2	660206	折旧费	部门核算	借	
损益	2	660207	其他	部门核算	借	
损益	1	6702	信用减值损失		借	

2.总账模块选项信息

①制单序时。

②使用支票控制。

③提示支票赤字。

④出纳凭证必须由出纳签字。

⑤不可以使用应收、应付、存货受控科目。

⑥不允许修改、作废他人填制的凭证。

⑦现金流量科目必录现金流量项目。

3.辅助核算期初余额表

表 S3-2　客户往来—1131 应收账款余额

日　期	单位名称	摘　要	借贷方向	金额(元)
2023.10.09	郑州白云	销售商品	借	200 000.00
2023.11.05	重庆飞宏	销售商品	借	400 000.00
2022.12.30	济南万方	销售商品	借	668 000.00
合计金额				1 268 000.00

表 S3-3　个人往来—1133 其他应收款

日　期	单位名称	姓　名	摘　要	借贷方向	金额(元)
2023.12.25	销售部一部	刘书	差旅费	借	4 400.00

表 S3-4　供应商往来——2202 应付账款余额

日　期	单位名称	摘　要	借贷方向	金额(元)
2023.8.9	宁波科技	购货款	贷	45 810.00
2023.10.6	重庆矿业	购货款	贷	45 946.00
2023.9.7	济南科方	购货款	贷	26 700.00
2023.11.5	内蒙古科达	前欠货款	贷	940 300.00
合计金额				1 058 756.00

三、实验步骤

可以引入实验二的内容,也可以根据个人的进度引入本人上次课的备份数据。

1.总账选项的设置

以主管刘诺的身份登录企业应用平台。在进入总账模块时会有两种情况出现,一是正常进入,二是进入时,时间格式出错。下面是正常进入的操作。

操作路径:<企业应用平台>—<业务工作>—<财务会计>—<总账>—<设置>—<选项>,如图 S3-1 所示。

【操作说明】

①按照业务场景提供的“选项”资料,在相应的功能前打钩。

②如果在“可以使用应收受控科目”“可以使用应付受控科目”“可以使用存货受控科目”时,系统会提出如图 S3-2 的提示,本账套建议不使用此功能。

错误展示:

在虚拟机环境下,登录总账模块时,有可能会出现时间格式错误的提醒,如图 S3-2 所示。

解决方案:

在进入总账模块时,如果系统提示图 S3-2 的错误,则需要修改虚拟机的时间才能正常进入总账模块。具体操作路径如下:

点击虚拟机右下角“时间”——<更改时间和日期设置>——<更改时间和日期设置>——<更改日历设置>将时间格式改成“yyyy-mm-dd”格式即可,如图 S3-3 点击确定按钮即可。

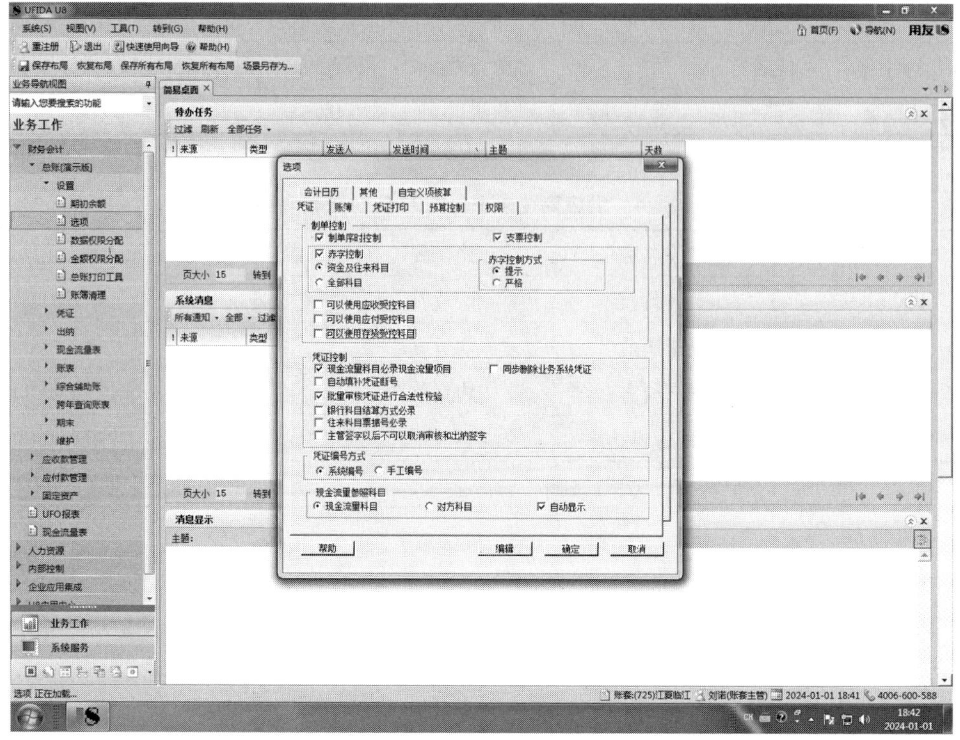

图 S3-1　选项设置

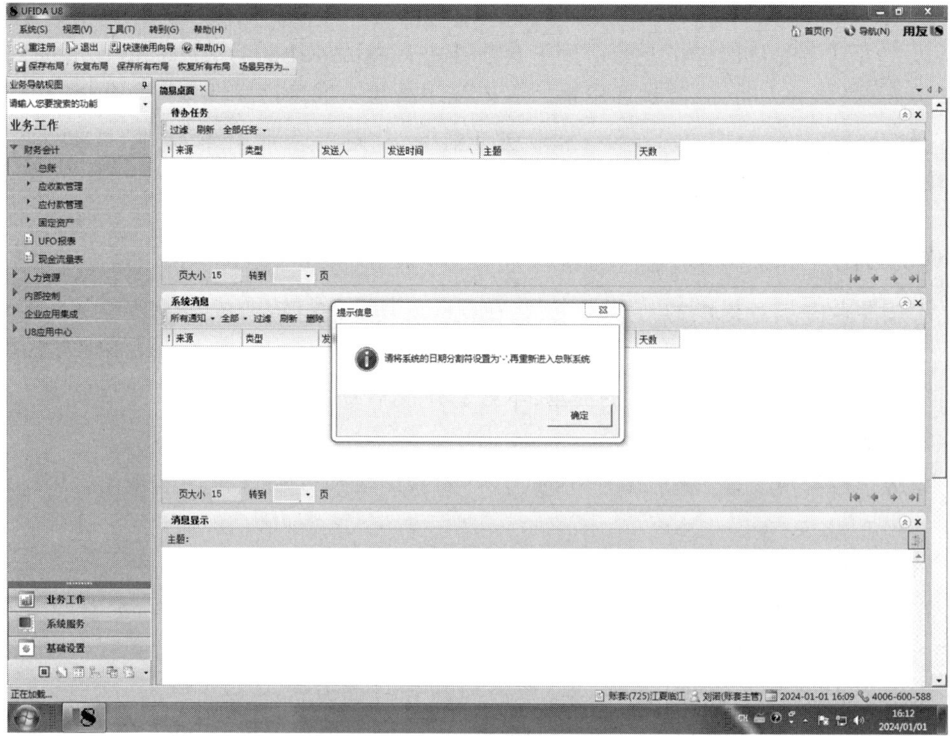

图 S3-2　时间格式报错

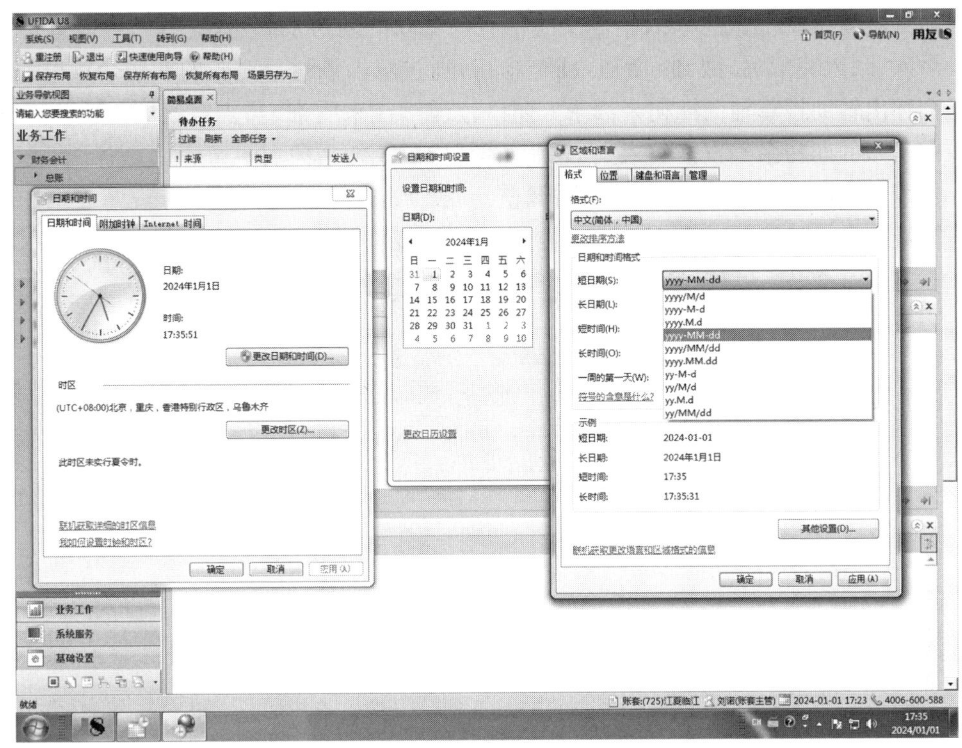

图 S3-3　修改虚拟机时间

专家点拨：

①总账和其他业务模块使用了受控科目会引起相应模块与总账对账不平。

②如果启用了其他模块如应收款模块，建议应收款的期初余额要到应收款子模块中去录入。

会计科目及期初余额录入

2.期初余额

操作路径：<企业应用平台>—<业务工作>—<财务会计>—<总账>—<设置>—<期初余额>，如图 S3-4 所示。

【操作说明】

①背景为白色的普通科目期初余额录入：

双击各科目对应的期初余额单元格，录入具体数字。

②背景为灰色的带有明细科目的期初余额录入：

只录入明细科目对应的期初余额，总账科目自动累计明细科目期初余额。

③背景为黄色的带有辅助核算科目期初余额录入：

双击该科目对应的期初余额单元格，系统会弹出辅助核算辅助期初余额录入窗口，按照业务场景提供的信息录入。本实验中应收账款的期初余额建议在<应收款管理>模块中录入，录入完成后，回到<期初余额>窗口，通过双击该科目对应的期初余额单元格，系统会弹出辅助核算辅助期初余额录入窗口，点击<往来明细>再点<引入>，把应收账款模块中录入的期初余额直接引入到<总账>模块中的期初余额表中。

④借贷方向：根据科目本身的性质调整，一般情况下不需要调整。

⑤带有数量核算的科目，在录入期初余额时需要将数量一同录入。

期初余额录入

设置 输出 开账 结转 方向 刷新 试算 查找 对账 清零 退出

期初余额

期初：2024年01月

科目名称	方向	币别/计量	期初余额
库存现金	借		4, 038. 00
银行存款	借		672, 038. 10
农行存款	借		469, 668. 10
中行存款	借		202, 370. 00
存放中央银行款项	借		
存放同业	借		
其他货币资金	借		1, 000, 000. 00
结算备付金	借		
存出保证金	借		
交易性金融资产	借		
买入返售金融资产	借		
应收票据	借		292, 300. 00
应收账款	借		1, 268, 000. 00
预付账款	借		180, 000. 00
应收股利	借		
应收利息	借		
应收代位追偿款	借		
应收分保账款	借		
应收分保合同准备金	借		
其他应收款	应收分保合同准备金		4, 400. 00
坏账准备	贷		6, 340. 00
贴现资产	借		
拆出资金	借		
贷款	借		
贷款损失准备	贷		
代理兑付证券	借		
代理业务资产	借		
材料采购	借		
在途物资	借		
原材料	借		1, 414, 708. 00
	借	吨	20. 00000
石墨	借		660, 000. 00
	借	吨	20. 00000

图 S3-4　期初余额

专家点拨：

①期初余额借贷方向的调整，在没有录入期初余额时，点选中要调整的科目，再点击菜单栏上的<方向>即可调整科目金额的借贷方向。在已经录入数据的情况下，分两种情况处理，一是将该余额删掉后调整借贷方向，二是在余额前面加负号进行调整。

②如果没有启用应收款模块，应收账款的期初余额可以直接在期初余额表里录入。

③本实验录入完期初余额后可以暂时不进行试算平衡的处理，等应收款模块期初余额录入完成后，将数据引入到总账模块后，进行试算平衡处理。

实验4　日常业务处理

一、实验要求

①掌握凭证的填制、修改、作废与删除操作。

②掌握凭证的签字、审核、查询、记账等业务处理。

③掌握出纳的日常管理操作。

二、业务场景

①本月2日,出纳王红到农行提取现金2 000元(现金支票号为XP002325)。

借:库存现金　　2 000

　　贷:银行存款——农行存款　　2 000

②本月5日,购买原材料(石墨)10吨,单价3 300元,已入库(转账支票为ZP001007)。

借:原材料　　33 000

　　应交税费——应交增值税——进项税额　　5 610

　　贷:银行存款——农行存款　　38 610

③本月6日,销售部崔姚预支差旅费3 000元(现金支票XP002326)。

借:其他应收款——崔姚　　3 000

　　贷:库存现金　　3 000

④本月8日,收到红星有限公司投资100 000美元,汇率7.2298(转账支票为ZP001009)。

借:银行存款——中行存款　　722 980

　　贷:实收资本　　722 980

⑤本月11日,一车间领用石墨材料5吨,每吨单价3 300元。

借:生成成本——直接材料　　16 500

　　贷:原材料——石墨　　16 500

⑥本月 15 日,崔姚报销差旅费共计 2 600 元。

借:管理费用　　2 600

　库存现金　　400

　贷:其他应收款　　3 000

⑦本月 25 日,交办公室通信费 4 000 元(转账支票为 ZP100900)。

借:管理费用　　4 000

　贷:银行存款——农行存款　　4 000

⑧本月 26 日,支付银行利息 1 200 元(转账支票为 ZP200155)。

借:财务费用　　1 200

　贷:银行存款——农行存款　　1 200

⑨本月 27 日,向银行借款 50 万元,期限 6 个月,年利率 4.5%,该借款的利息按季支付,本金到期归还。公司支付借款手续费 4 000 元(转账支票为 ZP002007)。

借:银行存款——农行存款　　500 000

　贷:短期借款　　500 000

借:财务费用　　4 000

　贷:银行存款——农行存款　　4 000

⑩本月 28 日,向红十字会捐款 20 000 元(转账支票为 ZP200135)。

借:营业外支出　　20 000

　贷:银行存款——农行存款　　20 000

⑪银行对账期初数据:

表 S4-1　银行对账期初数据

项　目	金额(元)
银行对账启用日期	2024.01.01
企业日记账调整前余额(农行存款)	469 668.10
银行对账单调整前余额	480 000.00
未达账项(银行已入账企业未入账)	10 331.90

⑫银行对账单:

表 S4-2　银行对账单

日　期	结算方式	票　号	借方金额(元)	贷方金额(元)	余额(元)
2024.01.01	102	ZP120234	300 000		780 000
2024.01.02	102	XP002325		2 000	778 000
2024.01.05	102	ZP001007		38 610	739 390
2024.01.10	102	ZP120235	27 459.90		766 849.9
2024.01.10	102			99 450	667 399.9
2024.01.11	102	ZP120236	400 000		1 067 399.9

续表

日　期	结算方式	票　号	借方金额(元)	贷方金额(元)	余额(元)
2024.01.20	102	ZP120237	200 000		1 267 399.90
2024.01.20	102			5 850	1 261 549.90
2024.01.25	102	ZP100900		4 000	1 257 549.90
2024.01.26	102	ZP200155		1 200	1 256 349.90
2024.01.27			500 000		1 756 349.90
2024.01.27				4 000	1 752 349.90
2024.01.31				20 000	1 732 349.90

三、实验步骤

引入“725账套基础信息”或者引入自己上次实验的内容。

1.填制凭证

以会计张霞的身份登录总账模块。

业务场景1

操作路径:<企业应用平台>—<业务工作>—<财务会计>—<总账>—<凭证>—<填制凭证>—<增加>,如图S4-1所示。

日常业务1

【操作说明】

①凭证类别:付。根据凭证类别的定义结合具体业务的内容,点击参考按钮,选择“付”。

②凭证编号。系统按时间顺序自动编号,允许最大凭证号为32767。系统默认每页凭证有五笔分录,当某凭证超过一页,系统自动将在凭证号后标上几分之一,类似手工会计的标注。如:收-0001号0002/0003表示收款凭证为第0001号的凭证共有三张分单,当前光标所在分录在第二张分单上。

③制单日期:2024.01.02。系统自动取当前业务日期为凭证填制的日期,可点击修改。

④附单据数:原始单据张数。可单击附单据数录入框右侧的图标,选择图片、文件的链接地址作为附件用。没有也可以不填。

⑤摘要:根据业务内容直接填写。基础设置里如果定义了常用摘要,按F2或参照按钮输入常用摘要。

⑥科目名称:输入具体科目。可以直接输入科目的汉字如:库存现金,也可以直接输入科目编码如:1001,或按<F2>键参照录入或点击后面的参考按钮选择录入,不管哪种方

式录入，要求到末级科目。如果科目为银行科目，且在结算方式设置中确定要进行票据管理，在<选项>中设置了“支票控制”，那么这里会要求输入“结算方式”“票号“及“发生日期”，如图 S4-1 所示。

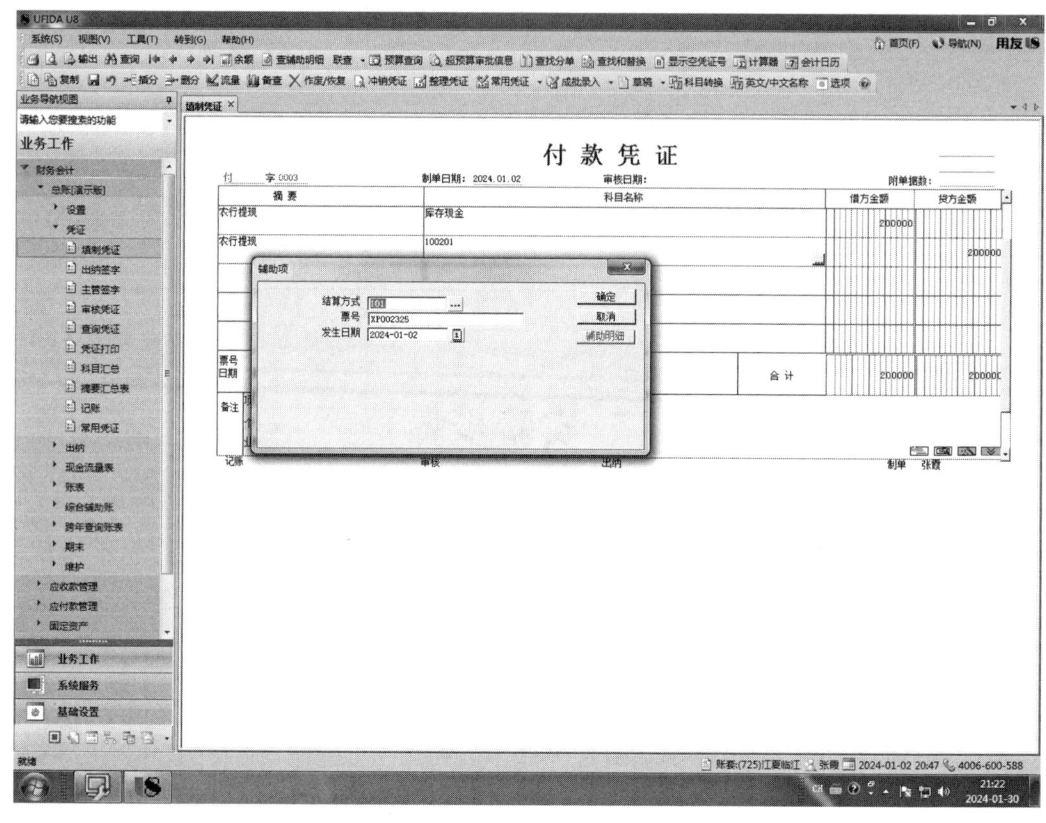

图 S4-1 带有银行科目辅助项的凭证

⑦借方金额：录入具体的借方本币发生额，金额不能为零，但可以是红字，红字用“-”表示。

⑧第一条分录录入完成后，回车，回车可以把第一条分录的摘要自动带过来。如果用鼠标点到“摘要”处，摘要只能再次录入。

⑨用到现金流量科目如：1001、1002 时，系统会弹出录入流量的对话框，此处可以忽略，原因在于该账凭证一个流入一个流出且金额相等，在现金流量表上不需要反应流量。

⑩录入贷方金额时，可以按全角方式下的“＝”键，把借方金额复制过来。

⑪用到银行科目时，会弹出 S4-1 的辅助项对话框，录入对应的资料即可。

⑫全部录入完成后，点保存凭证，也可按 F6 保存。

专家点拨：

①填制凭证时，涉及辅助项的，要填写详细的辅助项信息后保存。要想修改辅助项信息，则先将光标移动到与辅助项相关联的科目上，移动光标，待光标变成大铅笔头模样时双击，弹出辅助项对话框，修改完确定即可。

②只有借贷金额相等时才能保存。

③凭证保存后，凭证类别和编号不能修改。

④摘要不能为空，要能反映业务的具体内容。

常用快捷键(可以提高录入速度)：

CTRL+L——显示/隐藏数据位线(除千分线外)

CTRL+I——插入一条分录

CTRL+D——删除光标当前行分录

CTRL+N——查询当前凭证类型的空号

CTRL+X——输入现金流量

CTRL+M——查询辅助明细

CTRL+W——查询、录入备查资料内容

CTRL+S——录入、查询辅助核算(只对总账凭证有效)

CTRL+A——替换全部

CTRL+R——替换

CTRL+F——查找下一条

F4——调用常用凭证

F11——自动反算汇率

F5——新增凭证

F8——科目转换

F6——保存当前内容

业务场景 2

日常业务2

操作路径：<填制凭证>—<增加>—<付字>—<制单日期>—<附单据数>—<摘要>—<科目名称>—<借、贷方金额>—<辅助项>—<保存>，如图 S4-2 所示。

【操作说明】

①在录入带有数量核算的科目时，系统会自动弹出如图 S4-2 显示的数量核算对话框，输入石墨的数量 10 吨，单价 3 300 元后确定即可。

②填制凭证过程中使用了现金流量科目“银行存款”，在凭证保存之前要求指定凭证分录的现金流量项目如图 S4-3。双击对话框“项目编码”后的参考按钮，系统会弹出图 S4-3 中的“参考”对话框，选择“购买商品，接受劳务支付的现金”。双击该内容后，如图 S4-4，现金流量项目“04”会显示在对话框中，凭证全部录入完毕后，按<保存>按钮或<F6>键保存当前凭证如图 S4-5。

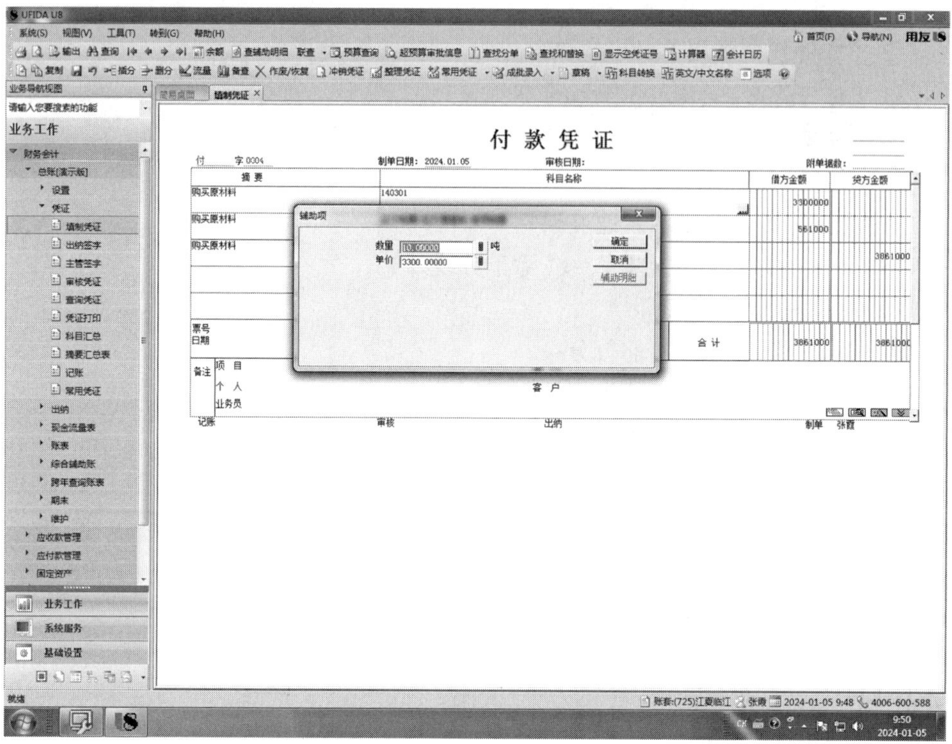

图 S4-2　带有数量核算的凭证

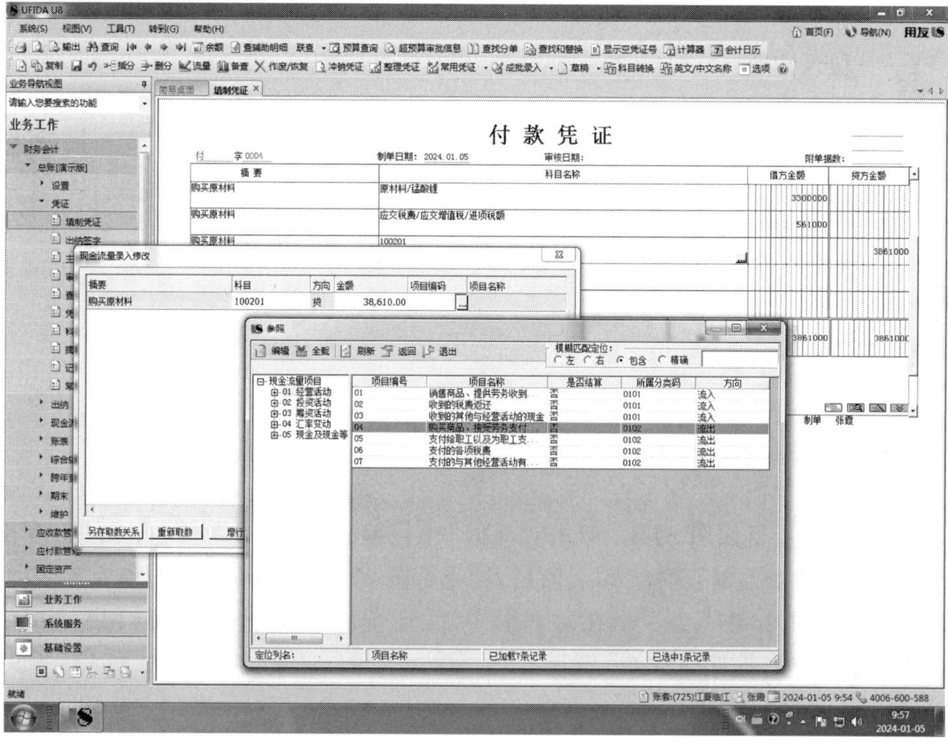

图 S4-3　带有现金流量核算的凭证

图 S4-4　设定现金流量项目的凭证

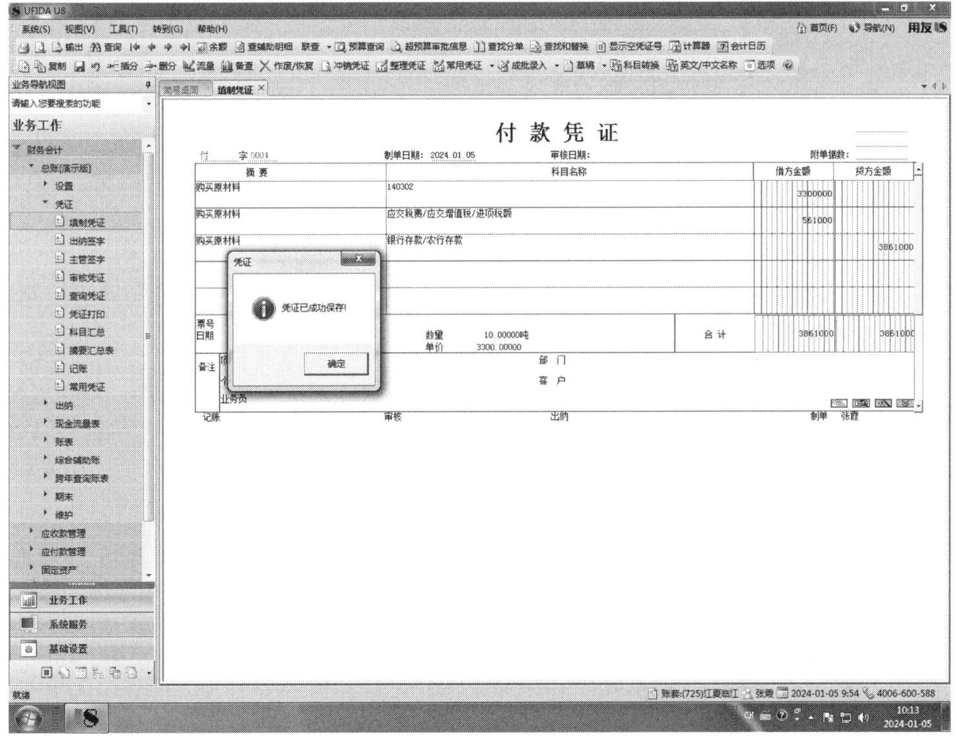

图 S4-5　凭证保存成功

错误展示：

填制凭证时，点击<增加>按钮，出现图 S4-6。

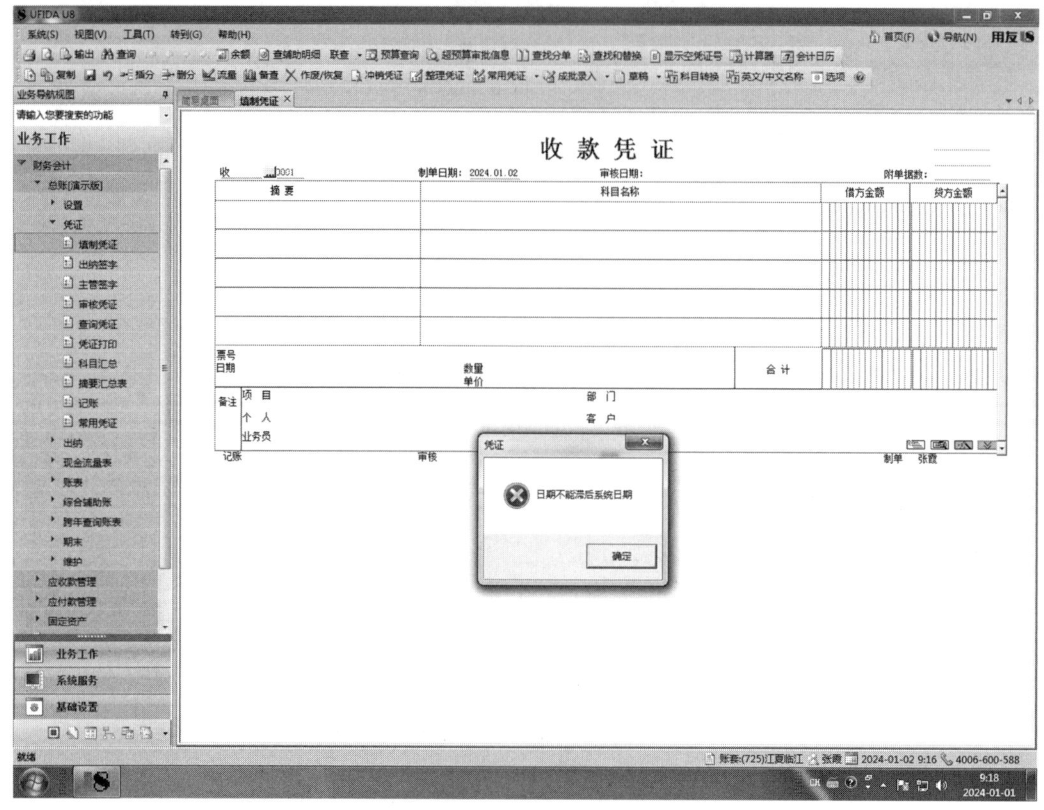

图 S4-6　日期错误

解决方案：

①修改虚拟机时间为 2024.01.02。

②会计是做操作日期及操作日期之前的账，不能做未来的账，未来的账只能预测。

业务场景 3

操作路径：<填制凭证>—<增加>—<付字>—<制单日期>—<附单据数>—<摘要>—<科目名称>—<辅助项>，如图 S4-7 所示。

日常业务3

【操作说明】

①凭证的填制过程同“业务场景 1”。

②在录完第一条分录的科目“其他应收款 1221”时，系统会弹出个人往来辅助项对话框。根据“业务场景 1”提供的信息录入后<确定>。

③填制完成后<保存>，系统会弹出图 S4-8 的现金流量对话框，录入“07”点<确定>后再次保存凭证，系统会提示“凭证已成功”即可。

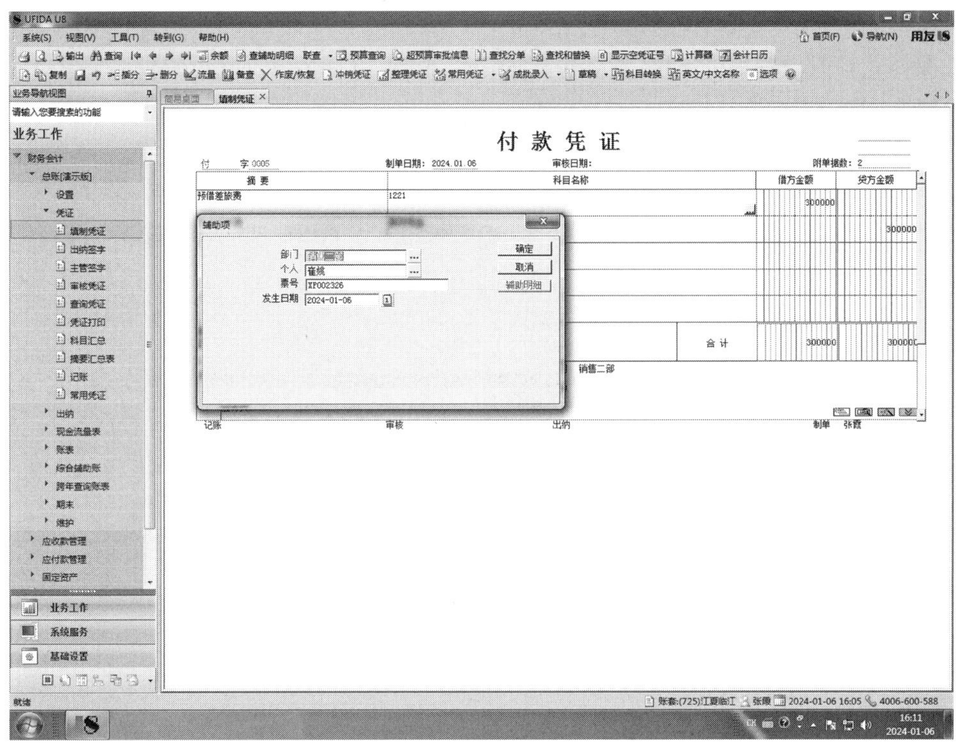

图 S4-7　带有个人往来辅助核算科目的凭证

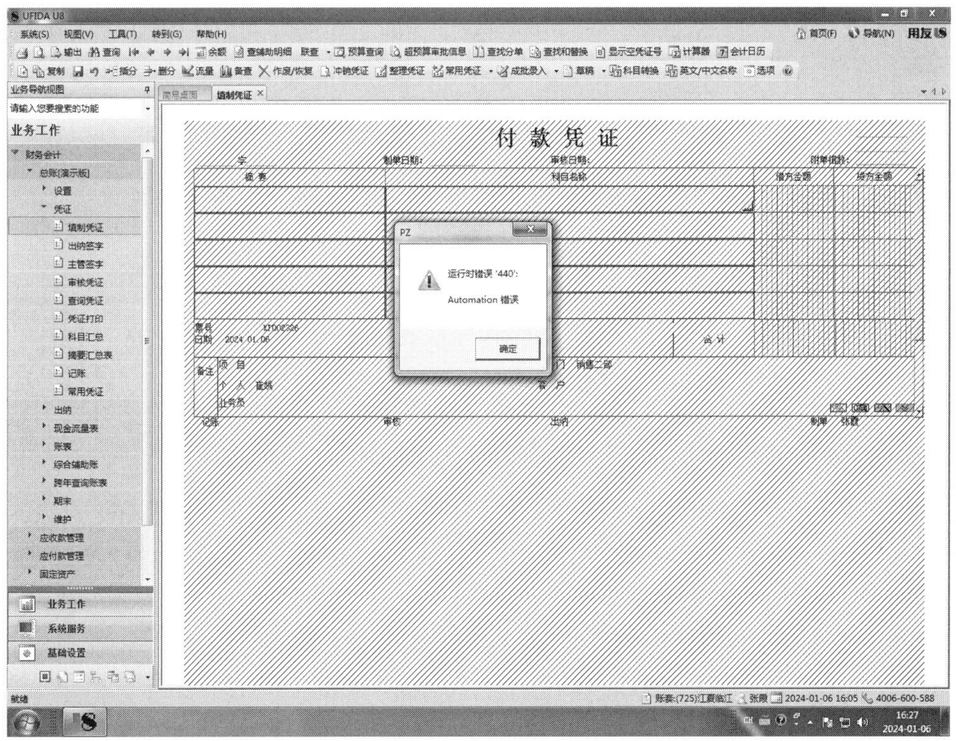

图 S4-8　系统错误

错误展示：

保存凭证时出现如图 S4-8 的系统错误。

解决方案：

在没有退出“企业应用平台”的前提下，登录“系统管理”在视图菜单项里“清除锁定”，如图 S4-9 所示。

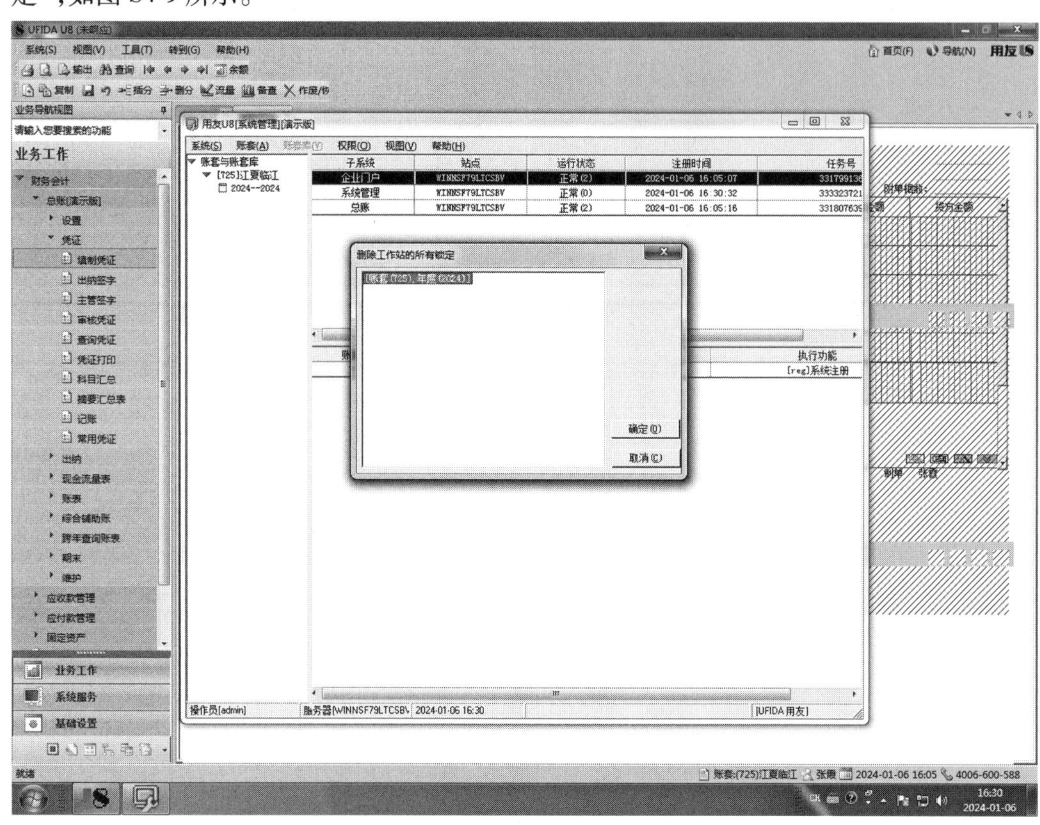

图 S4-9 清除锁定

业务场景 4

操作路径：<填制凭证>—<增加>—<收字>—<制单日期>—<附单据数>—<摘要>—<科目名称>—<辅助项>—<保存>，如图 S4-10 所示。

日常业务4

【操作说明】

①录入外币核算科目“100202 中行存款”时，系统会在原有凭证上显示已在基础设置处设置好的“外币汇率”，只需要输入外币金额“100000”美元，系统会自动换算成本位币“人民币”的借方金额“722980”。

②录入完成保存，该凭证需要填制现金流量项目，操作同前。

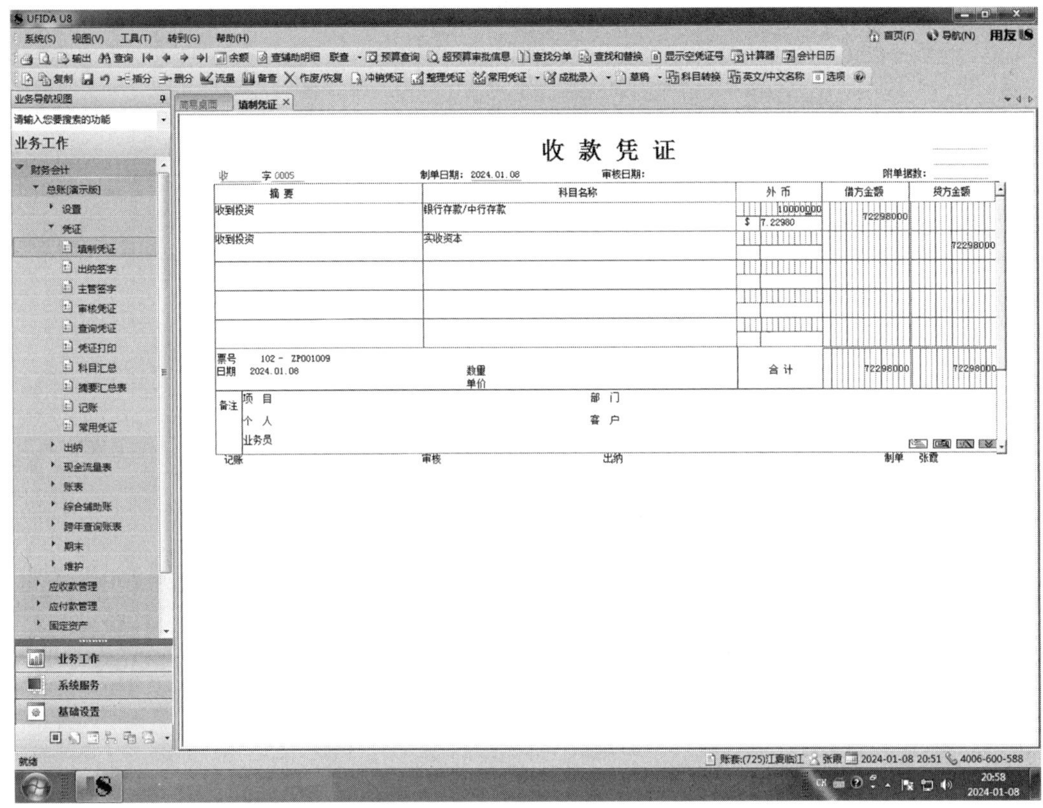

图 S4-10　带有外币核算的凭证

专家点拨：

①一般采用固定汇率。

②如果会计科目没有修改为“外币核算”，则系统弹不出“外币”。

③汇率需要先设置再使用。

业务场景 5

操作路径：<填制凭证>—<增加>—<转字>—<制单日期>—<附单据数>—<摘要>—<科目名称>—<辅助项>，如图 S4-11 所示。

日常业务5

【操作说明】

录入项目核算科目“生成成本——直接材料”时，系统会弹出“辅助项”对话框，点击参考按钮，如图 S4-11，选择“传统电池”项目，双击该项目后确定，输入完成后保存凭证。

专家点拨：

如果在设置“项目核算”时，待选科目被选入“现金流量科目”里，则在此处无法选择“传统电池”项目。

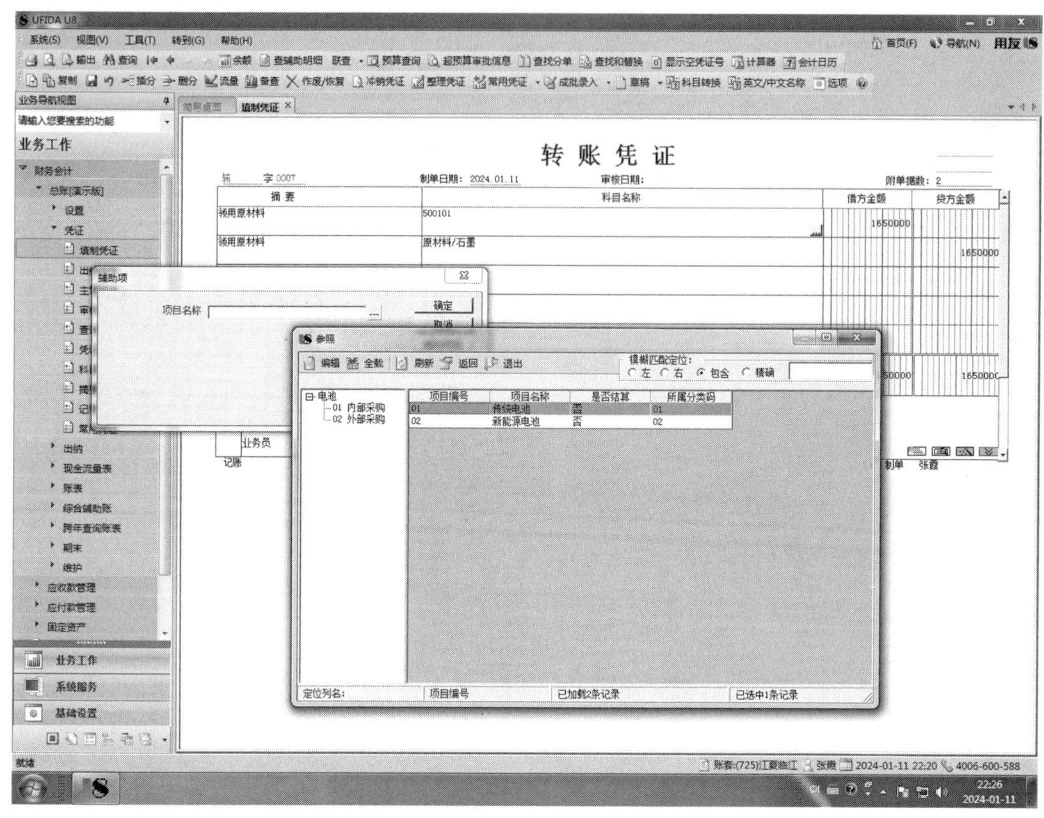

图 S4-11　带有项目核算的凭证

日常业务6

录入流量项目

业务场景 6

操作路径:<填制凭证>—<增加>—<收字>—<制单日期>—<附单据数>—<摘要>—<科目名称>—<借贷方金额>—<保存>,如图 S4-12 所示。

【操作说明】

①该张凭证类别选择“收”,原因在于借方出现了“库存现金”科目。

②该张凭证需要录入现金流量项目。

③该张凭证需要补充完整个人往来辅助项核算内容。

日常业务7

业务场景 7

操作路径:<填制凭证>—<增加>—<收字>—<制单日期>—<附单据数>—<摘要>—<科目名称>—<借贷方金额>—<保存>,如图 S4-13 所示。

【操作说明】

①凭证填制过程同上,填制完成保存时系统会出现“此支票尚未登记,是否登记?”点击“是”,弹出如图 S4-13 对话框。

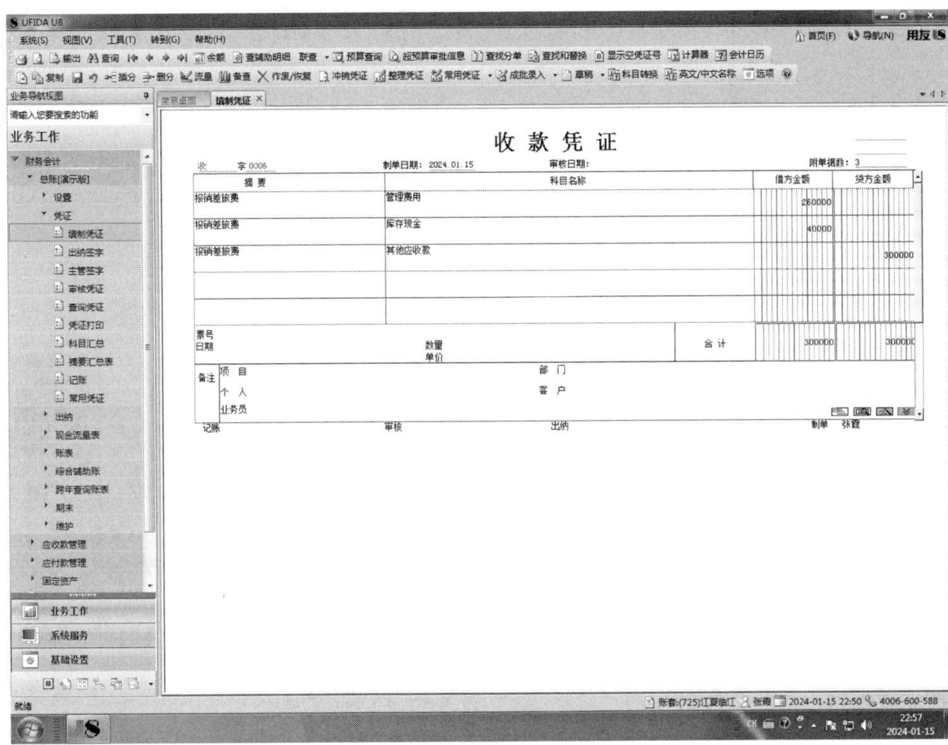

图 S4-12　带有现金流量项目和个人往来核算的凭证

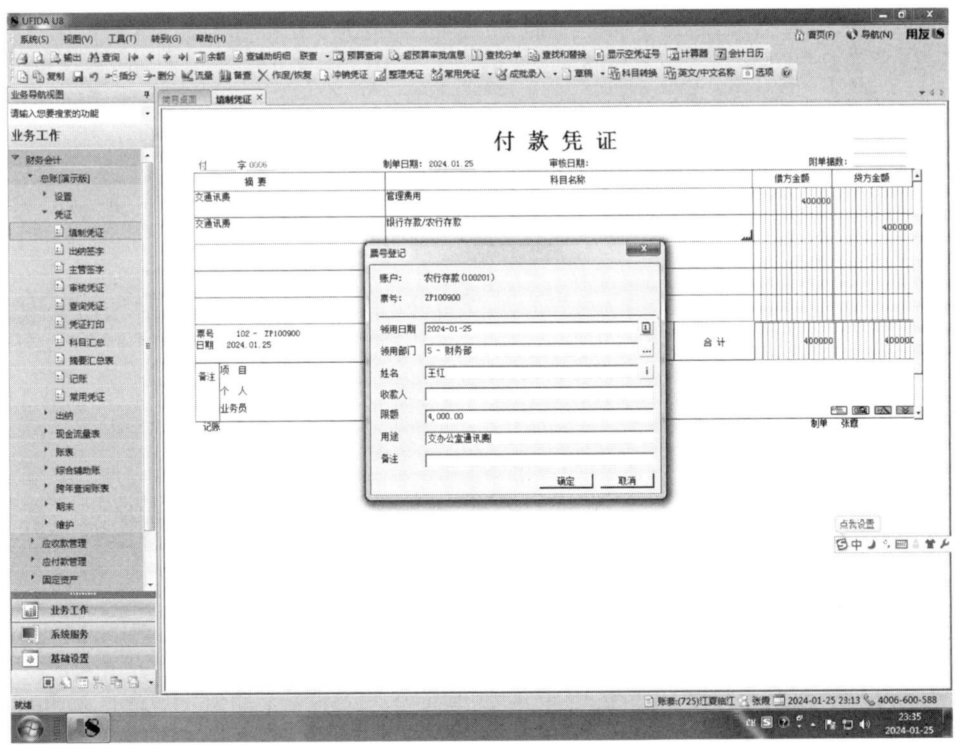

图 S4-13　需要填写支票登记簿的凭证

②领用日期:2024.01.25,领用部门:财务部,姓名:王红,用途:交办公室通信费。

专家点拨:

弹出支票登记簿的3个条件:

①结算方式已设为“票据管理”。

②在总账设置中选择“支票控制”。

③在会计科目表的“编辑”菜单项中已完成“指定科目”设置。

日常业务8

业务场景8

操作路径:<填制凭证>—<增加>—<付字>—<制单日期>—<附单据数>—<摘要>—<科目名称>—<借贷方金额>—<保存>,如图S4-14所示。

图S4-14　带有现金流量项目和结算方式及支票登记簿的凭证

【操作说明】

该张凭证在填制过程中会用到现金流量项目、结算方式和支票登记簿的填写,操作过程同上。

业务场景9

操作路径：<填制凭证>—<增加>—<付字>—<制单日期>—<附单据数>—<摘要>—<科目名称>—<借贷方金额>—<保存>，如图S4-15所示。

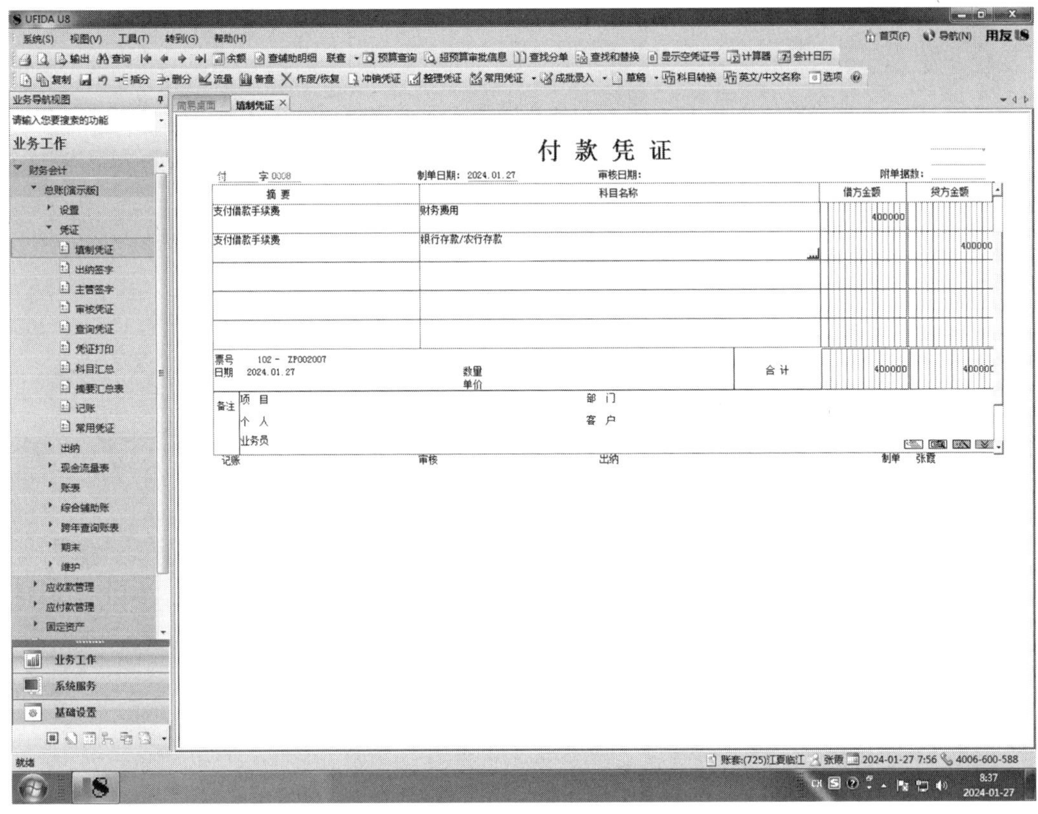

图S4-15　支付借款利息

【操作说明】

①该张凭证在填制过程中会用到现金流量项目、结算方式和支票登记簿的填写，操作过程同上。

②该笔业务可以生成收款凭证如图S4-16和付款凭证如图S4-17。

专家点拨：

向银行借款一般银行会动员企业在该银行开设账户，直接将贷款转到该账户，因此本张收款凭证的结算方式可以不填。

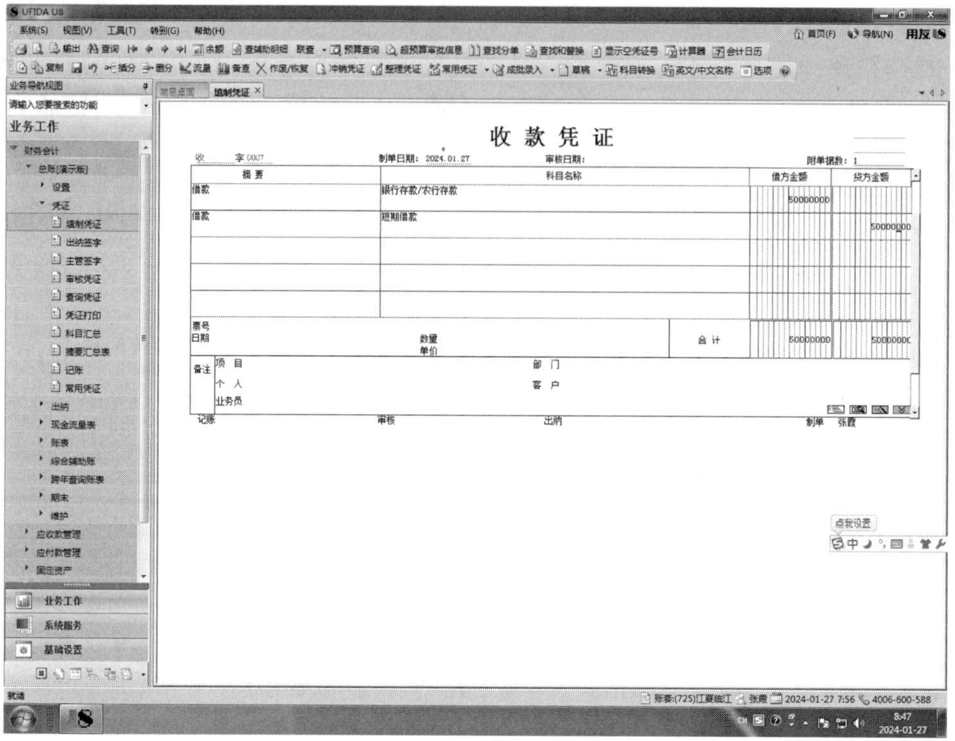

图 S4-16　向银行借款

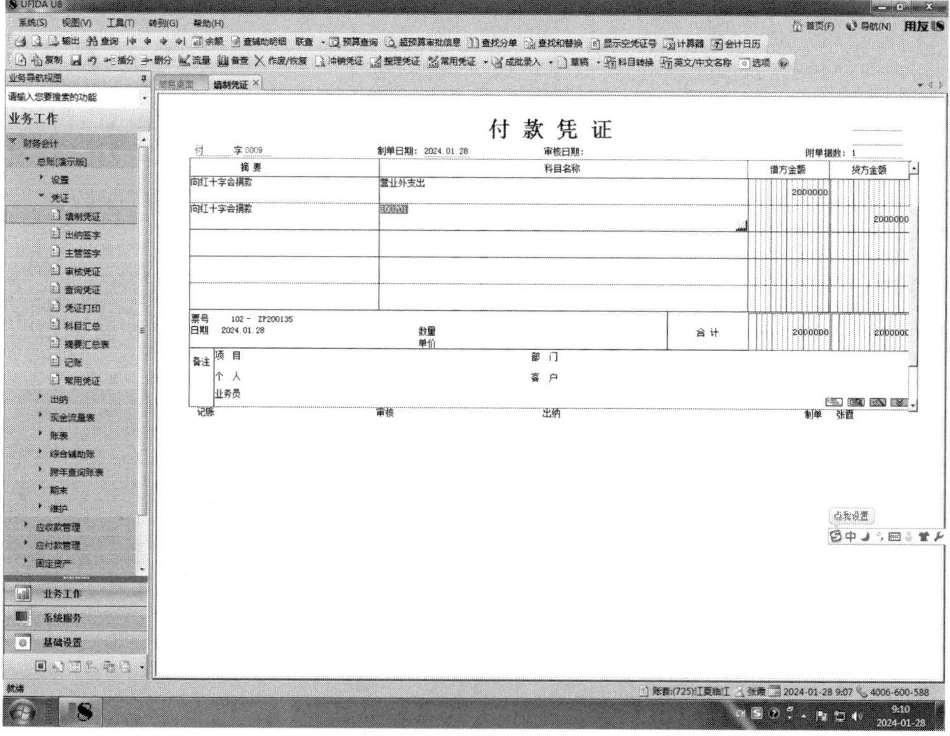

图 S4-17　带有现金流量项目和支票结算的凭证

日常业务10

业务场景 10

操作路径:<填制凭证>—<增加>—<付字>—<制单日期>—<附单据数>—<摘要>—<科目名称>—<借贷方金额>—<保存>,如图 S4-17 所示。

【操作说明】

该张凭证在填制过程中会用到现金流量项目、结算方式和支票登记簿的填写,操作过程同上。

2.修改凭证

一般情况下,以被修改凭证的制单人登录系统即谁制单谁修改。

操作路径:<企业应用平台>—<业务工作>—<财务会计>—<总账>—<凭证>—<填制凭证>,如图 S4-18 所示。

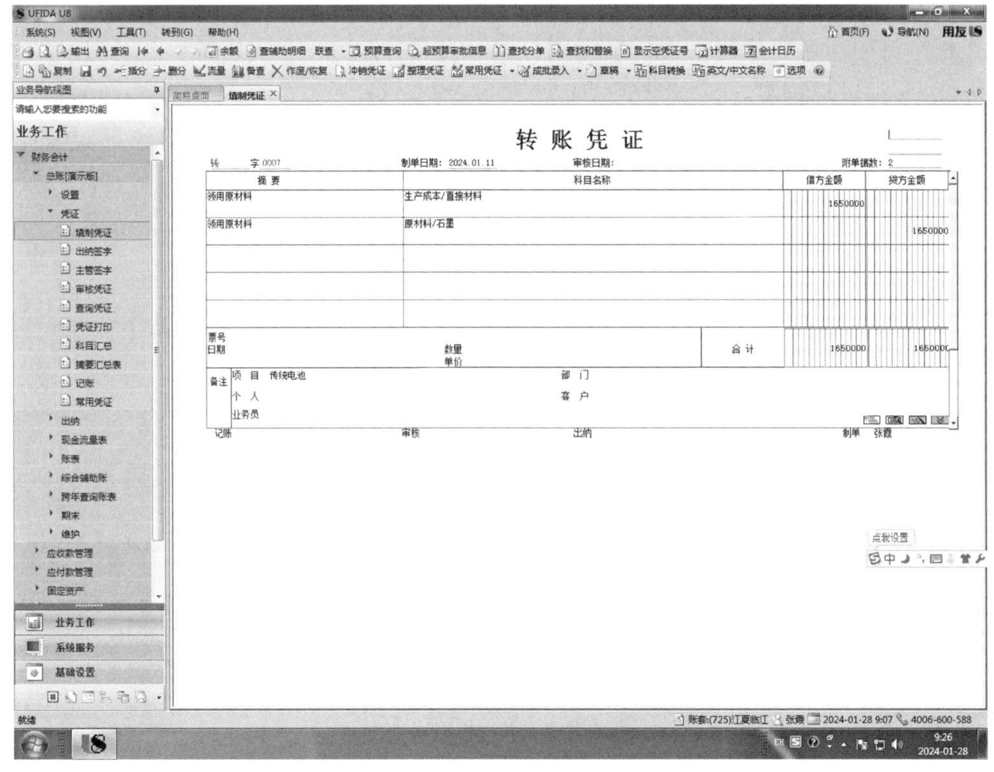

图 S4-18　随机调出的凭证

【操作说明】

可以在当前窗口,通过菜单栏上的左右移动箭头,选择要修改的凭证,直接选中要修改的内容,修改后保存即可。

专家点拨：

①只填制完成，成功保存的凭证，可直接修改。

②已经出纳签字的凭证，需要取消出纳签字后才能修改。

③已经审核的凭证，需要取消出纳签字和审核签字后才能修改。

④已经记账的凭证，需要取消出纳签字、审核签字和取消记账后才能修改，或者直接采用红字冲销法修改。

⑤外来凭证不能在总账模块中修改，只能在填制凭证的模块修改。

⑥通过“查询凭证”功能调出的凭证，只能查看，不能进行修改操作。

3.删除凭证

一般情况下，以被删凭证的制单人登录系统即谁制单谁删除。

操作路径：<企业应用平台>—<业务工作>—<财务会计>—<总账>—<凭证>—<填制凭证>—<作废/恢复>—<整理凭证>，如图 S4-19 所示。

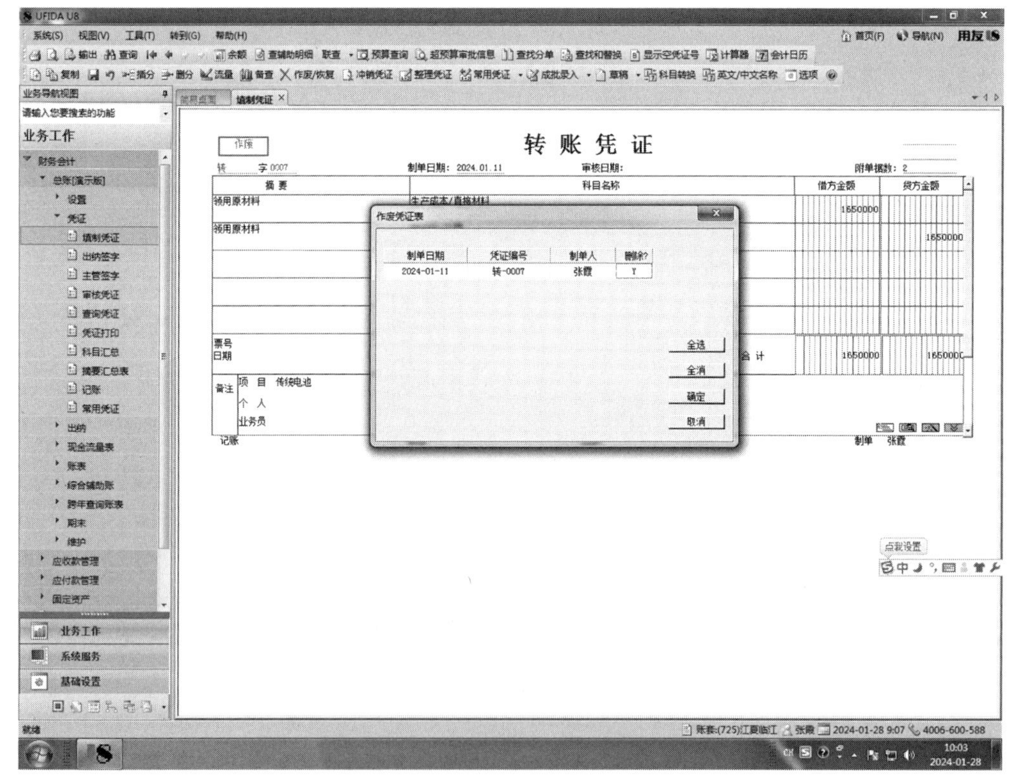

图 S4-19　作废凭证

【操作说明】

在当前窗口点击菜单栏上的<作废/恢复>，凭证上出现“作废”二字，再点击<整理凭证>如图 S4-19，确认后如图 S4-20，点击<整理凭证断号>该张凭证即被彻底删除。

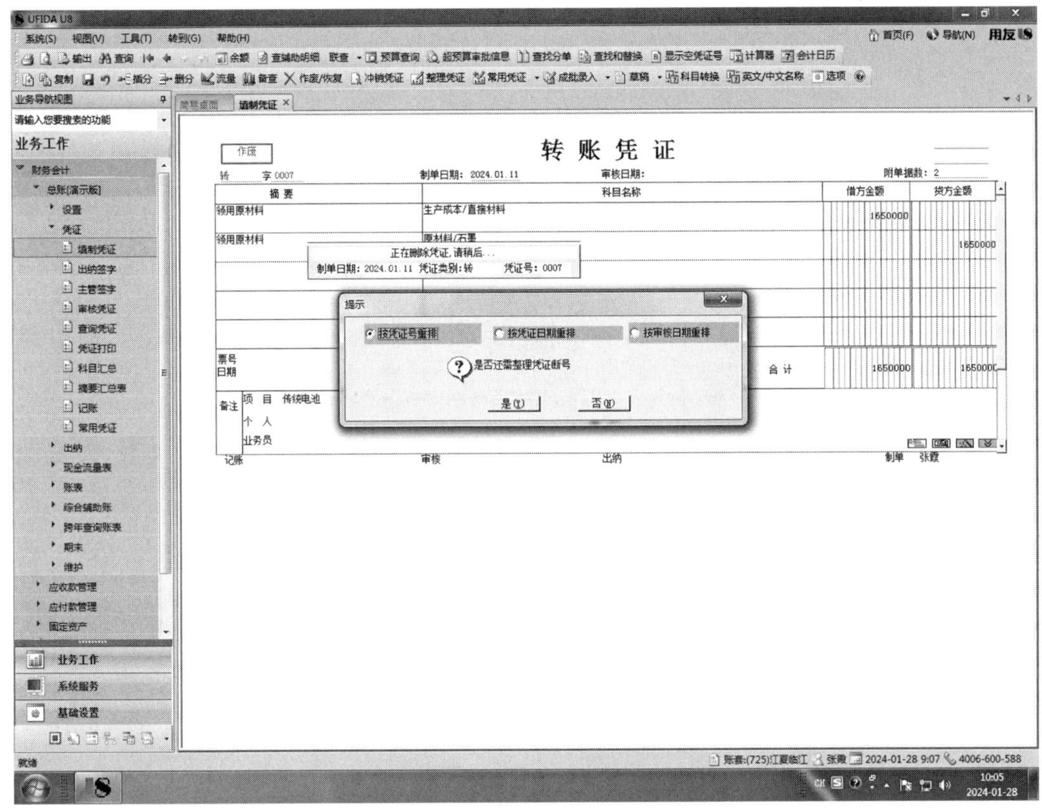

图 S4-20　删除凭证

专家点拨：

①在总账模块填制的凭证可以采用上述方法删除。

②外来凭证(其他模块传到总账模块的凭证)不能在总账模块中删除，只能在传过来的模块中删除，如固定资产管理模块传过来的凭证，只能在固定资产管理模块中删除。

③作废凭证只是在凭证上显示“作废”字样，凭证的内容及编号仍保留。

④作废凭证不能修改，不能审核。

⑤账簿查询时查不到作废凭证的数据。

4.出纳签字

以出纳王红的身份登录。

操作路径：<企业应用平台>—<业务工作>—<财务会计>—<总账>—<凭证>—<出纳签字>，如图 S4-21 所示。

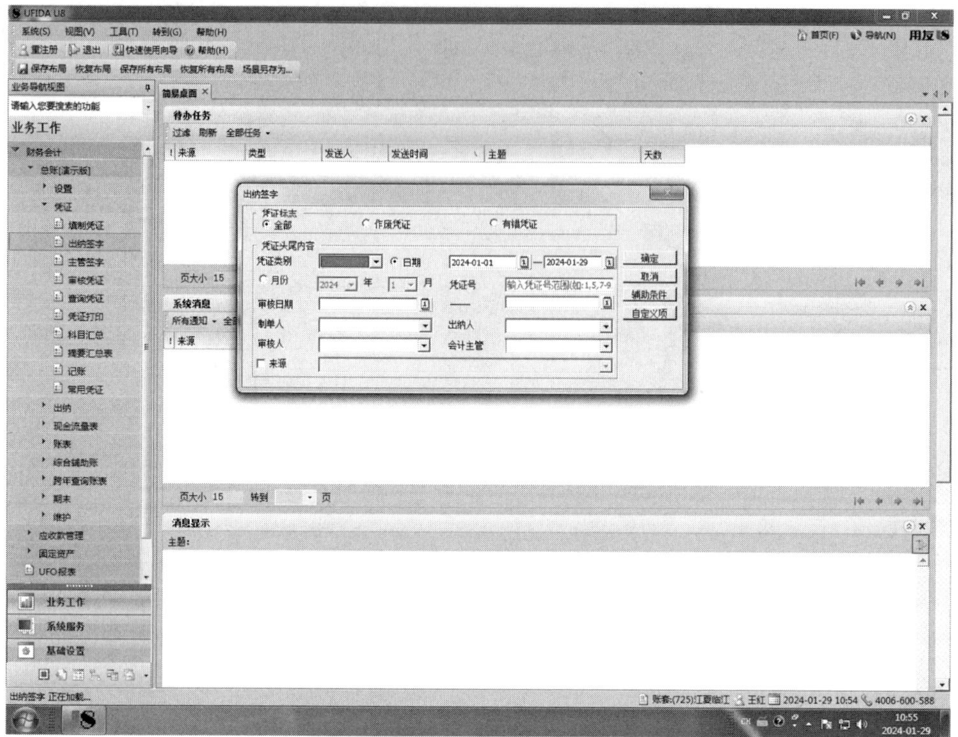

图 S4-21-1　出纳签字

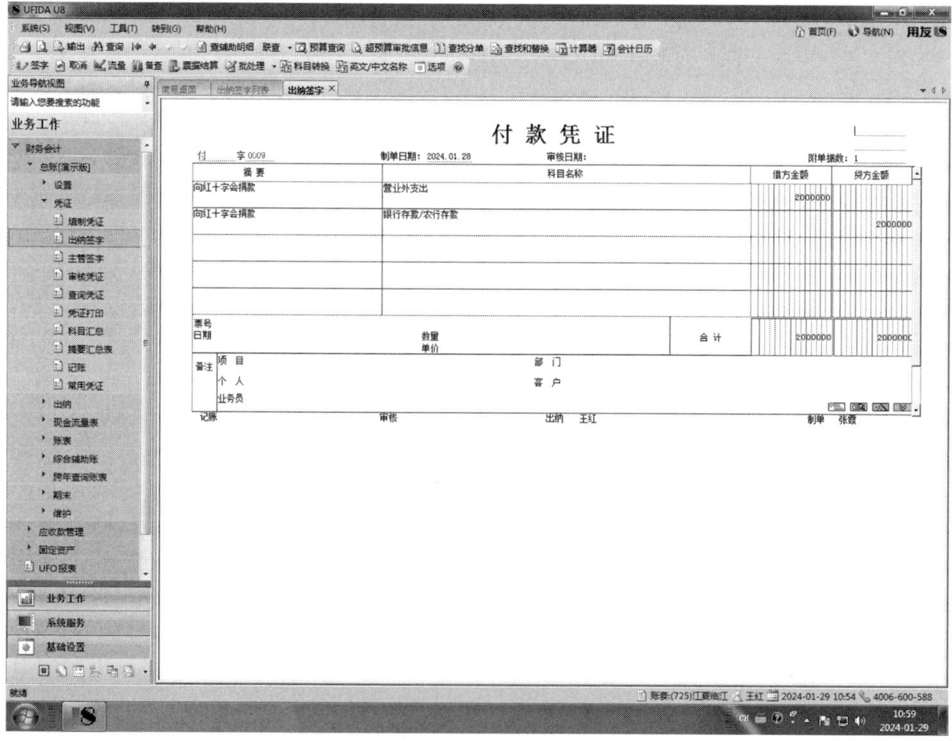

图 S4-21-2　出纳签字

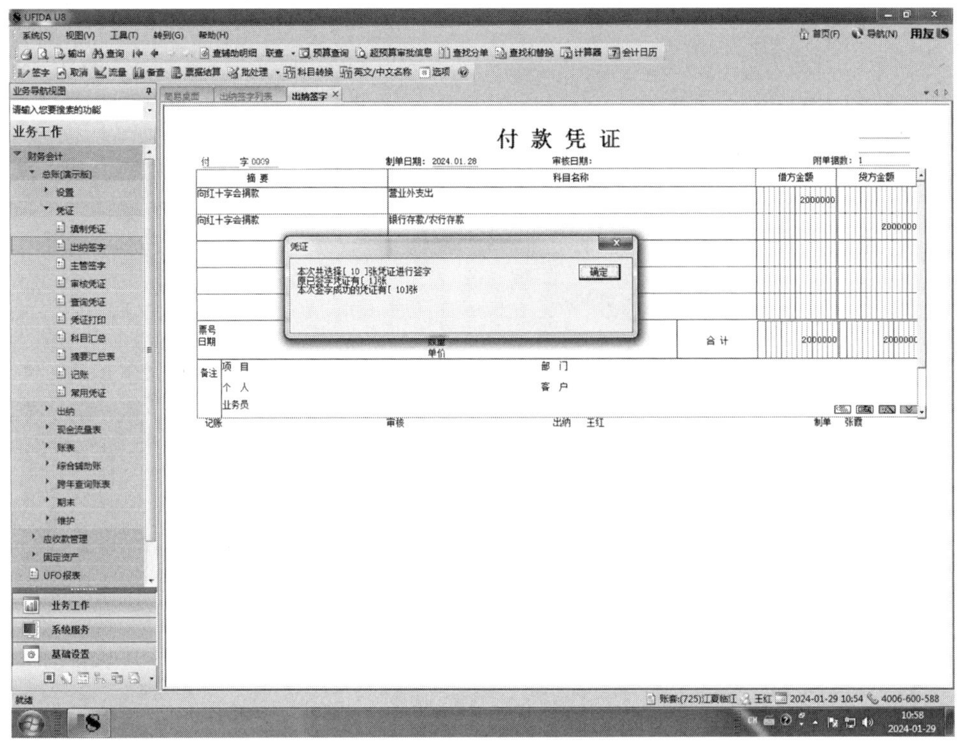

图 S4-21-3　出纳签字

【操作说明】

①在图 S4-21-1 出纳签字窗口，点击<确定>后，签字即完成，如图 S4-21-2 所示，在凭证下方，出现出纳"王红"的签名。此操作为单张签字。

②也可以点击菜单栏上的"批处理"，完成"成批出纳签字"，如图 S4-21-3 所示，系统会提示本次签字成功的凭证数。

> 专家点拨：
>
> ①签字人必须在基础设置中赋予出纳签字的权限。
>
> ②在会计科目表的"编辑"菜单栏里已完成"指定科目"操作。

5.审核凭证

以主管刘诺的身份登录。

凭证审核+记账

操作路径：<企业应用平台>—<业务工作>—<财务会计>—<总账>—<凭证>—<审核凭证>—<确定>—<凭证审核列表>—<选择被审核凭证>—<审核>，如图 S4-22 所示。

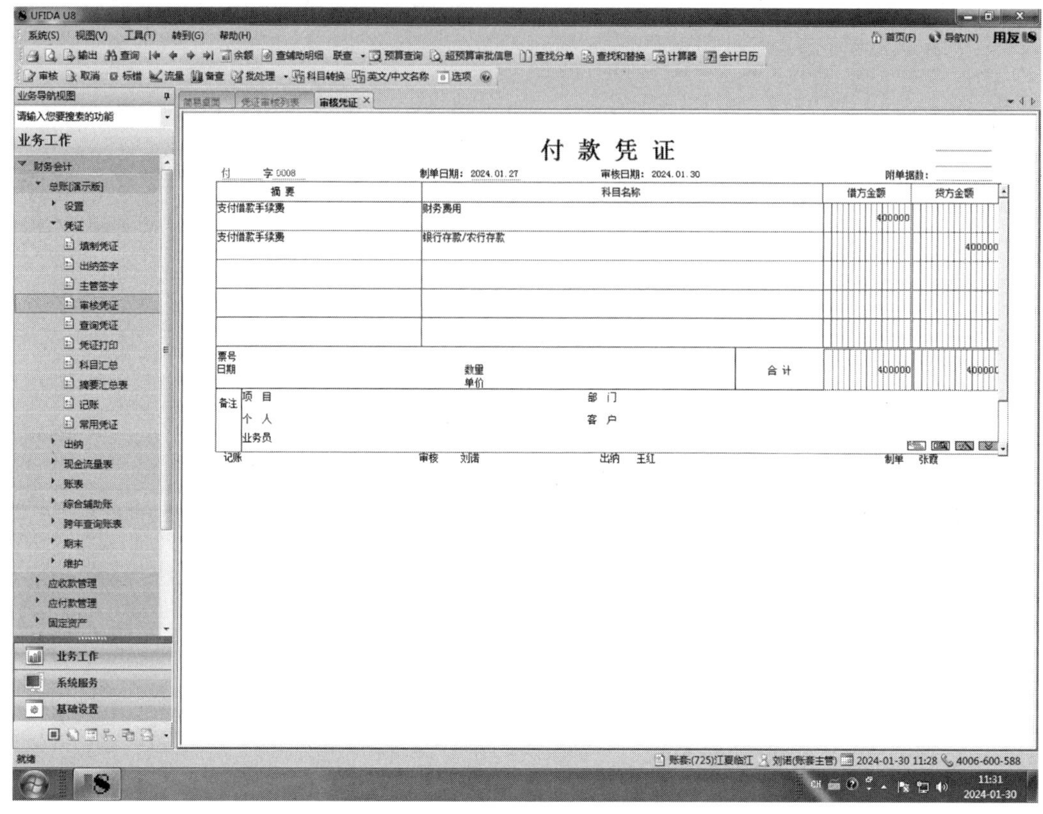

图 S4-22　审核凭证

【操作说明】

①图 S4-22 审核签字窗口，审核无误签字即完成审核，在凭证下方“审核”处出现“刘诺”的签名。此操作为单张签字。

②也可以点击菜单栏上的<批处理>，完成<成批审核签字>，系统会提示本次签字成功的凭证数。

③如果在审核过程中发现凭证有错误，可以点<标错>按钮，填写错误原因，在凭证上标出错误，交给相关人员修改后再次审核。

④审核签字的凭证如果发现问题，可以取消审核签字。点击菜单栏上的<取消>即可。

专家点拨：

①审核人必须在系统管理中已被赋权。

②作废凭证不参与审核。

③制单人与审核人不能为同一个人。

④非主管人员无权审核主管填制的凭证，要想审核要么再增加一个主管要么删除该张凭证换其他人员制单。

6.凭证查询及补录现金流量项目

以拥有凭证查询权限的人员登录。

操作路径:<企业应用平台>—<业务工作>—<财务会计>—<总账>—<凭证>—<凭证查询>,如图 S4-23 所示。

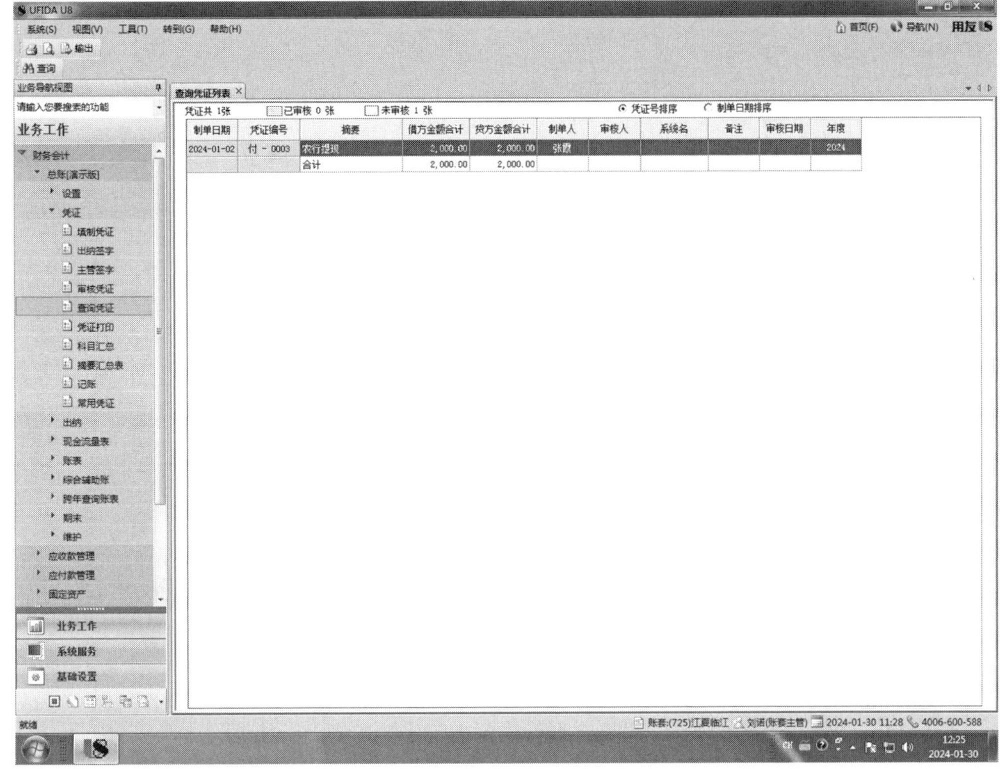

图 S4-23　查询凭证

【操作说明】

①进入“凭证查询”窗口,日期选择从“2024-01-01”-“2024-01-04”,其他条件为默认,点<确定>后,如图 S4-23 所示。

②双击选中的记录,可以联查到具体的凭证,此处的凭证只能查看,不能做其他操作。

7.记账

以主管刘诺的身份登录。

操作路径:<企业应用平台>—<业务工作>—<财务会计>—<总账>—<凭证>—<记账>,如图 S4-24 所示。

【操作说明】

①可以点击<全选>,一次性将全部已审核的凭证记账,也可以选择<记账范围>,有选择性地记账。

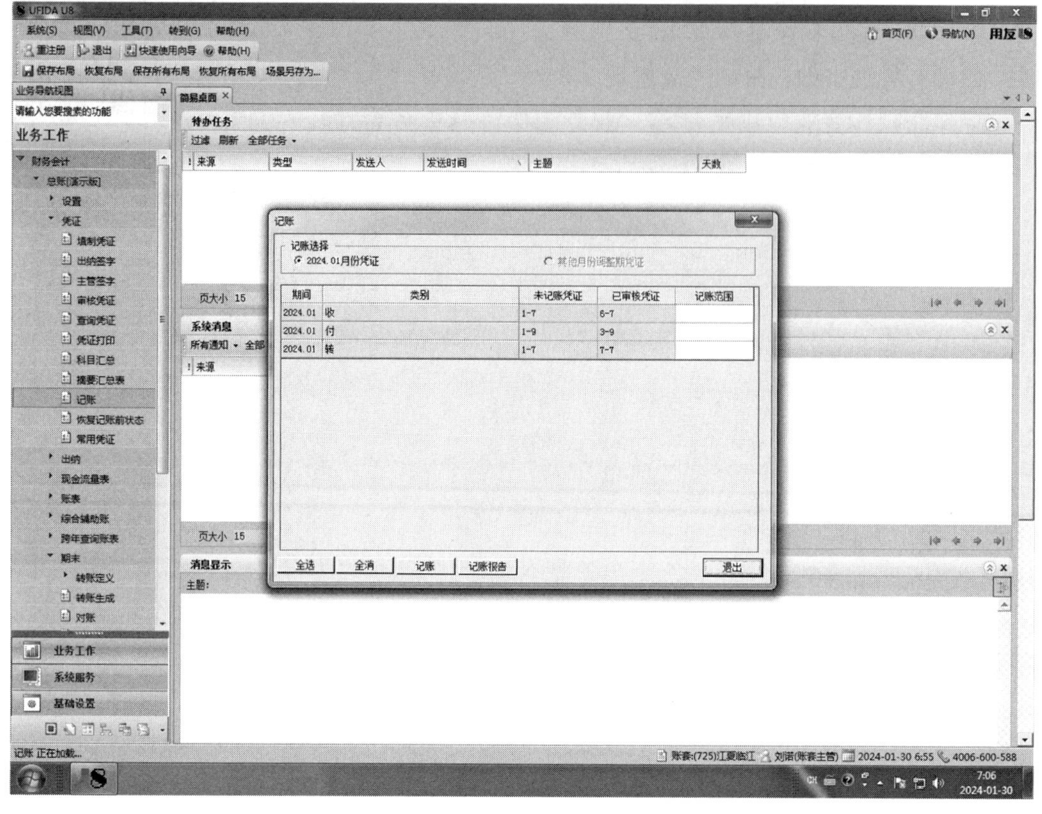

期间	类别	未记账凭证	已审核凭证	记账范围
2024.01	收	1-7	6-7	
2024.01	付	1-9	3-9	
2024.01	转	1-7	7-7	

图 S4-24　记账

②点击<记账报告>,可以查出到本月的全部账目。

③点击<记账>,系统会弹出“期初试算平衡表”,点击<确定>即可。

专家点拨:

①期初试算平衡表不平的情况下,系统不允许记账。

②没有审核的凭证不允许记账。

③上月没有结账,本月不允许记账。

④作废凭证不需要审核直接记账。

⑤如果启用了其他模块,其他模块没有结账的情况下,本月不允许记账。

8.反记账

以主管刘诺的身份登录。

操作路径:<企业应用平台>—<业务工作>—<财务会计>—<总账>—<期末>—<CTRL+H>,如图 S4-25 所示。

【操作说明】

①在图 S4-25 中确定后,系统会提示“恢复记账前状态被激活”。

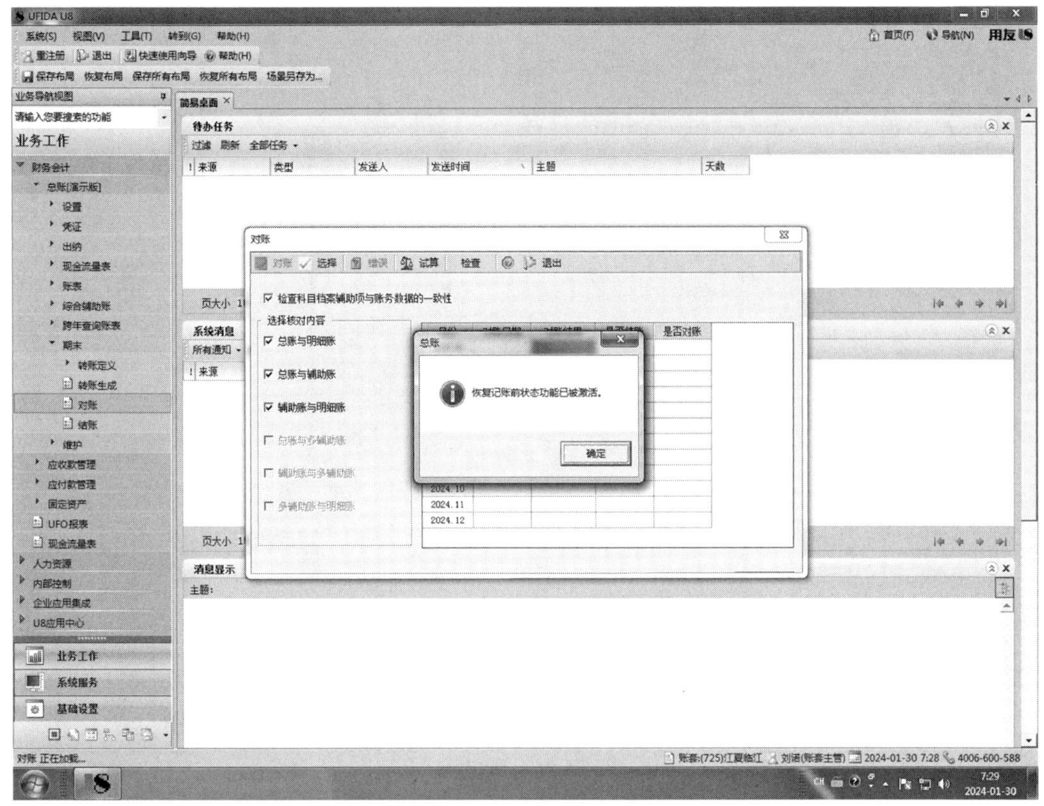

图 S4-25　恢复记账前状态被激活

②在凭证列表中可以看到“恢复记账前状态”。

③点击<恢复记账前状态>,如图 S4-26 所示,确定后,系统要求输入主管口令,点击确定即可恢复到记账前状态。

④恢复记账前状态有几种选择,根据具体需要决定。

专家点拨:

①此处只是练习反记账的操作,取消记账后要再次记账。

②已经结账的会计期间不能进行反记账处理,要想反记账,只能先反结账。

9.出纳管理

以出纳王红的身份登录。

现金日记账查询

操作路径:<企业应用平台>—<业务工作>—<财务会计>—<总账>—<出纳>—<现金日记账>,如图 S4-27 所示。

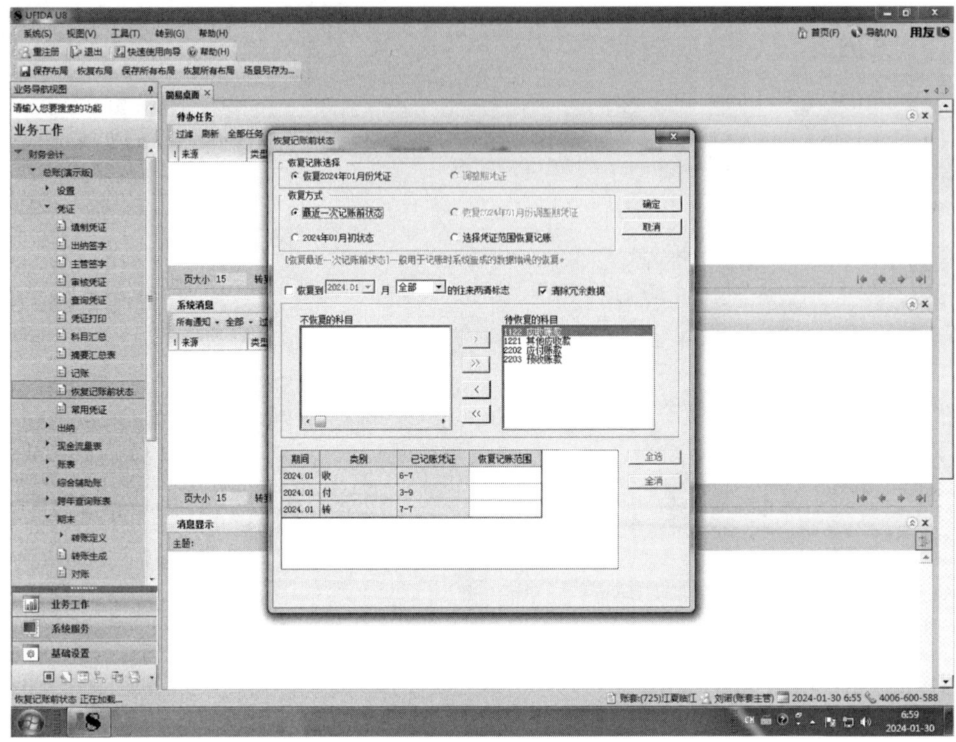

图 S4-26　反记账

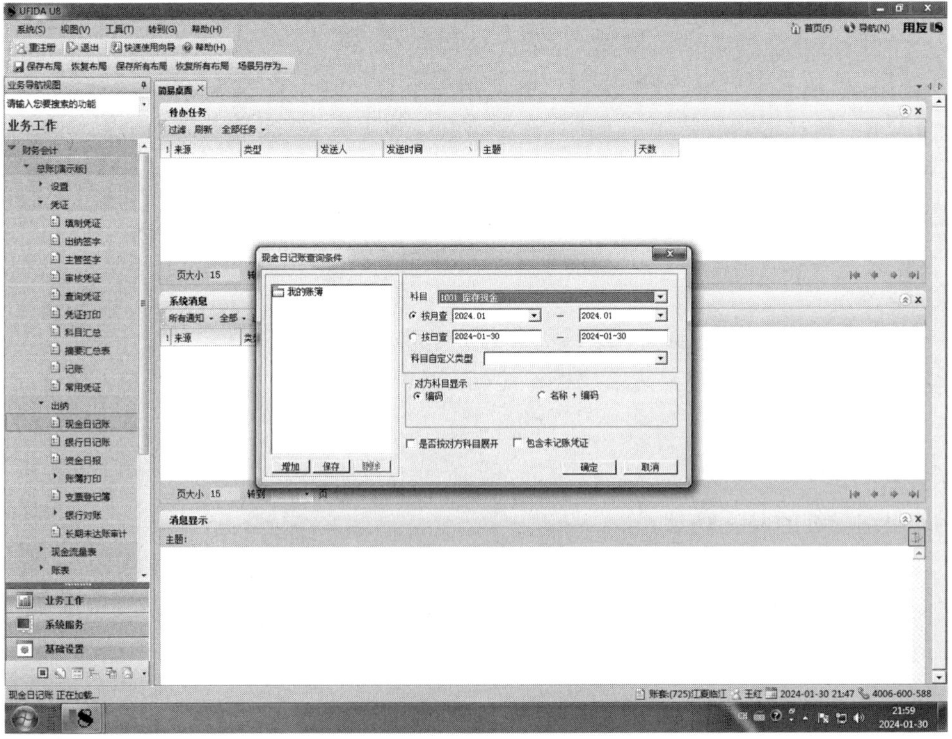

图 S4-27　现金日记账查询

【操作说明】

①按月查:显示查询月的现金日记账。

②按日查:显示查询日的现金日记账。

③科目自定义类型:可选择自定义的科目类型,选择后系统按所选取内容进行过滤。

④编码:现金日记账显示对方科目编码。

⑤名称+编码:现金日记账可以显示对方科目编码及名称,可以选择显示一级科目或显示至末级。

⑥是否按对方科目展开:选择此项,则必须选择显示对方科目“名称+编码”。

⑦包含未记账凭证:由于未审核等,可能会有部分凭证尚未记账,所以如果要查询真实的现金收支情况时最好选择“包含未记账凭证”。

⑧点击<确定>按钮,显示现金日记账,点击任何一条记录可以联查到凭证。

专家点拨:

现金科目必须在<会计科目>功能下的<指定科目>中预先指定。

银行日记账查询

操作路径:<企业应用平台>—<业务工作>—<财务会计>—<总账>—<出纳>—<银行日记账>,如图 S4-28 所示。

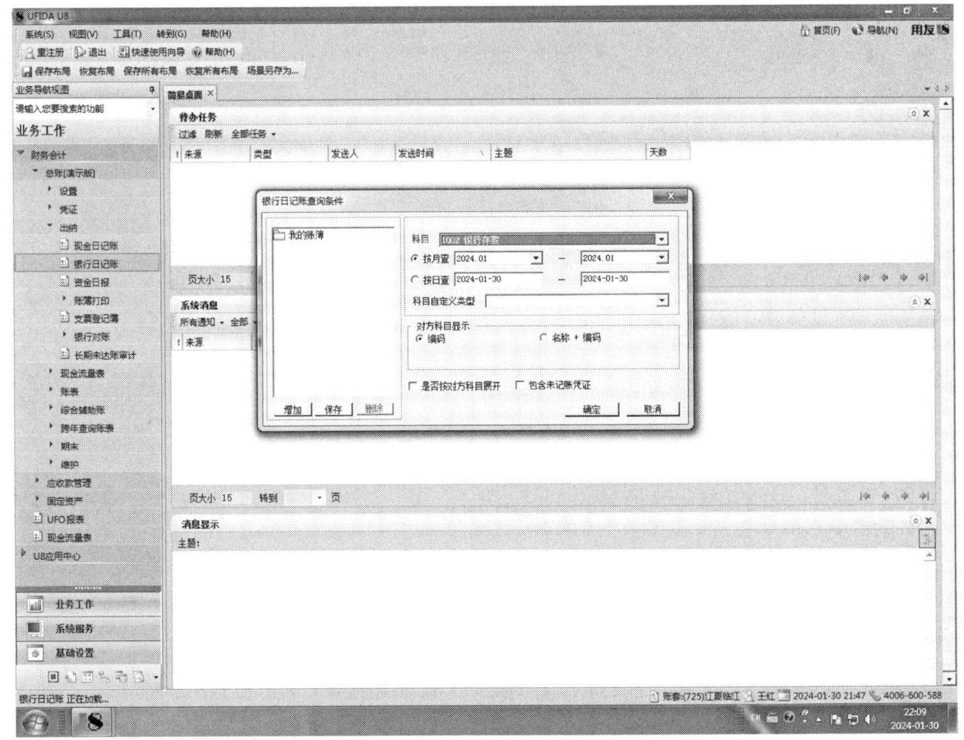

图 S4-28　银行日记账查询

【操作说明】

①科目:可以查询不同账户的银行存款收支情况。

②其他内容同“现金日记账”查询条件。

③点击<确定>按钮,显示银行日记账,点击任何一条记录可以联查到凭证。

资金日报表

操作路径:<总账>—<出纳>—<资金日记账>,如图 S4-29 所示。

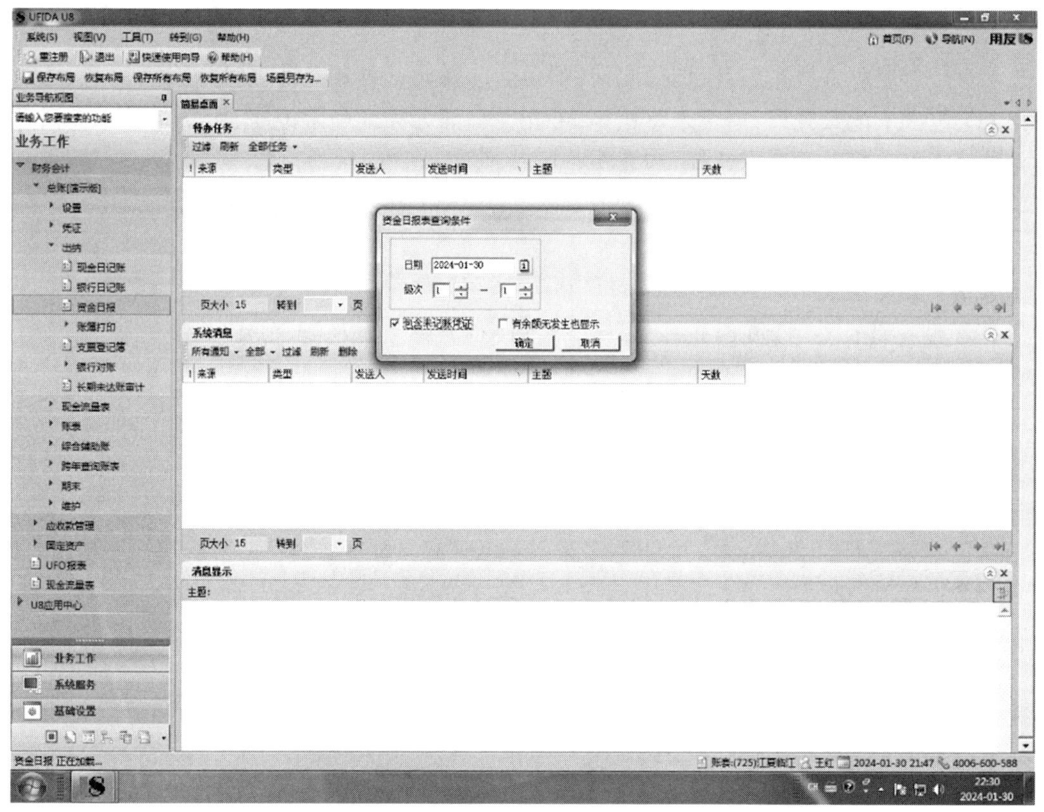

图 S4-29 资金日记账查询

【操作说明】

上图中可以查询到 2024.01.30 号的资金日报表。

支票登记簿

操作路径:<总账>—<出纳>—<支票登记簿>—<农行存款>—<确定>—<增加>,如图 S4-30 所示。

【操作说明】

可以在上图中录入支票信息,图中深色背景的记录为已经报销的支票。

图 S4-30　支票登记簿

专家点拨：

①已报销的支票不能进行修改。

②取消报销标志，只要将光标移到报销日期处，按空格键后删掉报销日期即可。

③图 S4-24 中，可双击键盘上的“ESC”键，退出当前未完成的记录。

银行对账

操作路径：<总账>—<出纳>—<银行对账>—<农行存款>—<确定>—<调整前余额>，如图 S4-31 所示。

【操作说明】

①单位日记账调整前余额：469 668.10，银行对账单调整前余额：480 000

②点<对账单期初未达项>—<增加>借方金额录入 10 331.90。

③调整后的银行对账期初如图 S4-32 所示。

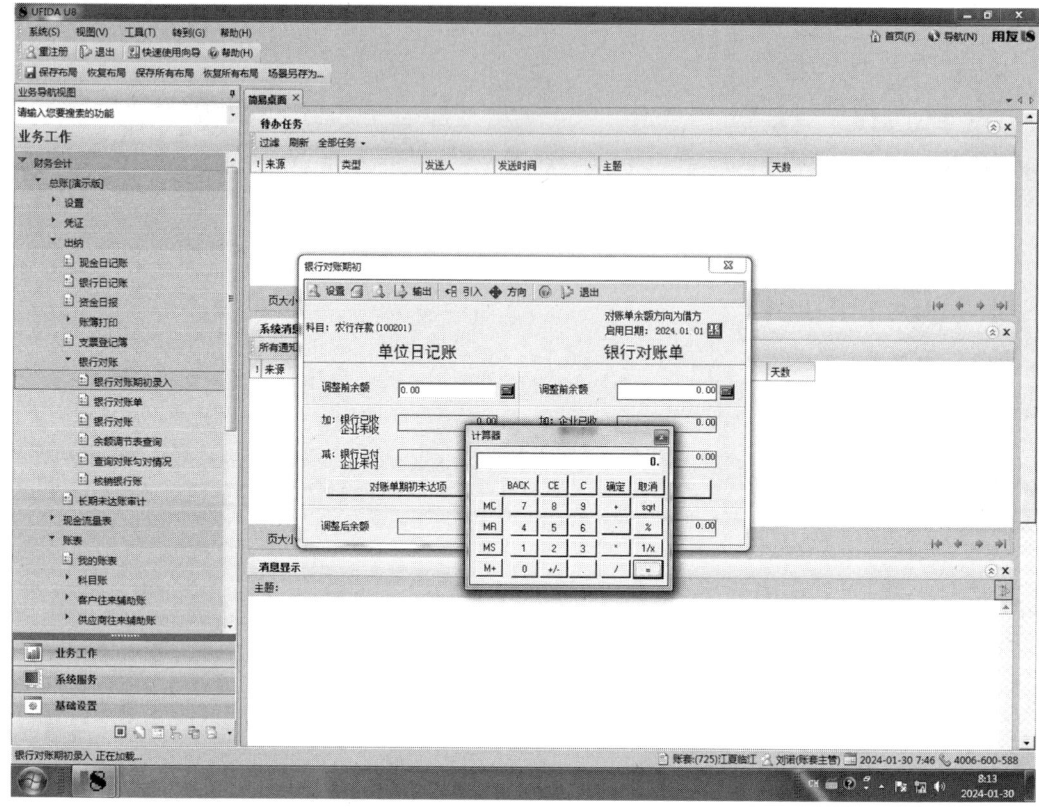

图 S4-31　银行对账期初录入

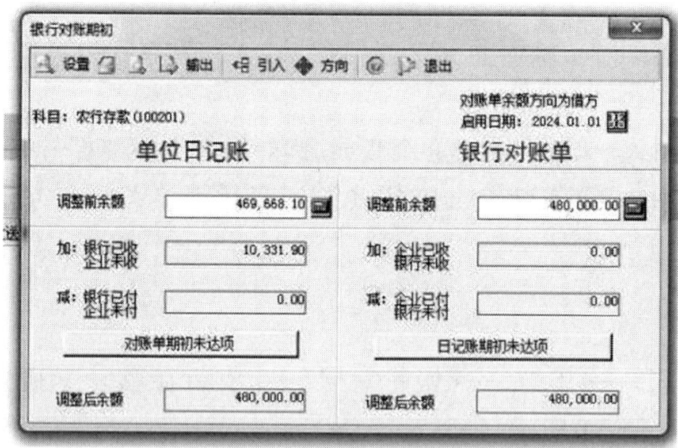

图 S4-32　银行对账期初

专家点拨：

①首次使用银行对账时，需要录入日记账及对账单的未达账项。

②启用日期不能随便调整。

银行对账单

操作路径：<总账>—<出纳>—<银行对账>—<银行对账单>—<农行>—<确定>—

<增加>—<保存>，如图 S4-33 所示。

数据

科目：农行存款(100201)　　　　银行对账单　　　　对账单账面余额:1,732,349.90

日期	结算方式	票号	借方金额	贷方金额	余额
2024.01.01	102	ZP120234	300,000.00		780,000.00
2024.01.02	102	XP002325		2,000.00	778,000.00
2024.01.05	102	ZP001007		38,610.00	739,390.00
2024.01.10	102	ZP120235	27,459.90		766,849.90
2024.01.10	102			99,450.00	667,399.90
2024.01.11	102	ZP120236	400,000.00		1,067,399.90
2024.01.20	102	ZP120237	200,000.00		1,267,399.90
2024.01.20	102			5,850.00	1,261,549.90
2024.01.25	102	ZP100900		4,000.00	1,257,549.90
2024.01.26	102	ZP200155		1,200.00	1,256,349.90
2024.01.27			500,000.00		1,756,349.90
2024.01.27				4,000.00	1,752,349.90
2024.01.31				20,000.00	1,732,349.90

图 S4-33　**银行对账单**

【操作说明】

银行对账单是银行方提供的，作为企业方必须单独录入。

银行对账

操作路径：<总账>—<出纳>—<银行对账>—<银行对账单>—<农行>—<确定>—<对账>—<结算方式相同、结算票号相同>，如图 S4-34 所示。

科目：100201(农行存款)

单位日记账

票据日期	结算方式	票号	方向	金额	两清	凭证号数	摘要	对账序号
2024.01.05	102	ZP120234	借	300,000.00	○	收-0001	收回货款	2024013100003
2024.01.10	102	ZP120235	借	27,459.90	○	收-0002	收回郑州白云公司货款	2024013100004
2024.01.11	102	ZP120236	借	400,000.00	○	收-0003	收回济南万方货款	2024013100005
2024.01.20	102	ZP120237	借	200,000.00	○	收-0004	收回郑州白云欠款	2024013100006
2024.01.27	301		借	500,000.00	Y	收-0007	向银行借款	2024013100008
2024.01.27	301		贷	4,000.00	Y	收-0007	向银行借款	2024013100008
			贷	99,450.00	Y	付-0001	直接购入资产	2024013100008
			贷	5,850.00	Y	付-0002	直接购入资产	2024013100008
2024.01.02	101	XP002325	贷	2,000.00	Y	付-0003	提取备用金	2024013100008
	102	ZP001007	贷	38,610.00	○	付-0004	购买原材料石墨	2024013100001
2024.01.25	102	ZP100900	贷	4,000.00	○	付-0006	交办公室通讯费	2024013100002
2024.01.26	102	ZP200155	贷	1,200.00	○	付-0007	支付银行利息	2024013100007
2024.01.26	102	ZP200135	贷	20,000.00	Y	付-0008	向红十字捐款	2024013100008

银行对账单

日期	结算方式	票号	方向	金额	两清	对账序号
2023.12.20			借	10,331.90		
2024.01.01	102	ZP120234	借	300,000.00	○	2024013100003
2024.01.10	102	ZP120235	借	27,459.90	○	2024013100004
2024.01.11	102	ZP120236	借	400,000.00	○	2024013100005
2024.01.20	102	ZP120237	借	200,000.00	○	2024013100006
2024.01.10	102		贷	99,450.00	Y	2024013100008
2024.01.20	102		贷	5,850.00	Y	2024013100008
2024.01.02	102	XP002325	贷	2,000.00	Y	2024013100008
2024.01.05	102	ZP001007	贷	38,610.00	○	2024013100001
2024.01.25	102	ZP100900	贷	4,000.00	○	2024013100002
2024.01.26	102	ZP200155	贷	1,200.00	○	2024013100007
2024.01.27			借	500,000.00	Y	2024013100008
2024.01.27			贷	4,000.00	Y	2024013100008
2024.01.31			贷	20,000.00	Y	2024013100008

图 S4-34　**银行对账**

【操作说明】

①银行对账可以选择系统自动对账，也可以选择手工对账。

②自动对账两清的系统会在两清处用“o”表示，手工两清用“√”表示。

专家点拨：

自动对账时，如果出现企业、银行双方都已入账，因条件的限制，无法完成自动对账的，可以进行手工对账。

实验 5　应收款管理

一、实验要求

①完成应收款管理的初始设置、日常业务处理及期末业务处理。
②掌握应收款管理与总账模块的关系。

二、业务场景

1.初始化设置

表 S5-1　应收账款初始参数

设置项目	设置要求
科目设置	应收账款:1 122 预收账款:2 203 销售收入:6 001 税金科目:进项税额22 210 501 销项税额22 210 502
坏账准备设置	坏账准备期初余额:6 340 提取比例:0.5% 坏账准备科目:1 231 对方科目:6 701 坏账处理方式:应收款余额百分比法
核销设置	核销时生成凭证 按单据核销

2.计量单位组

计量单位组编码:01

计量单位组名称:独立计量
计量单位组类别:无换算率

表 S5-2　计量单位组

计量单位编码	计量单位名称	计量单位组名称	计量单位组类别
01	辆	独立计量	无换算率
02	件	独立计量	无换算率
03	台	独立计量	无换算率
04	块	独立计量	无换算率

3.存货分类(2-2-3)

表 S5-3　存货分类表

分类编码	存货名称
01	传统电池
02	新能源电池

4.存货档案

表 S5-4　存货明细

存货编码	存货名称	存货分类	主计量单位	计量单位组	存货属性
1	A 类电池	传统电池	块	独立计量	内销、外购
2	B 类电池	传统电池	块	独立计量	内销、外购
3	C 类电池	传统电池	块	独立计量	内销、外购
4	三元锂电池	新能源电池	块	独立计量	内销、外购
5	铅酸电池	新能源电池	块	独立计量	内销、外购
6	锂电池	新能源电池	块	独立计量	内销、外购

5 应收账款期初余额表

表 S5-5　客户往来—1131 应收账款期初余额

日　期	客户名称	凭证号	票据号	票据日期	摘　要	借贷方向	金额(元)
2023.10.09	郑州白云	转 0089	0000000004	2023.10.09	销售商品	借	200 000
2023.11.05	重庆飞宏	转 0101	0000000002	2023.11.05	销售商品	借	400 000
2022.12.30	济南万方	转 0009	0000000003	2022.12.30	销售商品	借	668 000
合计金额							1 268 000

表 S5-6　个人往来—1133 其他应收款

日　期	单位名称	姓　名	摘　要	借贷方向	金额(元)
2023.12.25	销售部一部	刘书	差旅费	借	4 400

应收账款本月发生如下业务：

①5 日收到济南万方的一张转账支票，票号为 ZP120234，支付部分前欠货款 30 万元。

借：银行存款　　300 000

　贷：应收账款——济南万方　　300 000

②6 日，销售部卖给郑州白云有限公司三元锂电池 10 块，单价 2 347 元，增值税率 17%，票号为 ZP120235 货已发出，开出增值税发票一张。

借：主营业务成本　　23 470

　贷：库存商品　　23 470

借：应收账款——郑州白云　　27 459.9

　贷：主营业务收入　　23 470

　　应交税费——应交增值税(销项税额)　　3 989.9

③10 日，收到郑州白云有限公司开出的转账支票一张，用以支付 6 日购买的三元里电池全部货款。票号为 ZP120236

借：银行存款　　27 459.9

　贷：应收账款——郑州白云　　27 459.9

④11 日收到济南万方有限公司的 40 万转账支票一张，用以冲抵前欠部分剩余尾款，多余部分转做预收账款。票号为 ZP120237

借：银行存款　　400 000

　贷：应收账款——济南万方　　368 000

　　预收账款——济南万方　　32 000

⑤13 日，销售给重庆飞宏公司铅酸电池 20 块。单价 560 元，增值税率 17%，货已发出，开出增值税发票一张。

借：主营业务成本　　11 200

　贷：库存商品　　11 200

借：应收账款——重庆飞宏　　13 104

　贷：主营业务收入　　11 200

　　应交税费——应交增值税(销项税额)　　1 904

⑥17 日，重庆飞宏公司将 13 日的应收账款转给郑州白云有限公司。

借：应收账款——郑州白云　　13 104

　贷：应收账款——重庆飞宏　　13 104

⑦20 日，收到郑州白云公司的转账支票一张，金额200 000元。

借：银行存款　　200 000

贷:应收账款——郑州白云　　　　　　　　200 000

⑧30 日,因经营不善,郑州白云公司的全部所欠货款确认为坏账。

借:坏账准备　　　　　　　　　　　　13 104

　　贷:应收账款——郑州白云　　　　　　　　13 104

⑨31 日,计提本月坏账准备

借:信用减值损失　　　　　　　　　　168 000

　　贷:坏账准备　　　　　　　　　　　　168 000

三、实验步骤

引入"725 账套基础信息"或者引入自己上次实验的内容。

1.应收款选项设置

操作路径:<企业应用平台>—<业务工作>—<财务会计>—<应收款管理>—<选项>—<编辑>,如图 S5-1 所示。

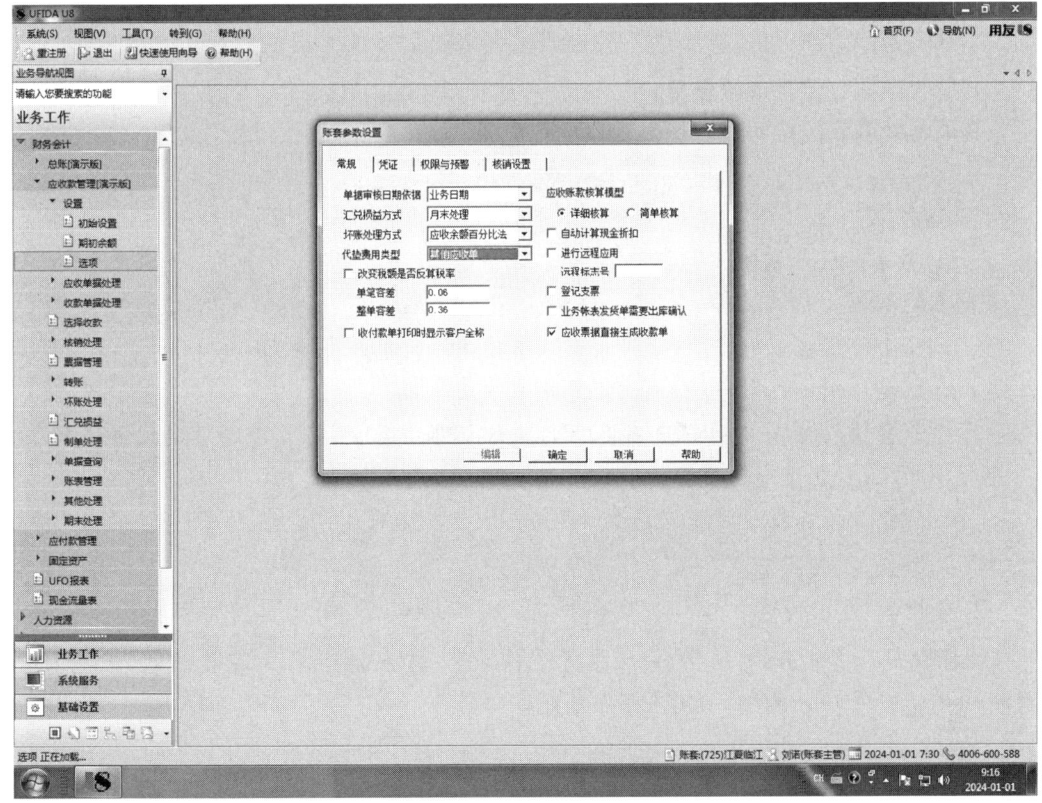

图 S5-1　应收款选项设置

【操作说明】

①单据审核日期依据:业务日期。

系统提供了业务日期和择单据日期,选择业务日期,在单据处理功能中进行单据审核时,自动将单据的审核日期(即入账日期)记为当前业务日期(即登录日期)。

②汇兑损益方式:月末处理。

月末计算:即每个月末计算汇兑损益,在计算汇兑损益时,界面中显示所有外币余额不为0或者本币余额不为0的外币单据。

③坏账处理方式:应收余额百分比法。

应收余额百分比法、销售收入百分比法、账龄分析法,这三种方法需要在初始设置中录入坏账准备期初和计提比例或输入账龄区间等。并在坏账处理中进行后续处理。应收账款余额百分比法是以应收账款余额为基础,估计可能发生的坏账损失。

④代垫费用类型:其他应收单。

⑤应收账款核算模型:详细核算方式选择详细核算:应收可以对往来进行详细的核算、控制、查询、分析。

⑥是否自动计算现金折扣:空。

⑦是否登记支票:空。

⑧应收票据直接生成收款单:是。

其他参数的修改按照业务场景提供的信息录入。

专家点拨:

①单据审核日期依据单据日期还是业务日期,决定总账、明细账、余额表等的查询期间取值。

②账套使用过程中,可以随时将选项从按单据日期改成按业务日期。

③账套使用过程中,可以修改汇兑损益方式参数。

④账套使用过程中,如果当年已经计提过坏账准备,则应收余额百分比法参数不可以修改,只能下一年度修改。

⑤代垫费用类型随时可以更改。

2.应收款初始设置

操作路径:<企业应用平台>—<业务工作>—<财务会计>—<应收款管理>—<设置>—<初始设置>—<增加>,如图S5-2所示。

【操作说明】

①基本科目设置:输入常用的科目,如图S5-2,录入应收科目,1 122,人民币。

②控制科目设置:根据不同的客户分别设置不同的应收账款科目和预收账款科目。系统将依据制单规则在生成凭证时自动带入。

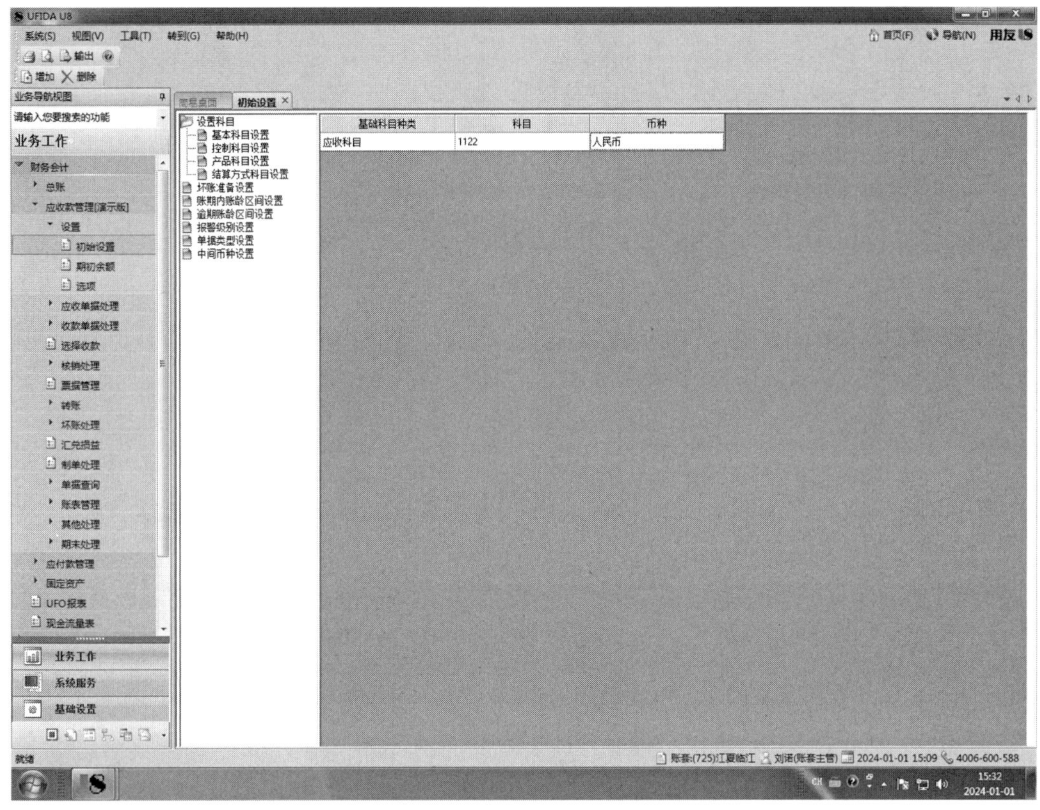

图 S5-2　应收款初始设置

③产品科目设置：根据不同的存货（存货分类）设置不同的销售收入科目、应交销项税科目和销售退回科目，系统将依据制单规则在生成凭证时自动带入。

④结算方式科目设置：可以为每种结算方式设置一个默认的科目。系统将依据制单规则在生成凭证时自动带入。

⑤账期内账龄区间设置：定义账期内应收账款或收款时间间隔数。

便于进行账期内应收账款或收款的账龄查询和账龄分析，了解在一定期间内所发生的应收款项、收款情况。

其他各项按照业务场景提供的资料录入即可。

专家点拨：

此处如果没有设置科目，在生成凭证时，凭证上的科目处将是空的，需要制单人手动填入对应的科目。

3.坏账准备设置

操作路径：<应收款管理>—<设置>—<初始设置>—<坏账准备设置>，如图 S5-3 所示。

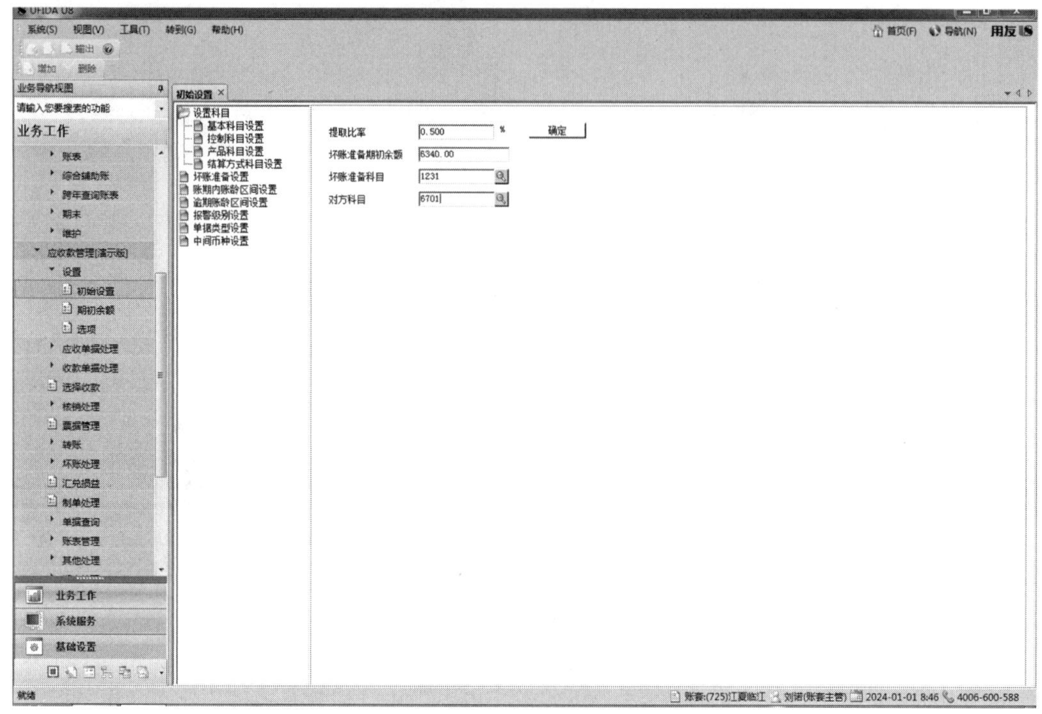

图 S5-3　坏账准备设置

【操作说明】

①根据业务场景提醒的信息,完成坏账准备的有关参数的设置。

坏账初始设置根据应收系统选项中所设置的坏账处理方式的不同而处理不同。

②坏账准备科目:根据业务场景提供信息直接输入或参照输入核算坏账准备的科目。

③对方科目:根据业务场景提供信息直接输入或参照输入坏账的对应科目。

专家点拨:

如果在应收款选项中设置的是直接转销法,则在此处不显示"坏账准备设置"。

4.存货分类

操作路径:<企业应用平台>—<基础设置>—<基本档案>—<存货>—<存货分类>—<增加>,如图 S5-4 所示。

存货设置以及期初余额修改

【操作说明】

①分类编码(必录项):01。

②分类名称(必录项):传统电池。

按照业务场景提供的信息录入其他分类内容。

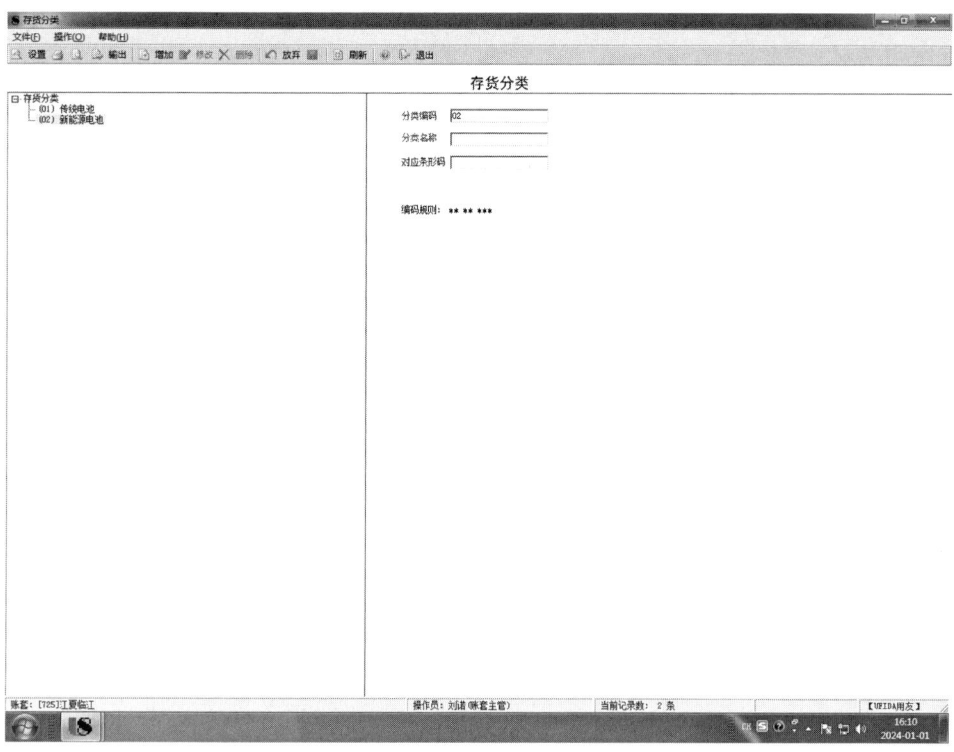

图 S5-4　存货分类

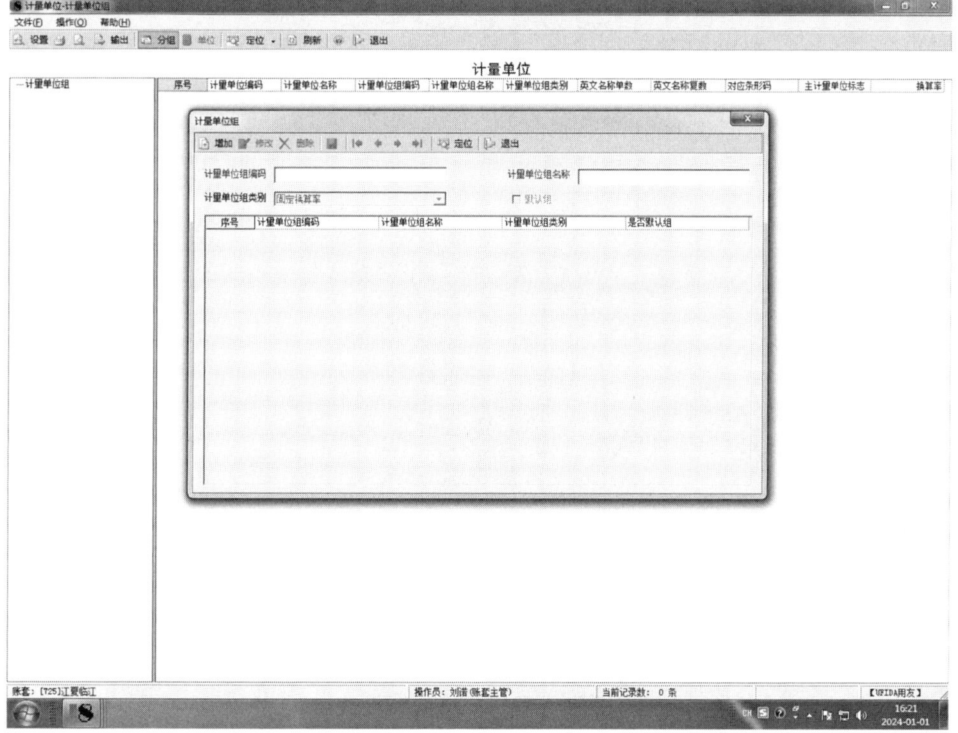

图 S5-5　设置计量单位分组

专家点拨：

分类编码必须按其事先定义好的编码规则的先后次序建立。

5.计量单位分组

操作路径：<企业应用平台>—<基础设置>—<基本档案>—<存货>—<计量单位>—<分组>，如图 S5-5 所示。

【操作说明】

①在设置计量单位时，必须先增加<计量单位组>，然后设置具体的计量单位。

②计量单位组编码、计量单位组名称均为必录项，根据业务场景录入。

专家点拨：

已经有数据的存货不允许修改其计量单位组。

6.计量单位

操作路径：<计量单位无换算率>—<单位>—<增加>，如图 S5-6 所示。

序号	计量单位编码	计量单位名称	计量单位组编码	计量单位组名称	计量单位组类别	英文名称单数	英文名称复数	对应条形码	主计量单位标志	换算率
1	01	辆	01	独立计量	无换算率					
2	02	件	01	独立计量	无换算率					
3	03	台	01	独立计量	无换算率					
4	04	块	01	独立计量	无换算率					

图 S5-6　计量单位

【操作说明】

计量单位编码、计量单位名称均为必录项,根据业务场景录入。

> 专家点拨:
>
> 已经使用过的计量单位组不能修改其已经存在的计量单位信息。

7.存货档案

操作路径:<基础档案>—<存货>—<存货档案>—<传统电池>—<增加>,如图 S5-7 所示。

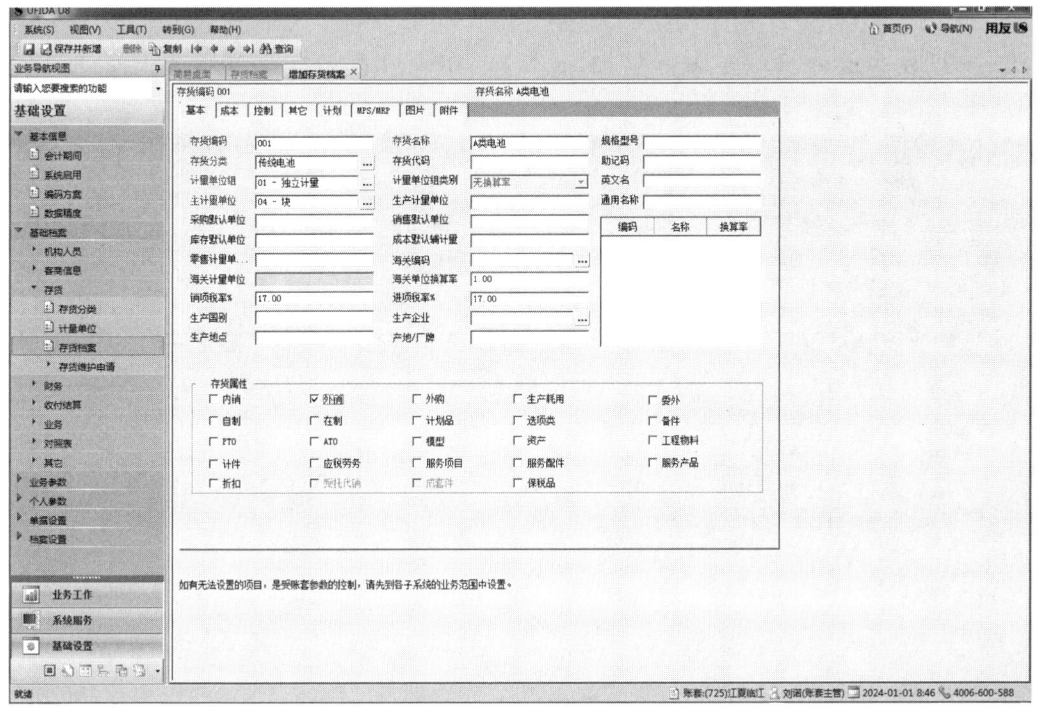

图 S5-7　增加存货档案

【操作说明】

①存货编码(必录项):最多可输入 60 位数字或字符。

②存货名称(必录项):最多可输入 255 位汉字或字符。

③规格型号:输入产品的规格编号,255 个汉字或字符。

④存货代码:存货代码可输可不输,可重复。

⑤助记码:根据存货名称自动生成助记码,也可手工修改。

⑥计量单位组(必录项):可参照选择录入,最多可输入 20 位数字或字符。

⑦计量单位组类别:根据已选的计量单位组系统自动带入。

⑧主计量单位(必录项):根据已选的计量单位组,选择不同的计量单位。

其他内容可录可不录,根据具体存货的要求而定。

专家点拨:

①当前窗口蓝色字体对应的内容为必填项,其他内容可录可不录。

②根据存货的具体属性,在对应的属性前必须打钩,否则在填制应收单或收款单用到存货时,找不到存货。

③将业务场景提供的存在档案全部录入系统。

8.应收款期初余额录入

操作路径:<企业应用平台>—<业务工作>—<财务会计>—<应收款管理>—<设置>—<期初余额>—<确定>—<增加>—<应收单>—<其他应收单>—<正向>—<确定>—<增加>,如图 S5-8 所示。

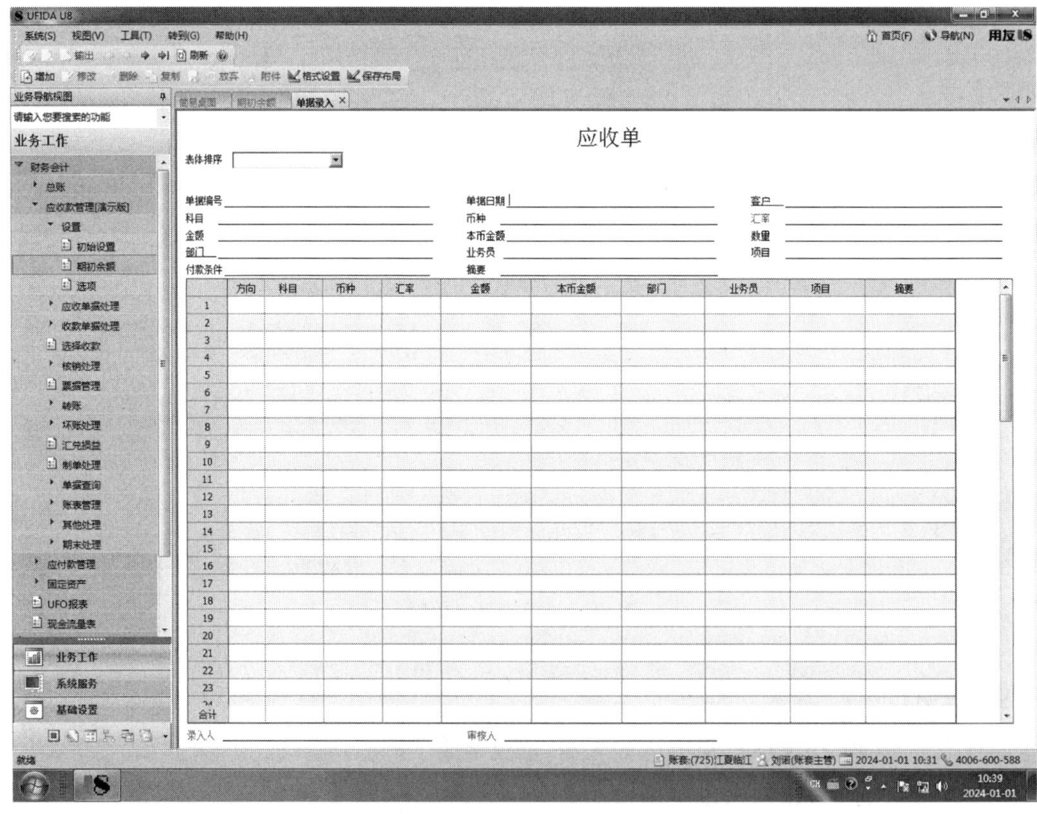

图 S5-8 应收款期初余额录入

【操作说明】

①单据日期(必录项):2023.10.09。

②客户(必录项):郑州白云。

③币种(必录项):人民币。

④金额(必录项)。

⑤摘要:销售商品。

录入完成保存,同理,录入其他各应收款期初数据。

专家点拨:

在启用应收款管理的情况下,总账模块应收账款的期初余额应当由此传回。即两个模块的应收账款的期初往来明细应该完全一致,否则对不上账。

错误展示:

首次进行应收款初始设置时系统提示如图 S5-9 的错误。

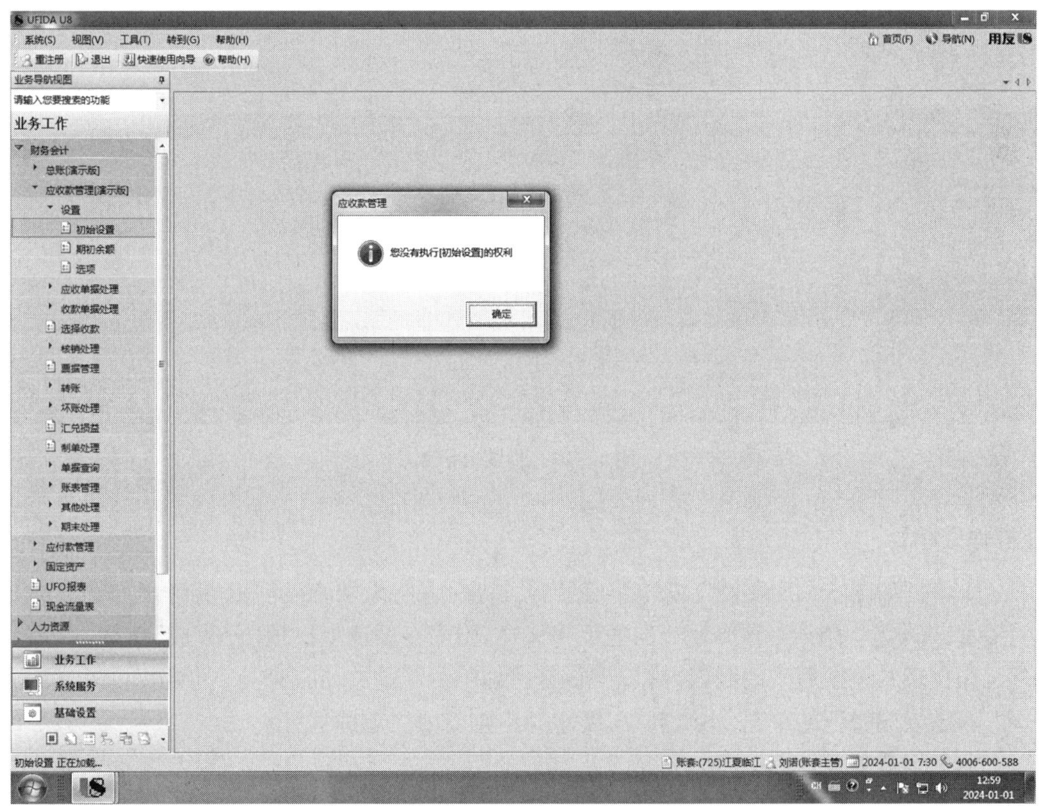

图 S5-9　权限报错

解决方案:

①退出整个 U8 系统,以主管的身份重新进入。

②进入“系统管理”查看当前操作人员是否已赋权,如果没赋权,则修改用户权限即可。

9.应收款日常业务处理

应收第1笔业务

业务场景 1

操作路径:<应收款管理>——<收款单据处理>——<收款单据录入>——<增加>,如图 S5-10 所示。

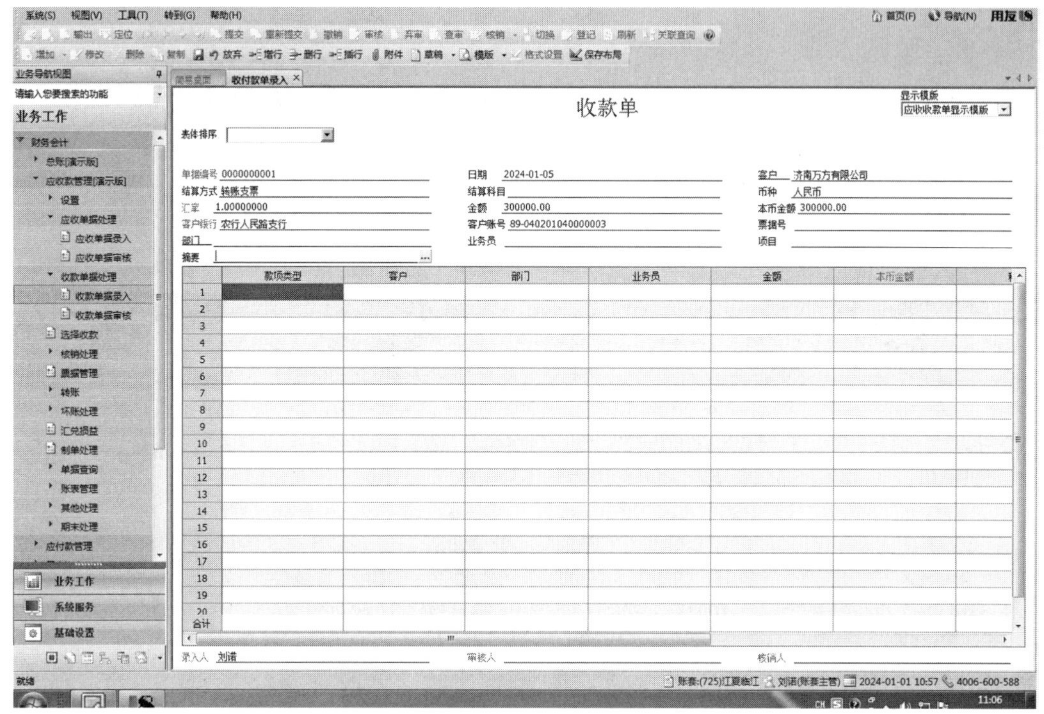

图 S5-10 收款单录入

【操作说明】

①单据如图 S5-10 录入完成详细信息后,点击<保存>,再点<审核>会弹出如图 S5-11 的提示,选<是>,生成如图 S5-12 的凭证并保存,则会在凭证上出现“已生成”字样。

②在审核单据后发现错误可以选项<弃审>。

③已生成凭证的单据,不能弃审,要想弃审则需要先删除凭证。

应收第2笔业务

业务场景 2

操作路径:<应收款管理>—<应收款单据处理>—<应收款单据录入>—<销售发票>—<销售专用发票>—<正向>—<确定>,如图 S5-13 所示。

【操作说明】

①销售专用发票录入时,蓝色字体对应的内容是必须录入的,其他非蓝色字对应的可入可不录。

②根据“业务场景 2”提供的信息录入完整后审核并制单。

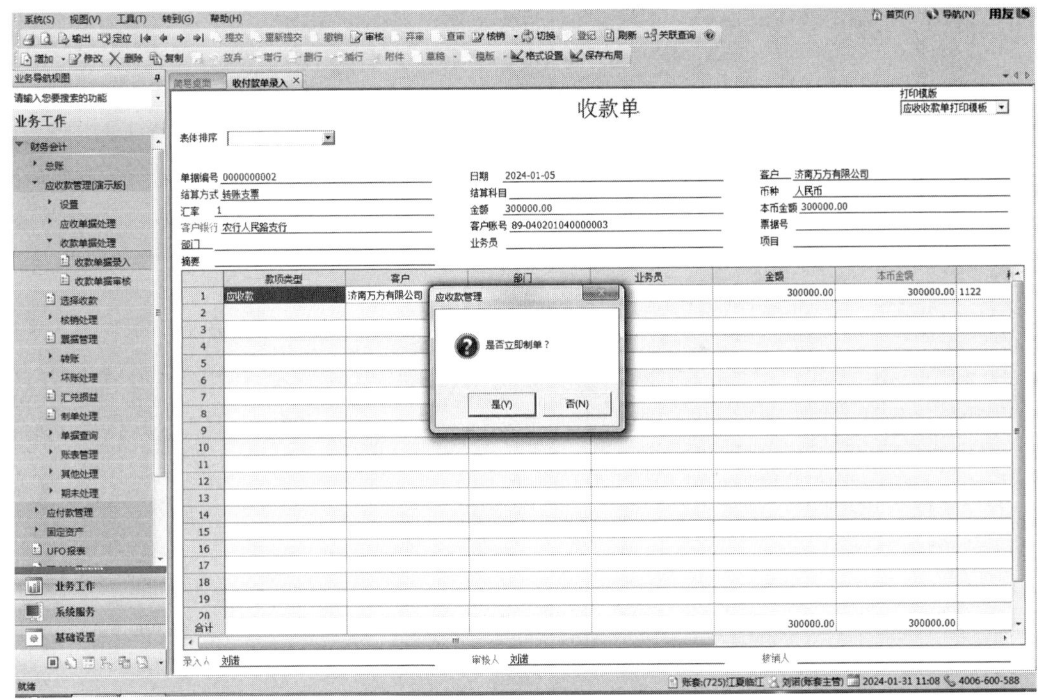

图 S5-11　审核收款单

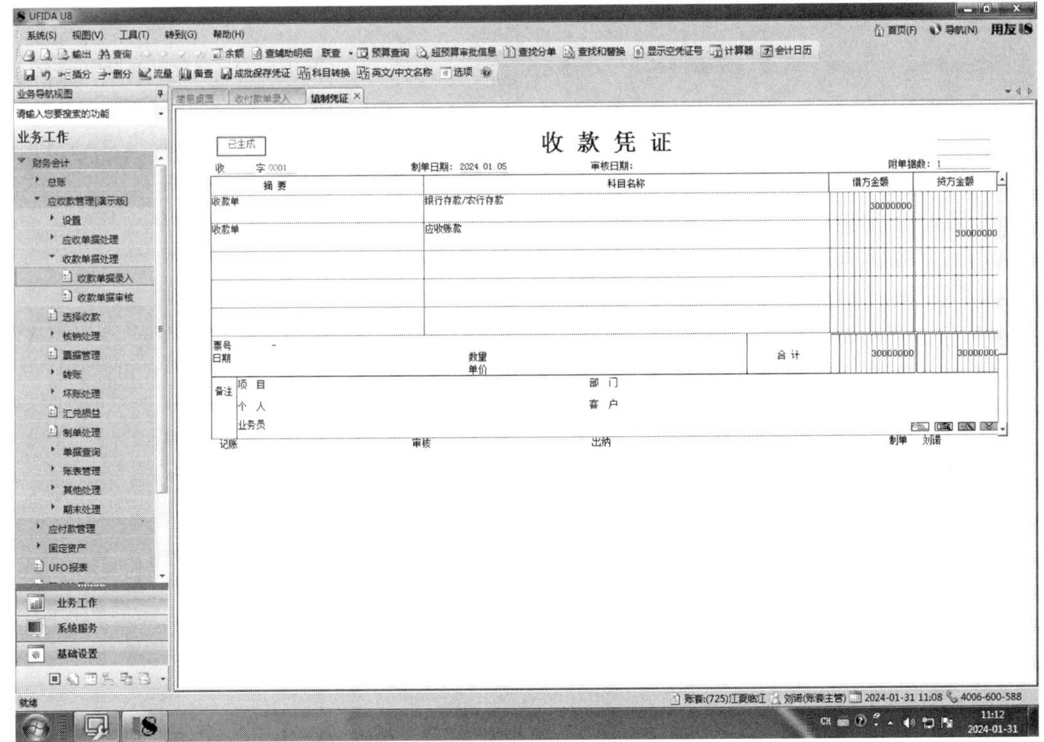

图 S5-12　生成凭证

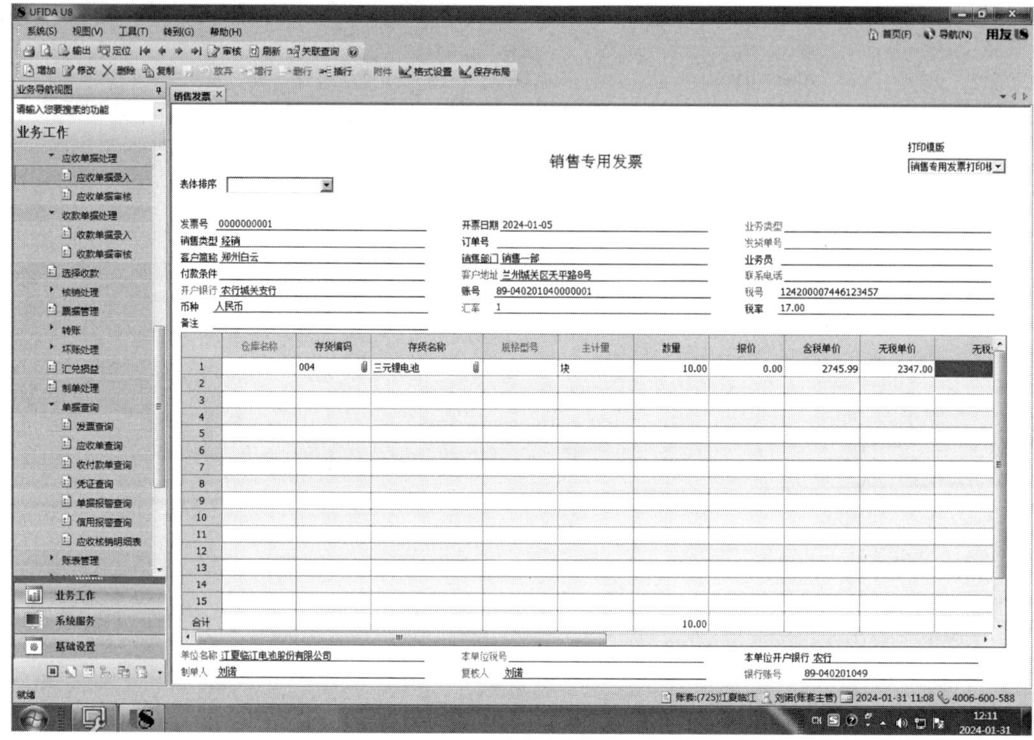

图 S5-13　填制销售专用发票

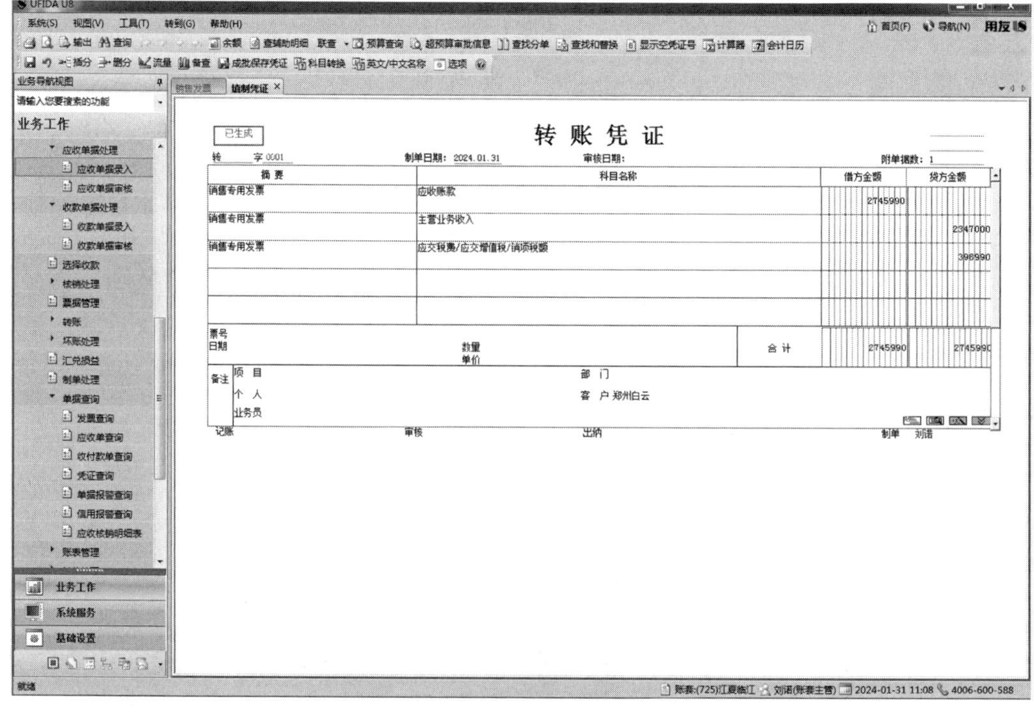

图 S5-14　生成凭证

专家点拨：

①每一笔业务审核后可以立即制单，也可以期末批量制单。

②只有在应收款管理的<选项><凭证>里设置了<单据审核后立即制单>，系统才弹出立即制单的提示。

业务场景 3

操作路径：<应收款管理>—<收款单据处理>—<收款单据录入>—<销售发票>—<销售专用发票>—<正向>—<确定>，如图 S5-15 所示。

【操作说明】

①单据编号：为系统自动生成，不允许为空，不可以重复。

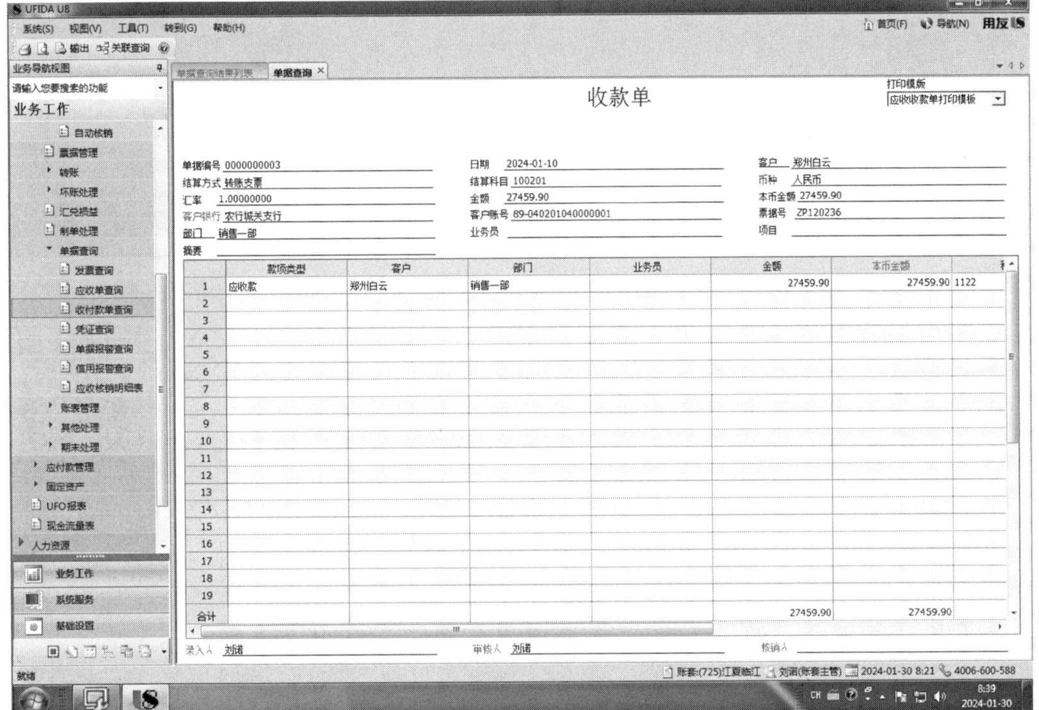

图 S5-15　业务场景 3 收款单录入

②客户：输入销售业务的具体客户名称。

③蓝字对应的为必录信息。

④将“业务场景 3”的信息录入后保存审核并制单，图 S5-16 所示。

专家点拨：

输入的客户必是在基础档案中已存在的客户。

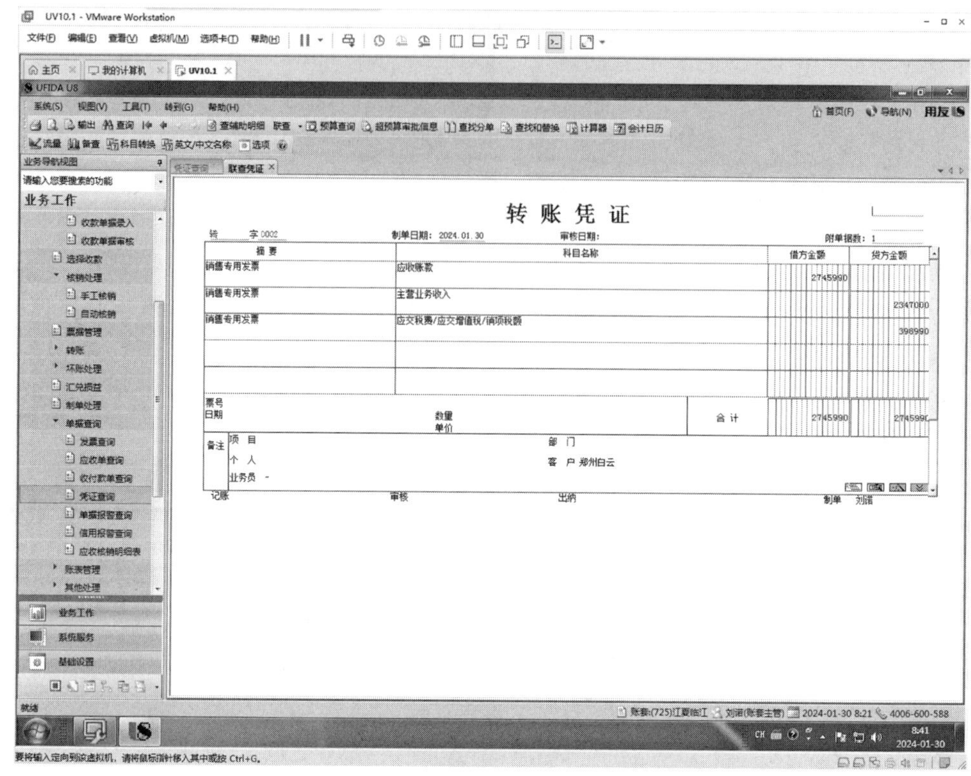

图 S5-16 业务场景 3 凭证

业务场景 4

操作路径：<应收款管理>—<收款单据处理>—<收款单据录入>—<增加>，如图 S5-17 所示。

应收第4笔业务

【操作说明】

①在录入第二条记录时，双击<款项类型>的下拉按钮，选择<预收款>。

②结算方式，结算金额，结算科目都需要录入。

③将“业务场景 4”的信息录入后保存审核并制单，图 S5-19 所示。

业务场景 5

操作路径：<应收款管理>—<应收款单据处理>—<应收款单据录入>—<销售发票>—<销售专用发票>—<正向>—<确定>—<增加>，如图 S5-20 所示。

应收第5笔业务

【操作说明】

该笔业务的操作同“业务场景 2”

业务场景 6

操作路径：<应收款管理>—<转账>—<应收冲应收>，如图 S5-22 所示。

应收第6笔业务

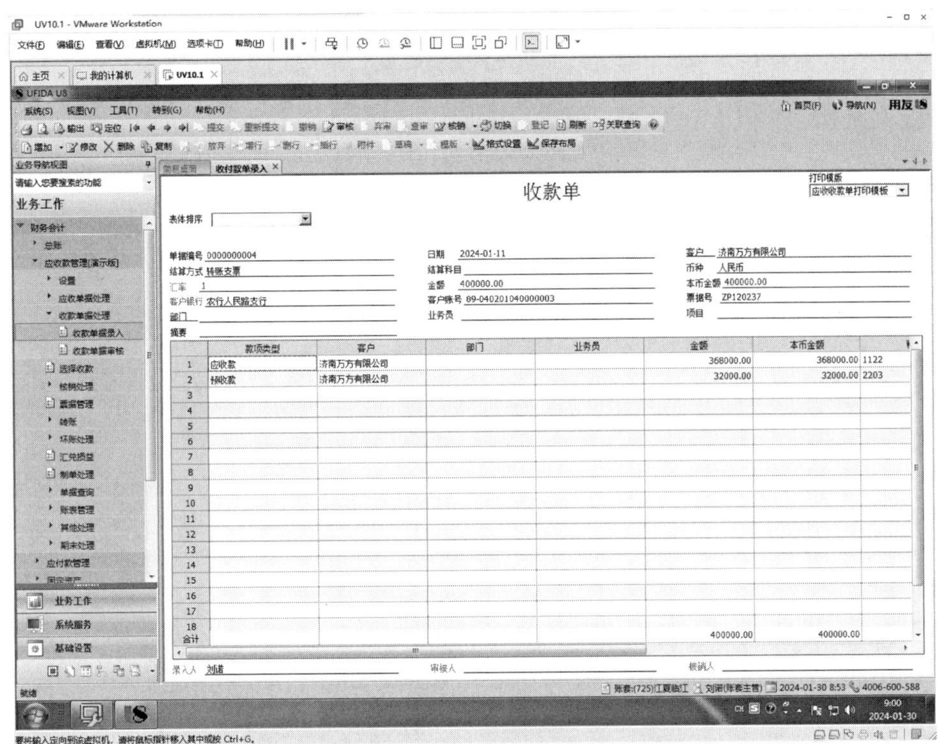

图 S5-17　业务场景 4 录入

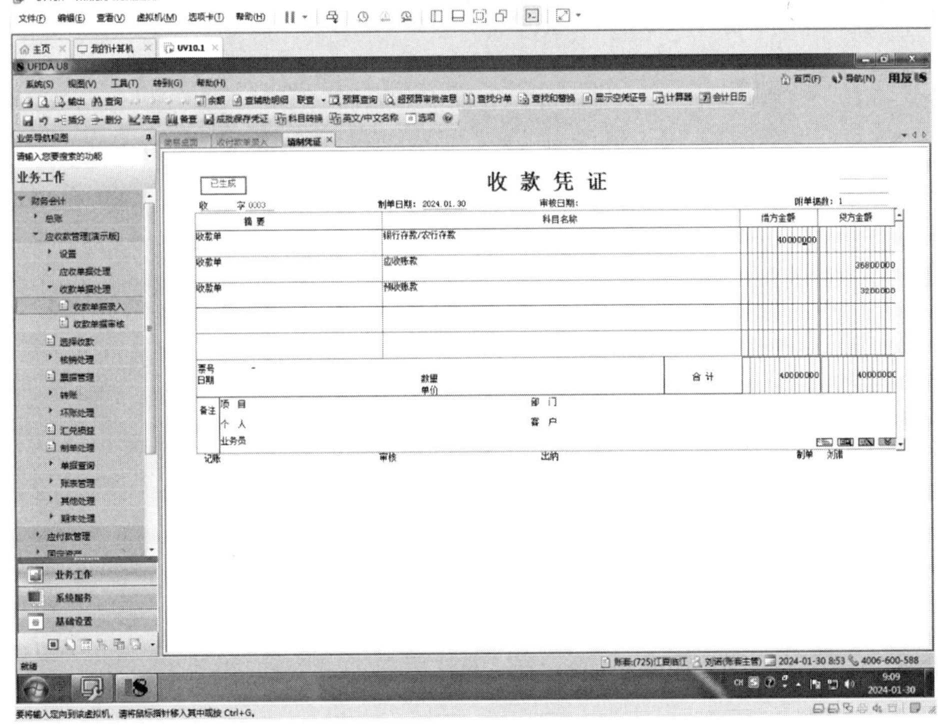

图 S5-18　业务场景 4 凭证

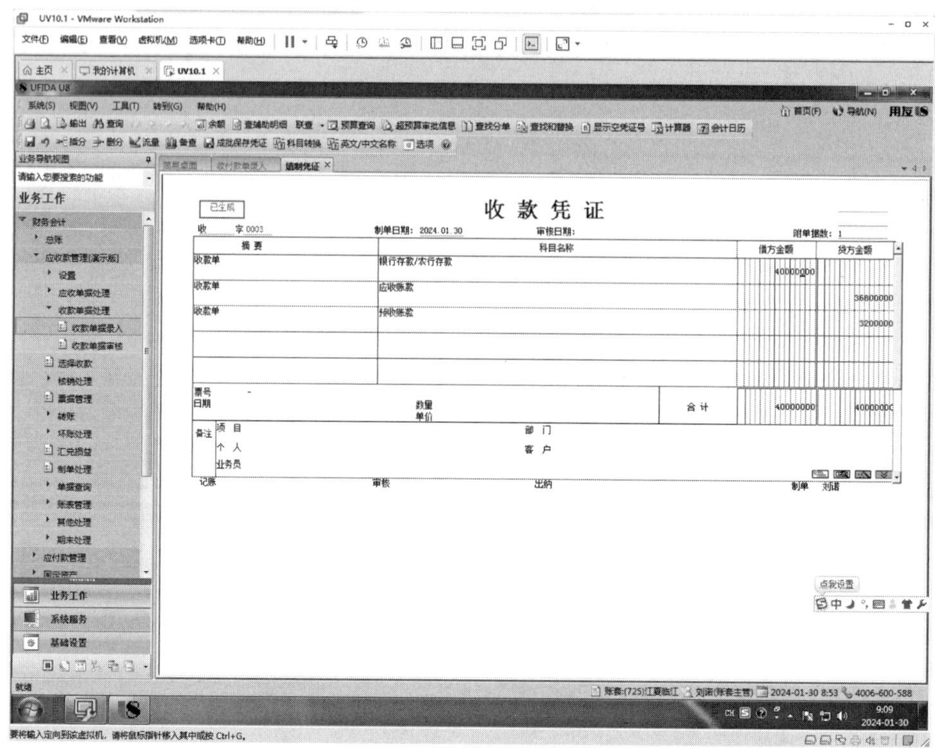

图 S5-19　业务场景 4 凭证

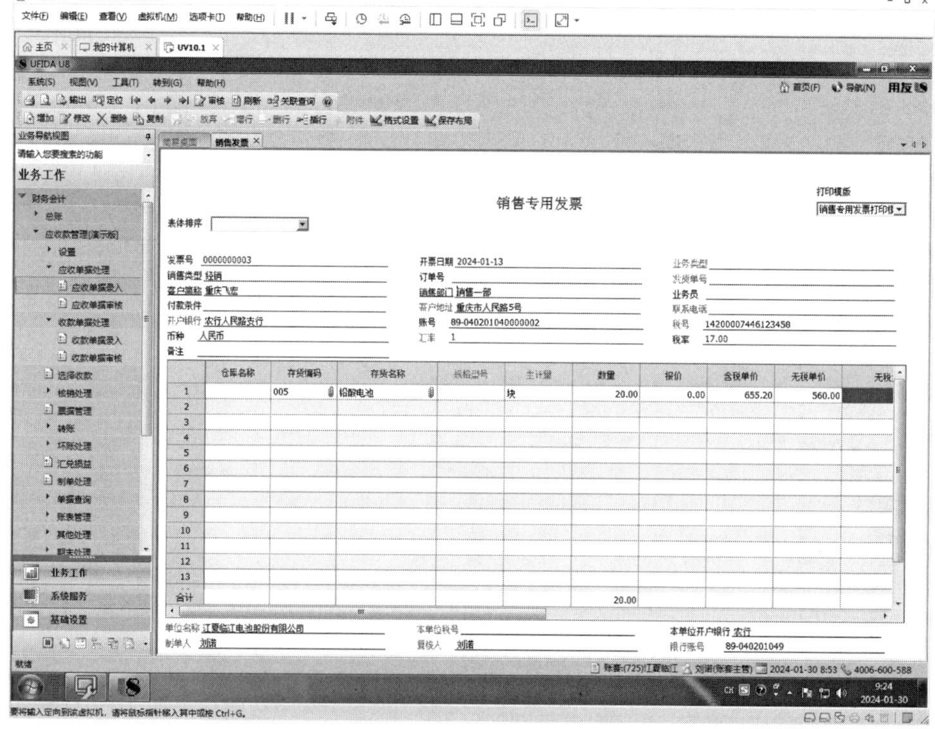

图 S5-20　业务场景 5 录入

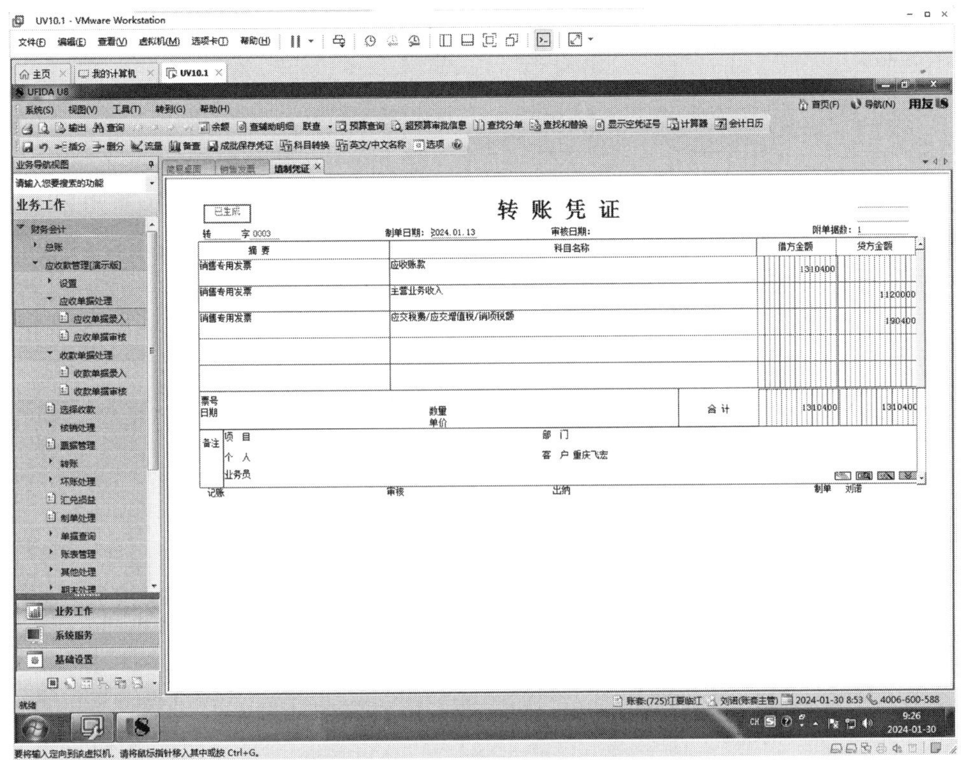

图 S5-21　业务场景 5 凭证

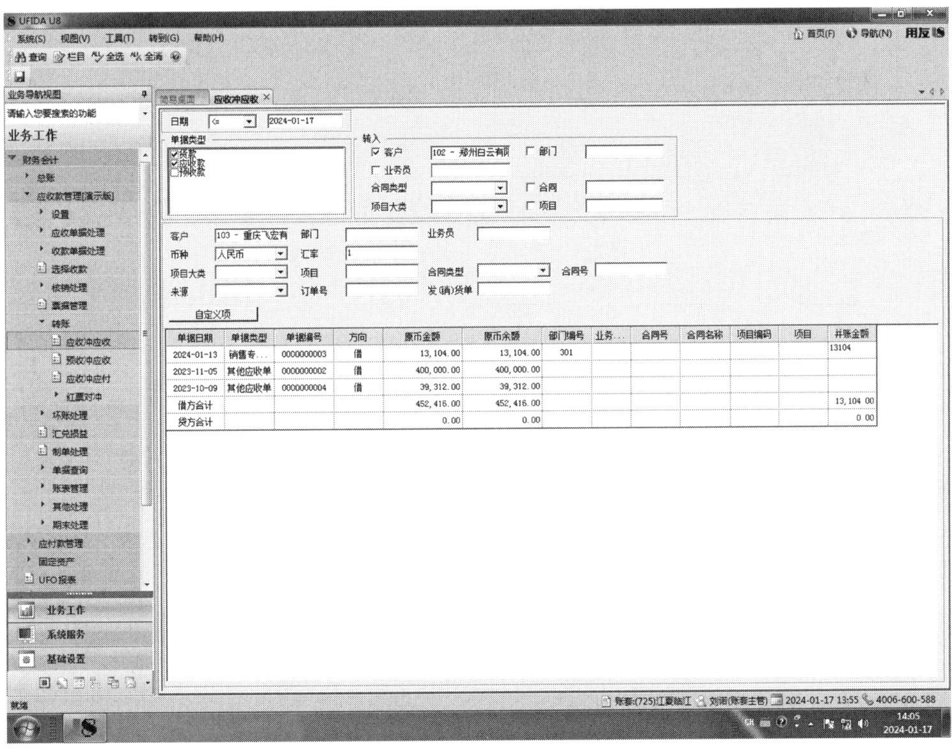

图 S5-22　应收冲应收

【操作说明】

①转入客户:郑州白云。

②转出客户:重庆飞宏。

③点击菜单栏左上方的<查询>,系统弹出上图下方的重庆飞宏公司的 3 条记录未核销的记录,在一条“并账金额”处输入“13104”。

④点击<保存>立即制单,如图 S5-23 所示。

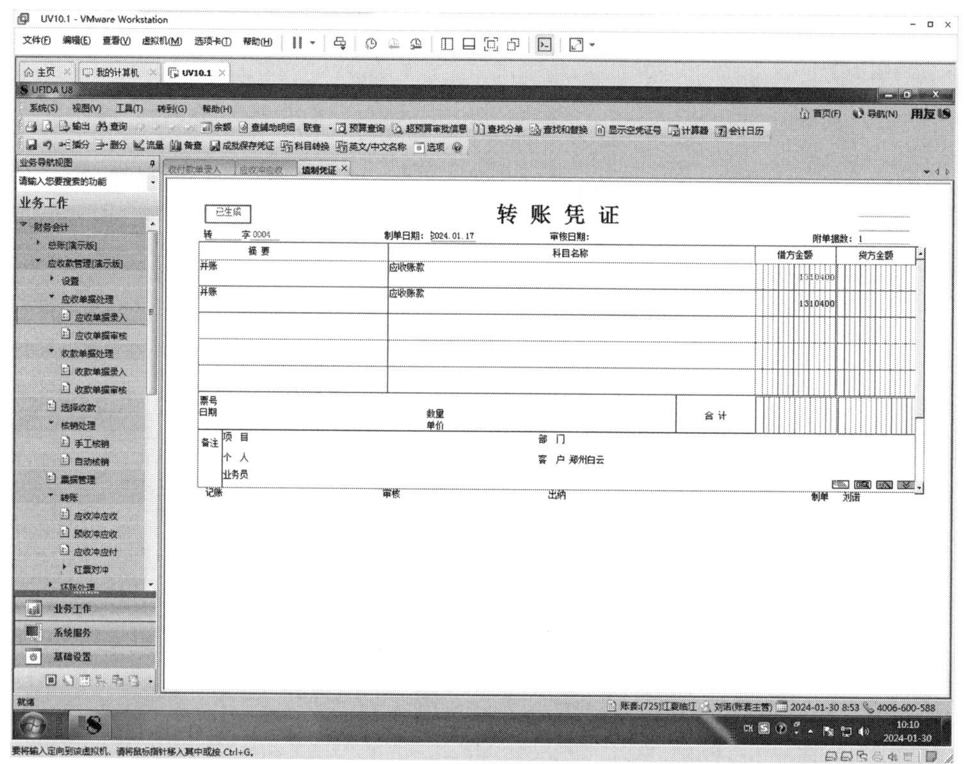

图 S5-23 业务场景 6 凭证

业务场景 7

操作同“业务场景 2”

应收第7笔业务

业务场景 8

操作路径:<应收款管理>—<坏账处理>—<坏账发生>,如图 S5-24 所示。

应收第8笔确认坏账

【操作说明】

①客户:郑州白云

②点击<确定>后,进入“坏账发生单据明细”窗口,在“本次发生坏账金额”处输入“13104”。

③点击菜单栏上的<OK 确认>,生成凭证如图 S5-25 所示。

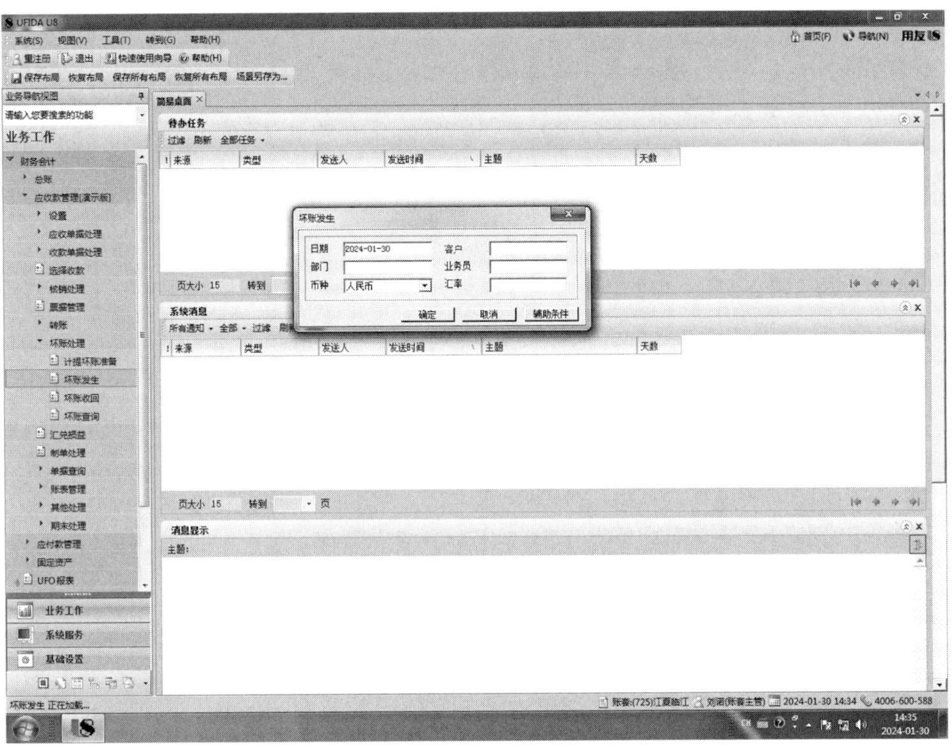

图 S5-24　坏账发生

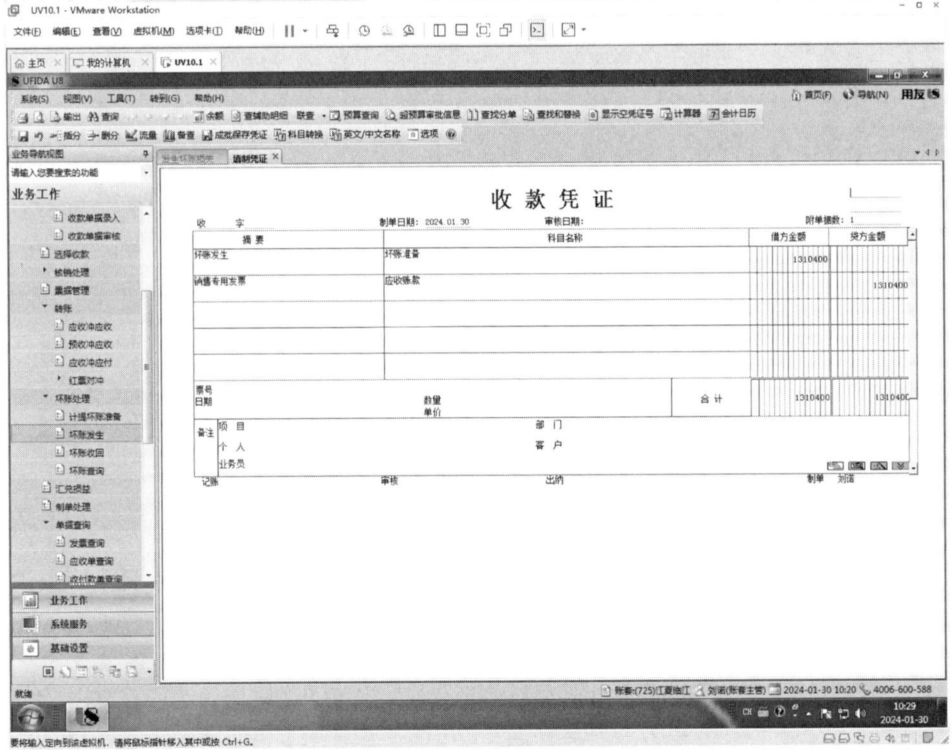

图 S5-25　业务场景 8 凭证

业务场景 9

固定资产业务2

操作路径:<应收款管理>—<坏账处理>—<计提坏账准备>—<应收账款百分比法>—<OK 确定>。

专家点拨:

本年度只能计提一次坏账准备。

10.制单处理

操作路径:<应收款管理>—<制单处理>,如图 S5-26 所示。

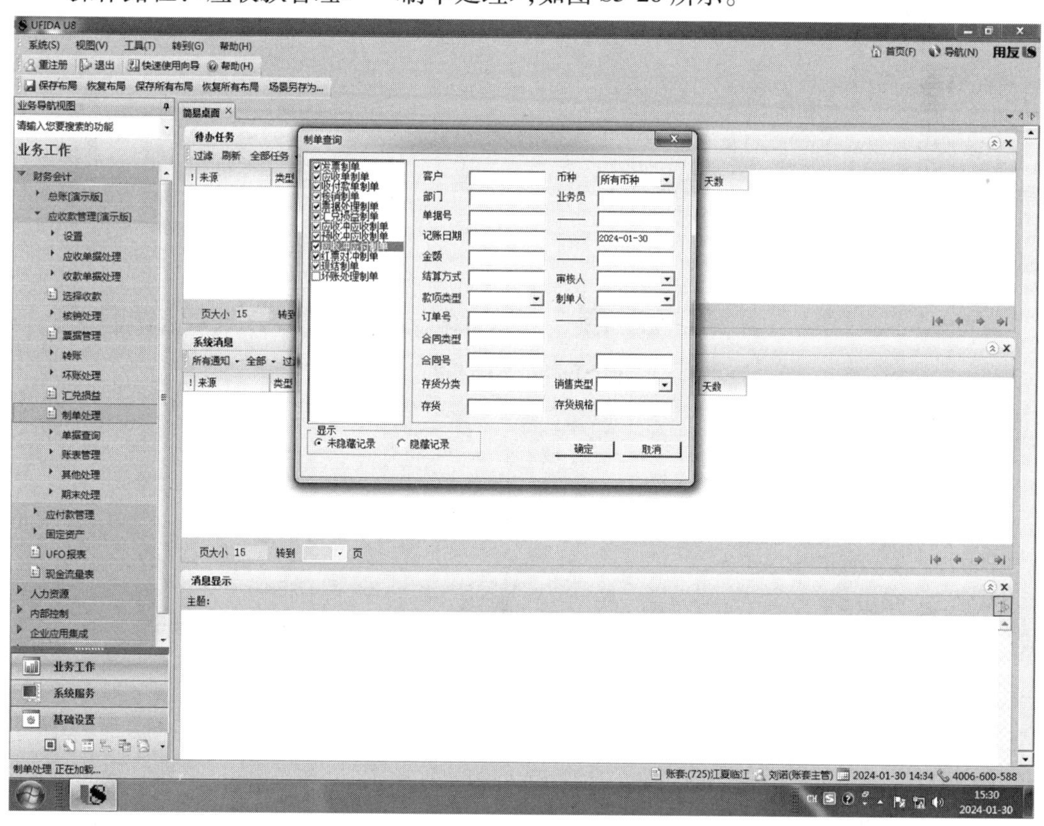

图 S5-26　月末制单

【操作说明】

①选择没有制单的业务,打钩。确定后进入"应收制单"窗口,选择要制单的记录,点菜单栏上的<制单>,即可完成凭证的编制,保存即可。

②如果日常业务发生时,没有立即制单,可通过<制单处理>功能进行制单。

11.删除凭证

操作路径:<应收款管理>—<单据查询>—<凭证查询>—<确定>,如图 S5-27 所示。

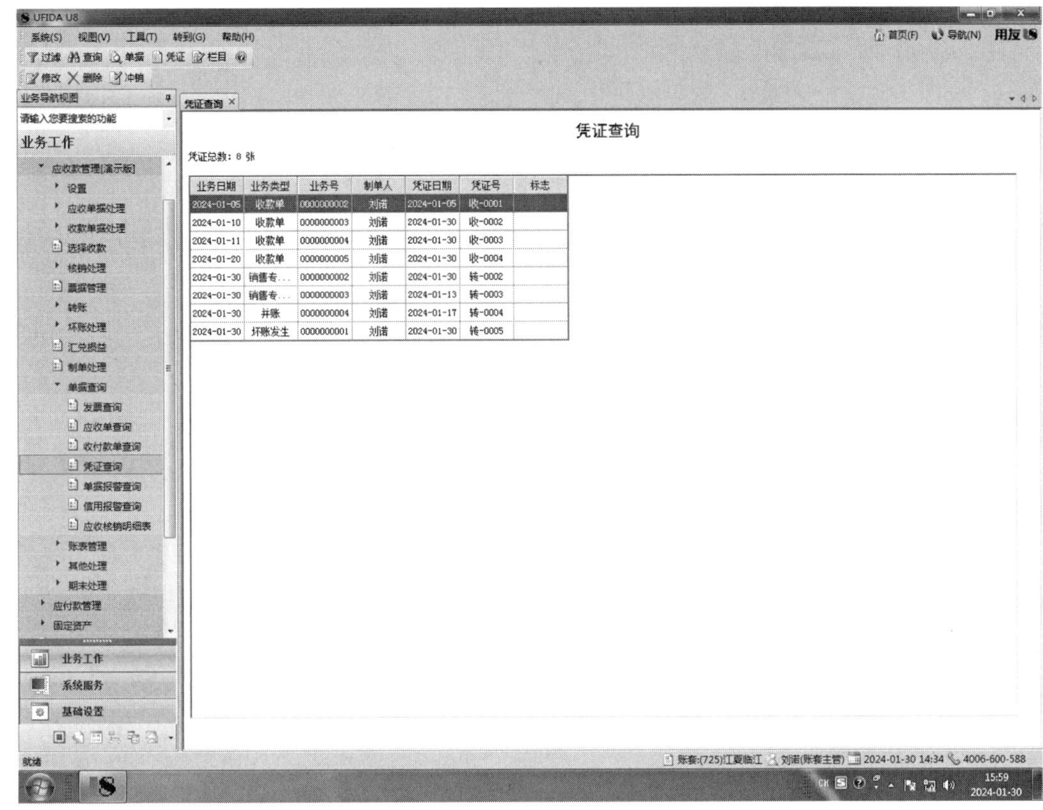

图 S5-27　删除凭证

【操作说明】

①在图 S5-27 中选中要删的凭证，点菜单栏上的<删除>即可。

②在图 S5-27 中选中凭证，双击，可以联查到完整的凭证。

③在此处删除的凭证，在总账模块中可以看到有“作废”标志，彻底删除需要通过“整理凭证”来完成。

12.期末处理

操作路径：<应收款管理>—<期末处理>—<月末结账>，如图 S5-28 所示。

专家点拨：

①只有在对账正确的情况下才能结账。

②应收款管理模块结账后，总账模块才能结账。

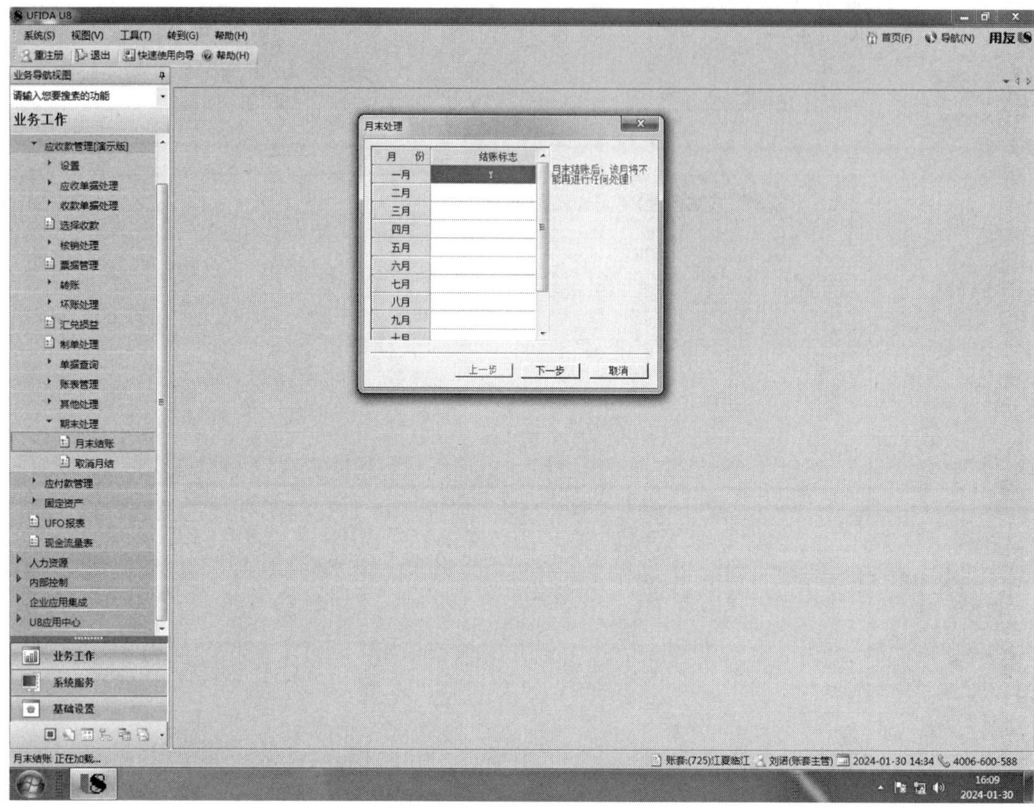

图 S5-28 月末结账

实验 6　固定资产管理

一、实验要求

①理解固定资产管理在用友 U8 中的作用。
②掌握固定资产的初始化设置、日常固定资产的增减变动及期末业务处理。

二、业务场景

1.初始化信息

表 S6-1　账套参数设置

设置项目	设置要求
约定及说明	选择　同意
启用月份	2024 年 01 月
资产类别	01 经营用设备　02 非经营用设备
固定资产编码方案	2-2-2
固定资产编码方式	自动编码(类别+序号)
折旧方法	年数总合法
折旧计提周期	1 个月
折旧计提规则	月初已计提月份=可使用月份-1 时,将剩余折旧全部提完
制单要求	业务发生后立即制单
对账科目	固定资产对账科目:固定资产(1601) 累计折旧对账科目:累计折旧(1602) 减值准备对账科目:减值准备(1603) 固定资产清理对账科目:固定资产清理(1606)

续表

设置项目	设置要求
部门对应的折旧科目	管理部门:管理费用:(6602) 车间:制造费用(5101) 销售部:销售费用(6601) 采购部:管理费用:(6602)
增减方式对应的入账科目	直接购入:银行存款(100201) 毁损减少:固定资产清理(1606) 捐赠:固定资产清理(1606)
净残值率	3%

表 S6-2　固定资产原始卡片

编码	固定资产名称	使用部门	使用年限(月)	开始使用日期	对应折旧科目	原　值	累计折旧
0101	球磨机	一车间	96	2017-12-31	制造费用-折旧费	150 000.00	133 375.00
0102	电池装配线	二车间	60	2019-12-31	制造费用-折旧费	50 000.00	45 266.67
0103	厂房	一车间	120	2017-12-31	制造费用-折旧费	500 000.00	396 818.18
0201	台式电脑	总经理办公室	60	2020-12-31	管理费用-折旧费	7 380.00	5 726.88
0203	货车	销售一部	120	2020-12-31	销售费用-折旧费	130 000.00	61 963.64
0204	空调	财务部	120	2018-12-31	管理费用-折旧费	16 800.00	11 851.65
0205	打印机	销售一部	60	2019-04-01	销售费用-折旧费	2 300	1 784.8
合计						856 480.00	656 786.82

2.固定资产日常业务

①30 日,生产部购买锂电池生产用的球磨机一台,价值 85 000 元,增值税专用发票税率 17%,货款已付,预计使用 8 年,净残值率 3%。

②30 日,办公室购买电脑一台价值 5 000 元,增值税专用发票税率 17%,货款已付,预计使用 5 年,净残值率 3%。

③30 日,计提本月折旧。

④30 日,销售部报废打印机一台。原值 2 300 元,已经折旧 2 000 元,因使用期满批准报废,清理过程中以现金支付清理费 50 元。

三、实验步骤

引入“725 账套基础信息”或者引入自己上次实验的内容。

1.固定资产初始化设置

固定资产参数设置

操作路径:<企业应用平台>—<业务工作>—<财务会计>—<固定资产>—<是>—<我同意>,如图 S6-1 所示。

【操作说明】

①认真阅读完初始化账套向导的“约定与说明”。

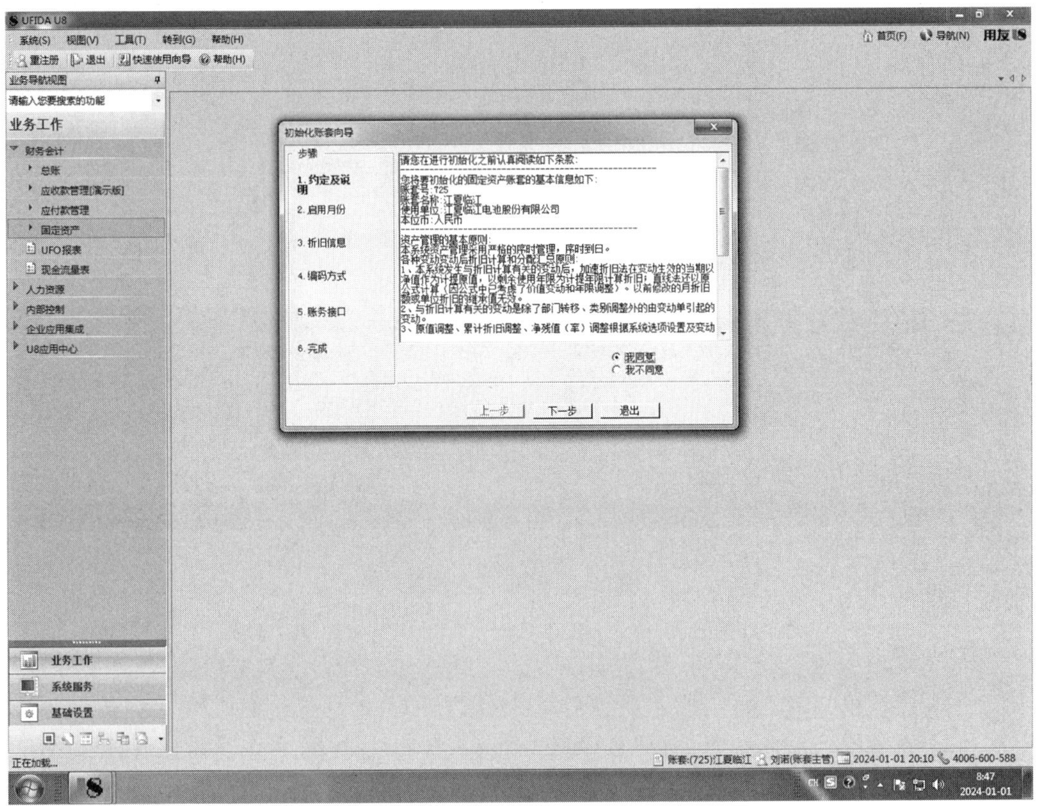

图 S6-1　初始化账套向导

②点击<下一步>—<下一步>,进入账套的折旧信息设置如图 S6-2。

③主要折旧方法:年数总和法。

④固定资产对账科目:1601。

⑤折旧对账科目:1602。

⑥编码方式:类别+序号。

⑦资产类别编码长度:2-2-2。

根据业务场景提供的资料录入完成初始化设置操作。

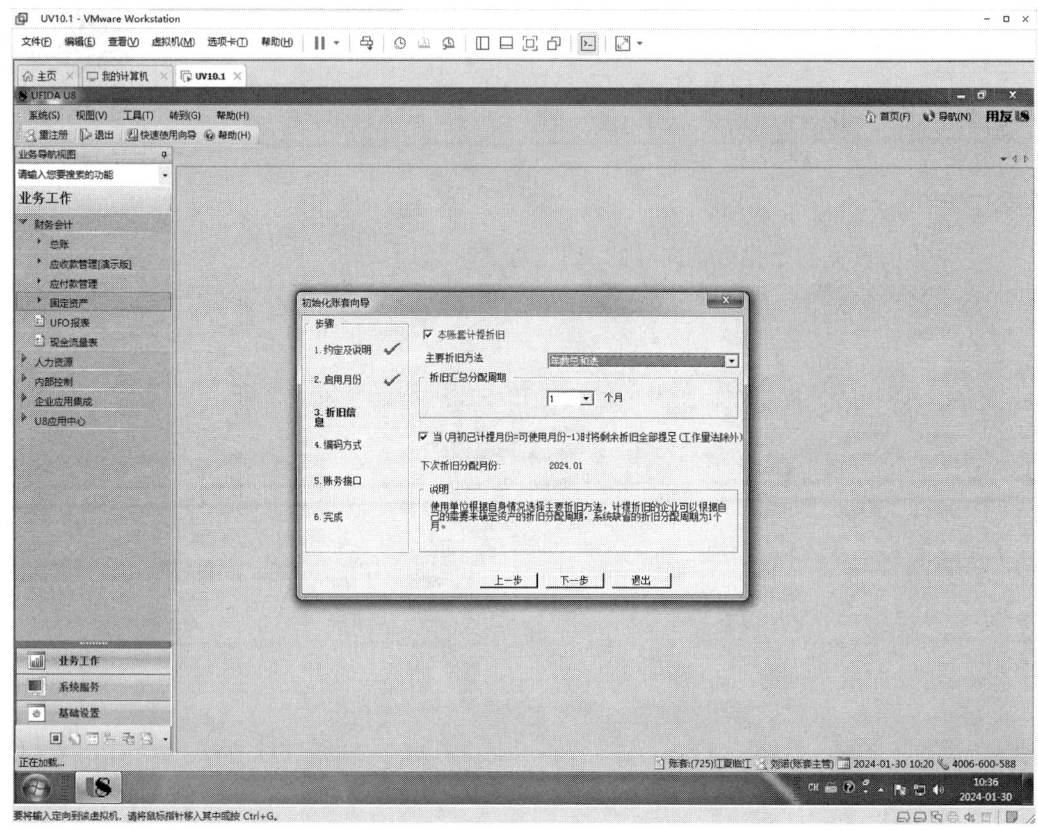

图 S6-2　折旧信息设置

专家点拨：

①此处的“约定与说明”关系到整个固定资产的业务处理规则问题。

②固定资产对账科目：折旧对账科目，如果在此处缺省，那么在固定资产生成凭证时无法自动在凭证上显示固定资产、累计折旧的科目，需要收到录入。

错误展示：

固定资产登录错误进入固定资产模块时，出现图 S6-3 错误。

解决方案：

①退出整个系统，重新登录。

②进入系统管理，在“视图”菜单项中“清除锁定”，重新进入固定资产模块。

2.部门对应折旧科目设置

操作路径：<企业应用平台>—<业务工作>—<财务会计>—<固定资产>—<设置>—<部门对应折旧科目>—<总经理办公室>—<修改>录入所对应的折旧科目，如图 S6-4 所示。

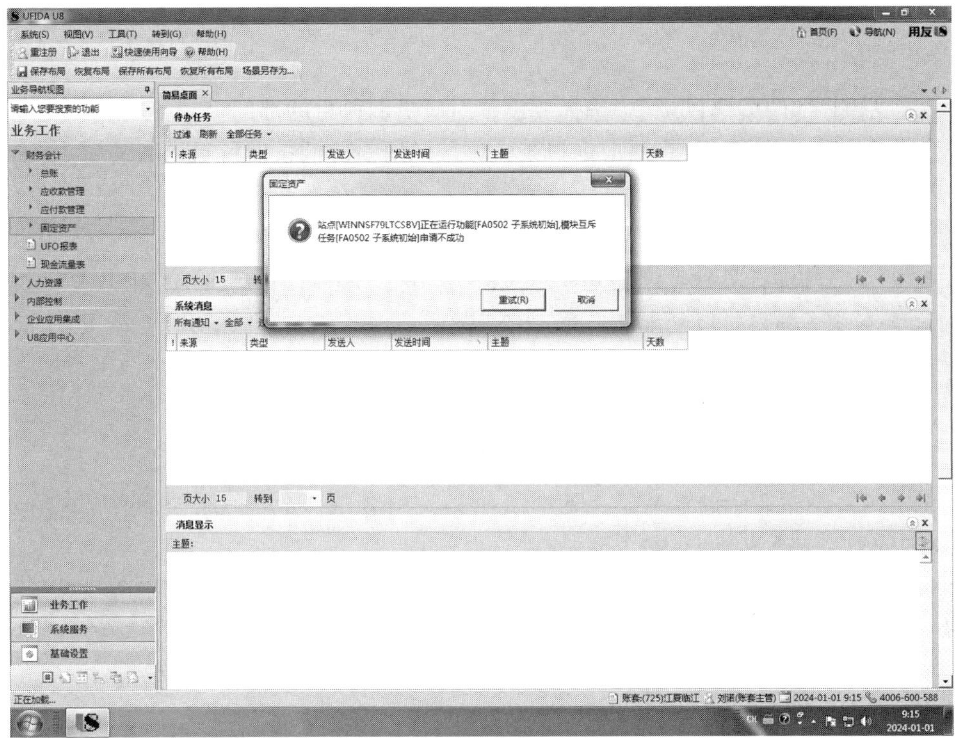

图 S6-3　固定资产登录错误

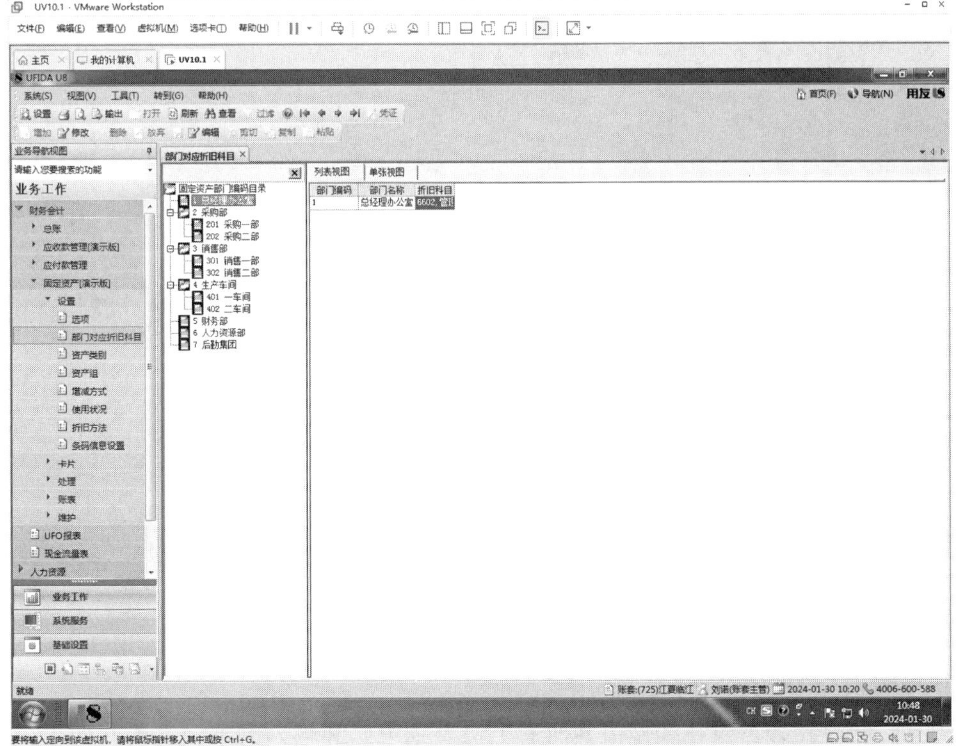

图 S6-4　部门对应折旧科目设置

【操作说明】

①在左侧“部门编码目录”中选择要设置对应折旧科目的部门。

②单击<修改>按钮后，在对应窗口录入该部门所对应的折旧科目。

专家点拨：

①部门对应折旧科目设置完成后，录入卡片时，该科目自动显示在卡片中。

②在生成部门折旧分配表时每一部门按折旧科目汇总，生成记账凭证。

③使用本功能前，必须已建立好部门档案。

3.资产类别

操作路径：<企业应用平台>—<业务工作>—<财务会计>—<固定资产>—<设置>—<资产类别>—<增加>，如图 S6-5 所示。

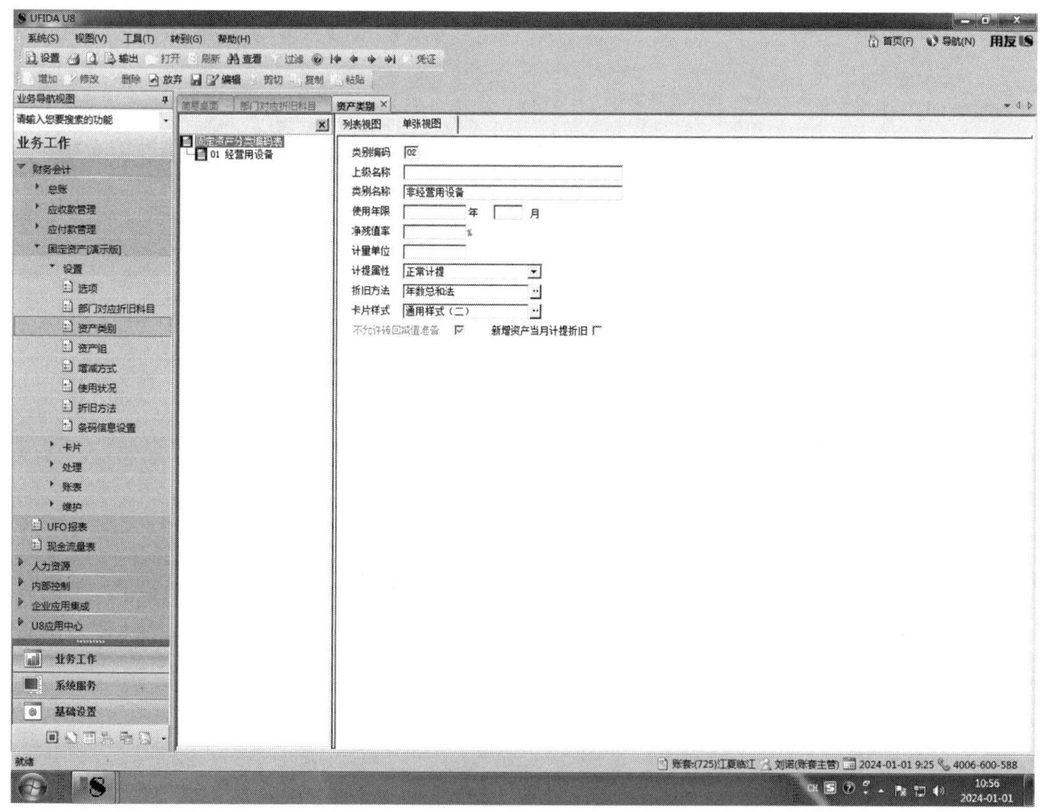

图 S6-5 资产类别

【操作说明】

①类别编码（必录项）：编号由其所有上级类别编码和输入的本级编码共同组成，所有上级编码定义好后，将自动带入本级编码中，不允许修改。

②类别名称(必录项):该项资产类别的名称,不可与本级资产类别同名。

③计提属性(必录项):正常计提。

④折旧方法(必录项):年数总和法。

⑤卡片样式(必录项):通用。

其他非必录项按照业务场景选择性录入即可。

专家点拨:

计提属性一经选择,不允许修改。

4.增减方式

操作路径:<企业应用平台>—<业务工作>—<财务会计>—<固定资产>—<设置>—<增减方式>—<增加方式>—<直接购入>—<修改>增减完成后如图 S6-6 所示。

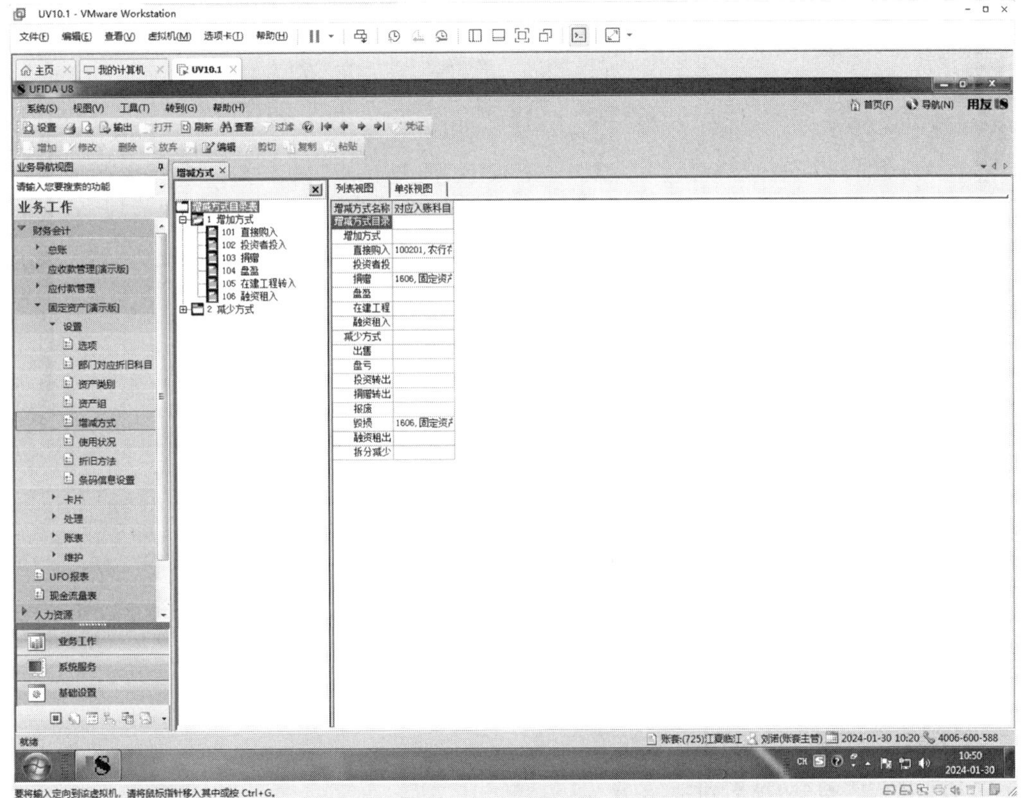

图 S6-6　资产增减方式设置

【操作说明】

①设置的对应入账科目是为了在生成凭证时使用。

②如果此处为缺省值,则在生成凭证时无法在凭证上看到科目,需要手工录入会计科目。

专家点拨：

①已使用过的卡片不能删除。

②非明细级方式不能删除。

③系统缺省的增减方式中“盘盈、盘亏、毁损”不能删除。

固定资产
原始卡片录入

5.原始卡片录入

操作路径：<固定资产>—<设置>—<卡片>—<录入原始卡片>—<经营用设备>—<确定>，如图 S6-7 所示。

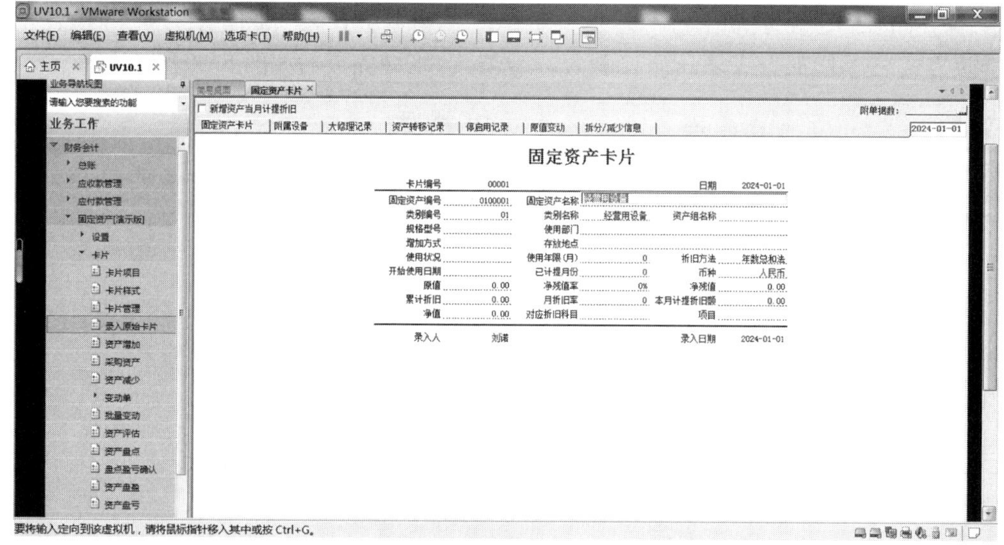

图 S6-7　原始卡片录入

【操作说明】

①卡片编号：00001，该项属于系统自动编号，无法修改和删除，只有在删除卡片时一起删除。

②日期：2024.01.01。

③固定资产编号：0100001，系统自动编号，不能修改。

④固定资产名称：球磨机。

⑤类别编号：01。

⑥类别名称：经营用设备。

⑦使用部门：一车间。

⑧使用年限：96，录入时应该把年折算成月即年×12

⑨开始使用日期：2017-12-31。

⑩对应折旧科目：制造费用-折旧费。

⑪原值:150 000。

⑫累计折旧:133 375。

依次按照上述操作流程录入业务场景提供的全部固定资产原始卡片信息,保存即可如图 S6-8 所示。

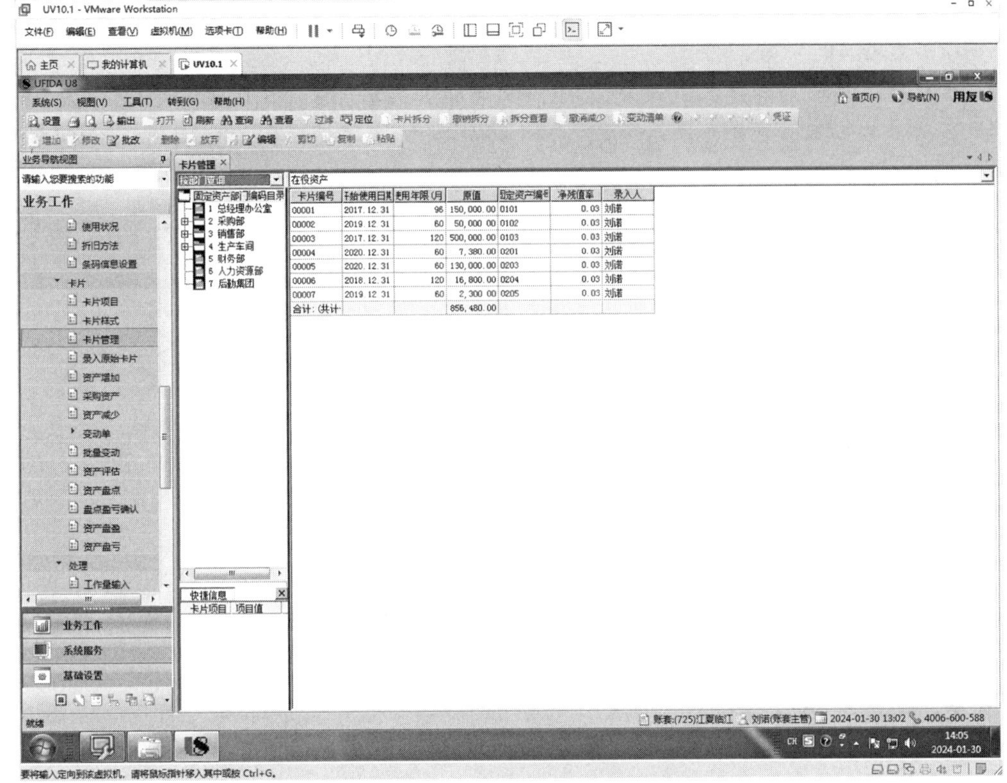

图 S6-8　固定资产原始卡片

专家点拨:

①通过原始卡片录入的固定资产是指已使用过并已计提折旧的固定资产卡片,即在当前操作日期之前月份购进的固定资产。

②使用年限填入的数据是对应的使用月数。

③录入日期为当前登录日期。

④资产的主卡录入后,单击其他页签,输入附属设备和录入以前卡片发生的各种变动。附属页签上的信息只供参考,不参与计算。

⑤系统自动将本月应提的折旧额显示在“本月计提折旧额”项目内。

⑥其他页签录入的内容只是为管理卡片设置,不参与计算。

⑦只有附属设备可以修改,其他内容不能修改和输入,由系统自动生成。

⑧原值、累计折旧、累计工作量录入的一定是卡片录入月月初的数据,否则将会出现计算错误。

⑨已计提月份必须严格按照该资产已经计提的月份数，不包括使用期间停用等不计提折旧的月份。

⑩通过原始卡片录入的设备不需要生成凭证。

6.资产增加

操作路径:<固定资产>—<卡片>—<资产增加>—<确定>，如图 S6-9 所示。

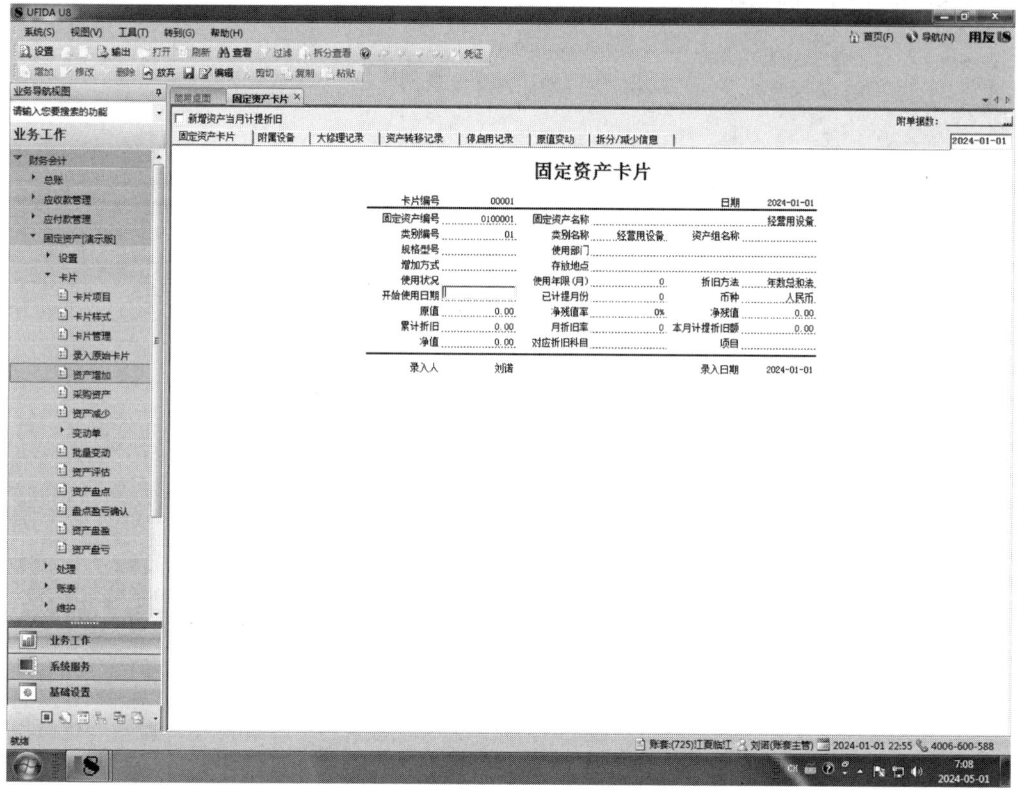

图 S6-9 资产增加

【操作说明】

资产增加的操作与原始卡片的录入雷同，录入完成后保存即可。

专家点拨：

①资产增加指的是在本月新增加的设备，开始使用日期只能是本月。

②当固定资产开始使用日期的会计期间＝录入会计期间时，才能通过“资产增加”录入。

③原值录入的一定要是卡片录入月月初的价值。

④通过资产增加录入的设备需要生成凭证。

7.日常业务处理

固定资产业务1

业务场景1

操作路径:<固定资产>—<卡片>—<资产增加>—<确定>,如图 S6-10 所示。

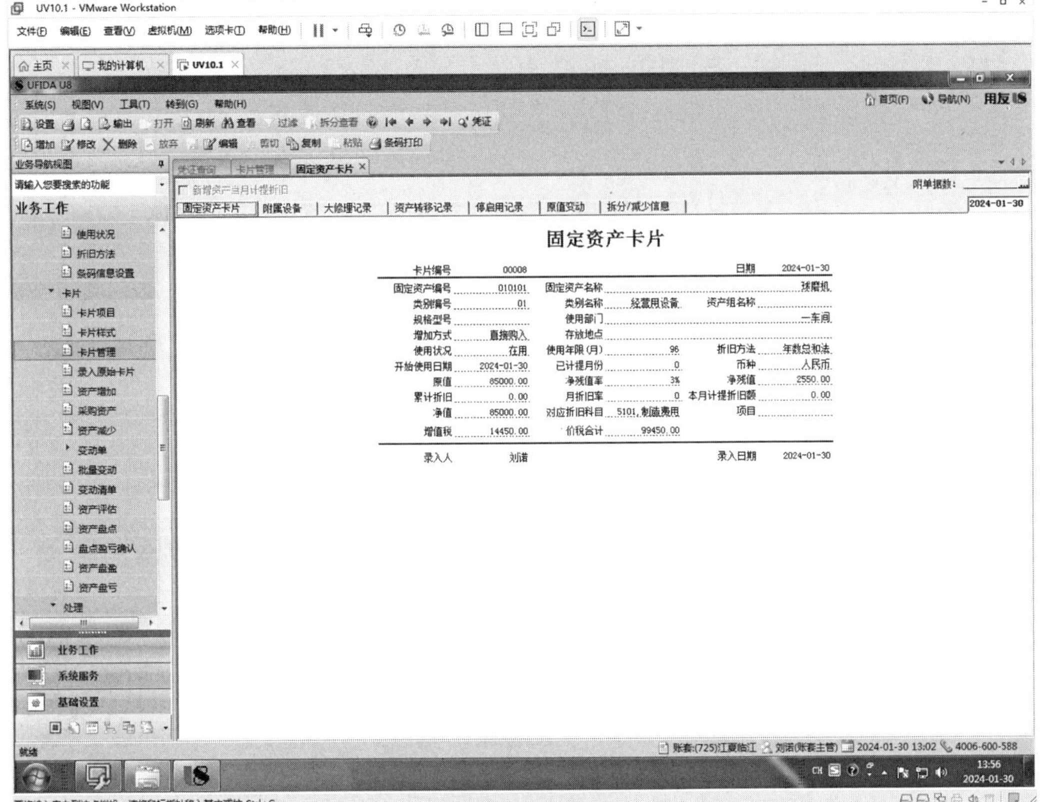

图 S6-10　新购入设备

【操作说明】

操作过程同“资产增加”雷同。

①原值:购买设备发票上资产的原值数据。

②保存成功后立即制单。

③凭证类别:付款凭证。

④制单日期:2024.01.30

⑤保存,如图 S6-11 所示。

专家点拨:

①新购入设备累计折旧,月折旧率,本月计提折旧额均为0。

②资产增加保存成功后可以立即制单,也可以在月末批量制单。

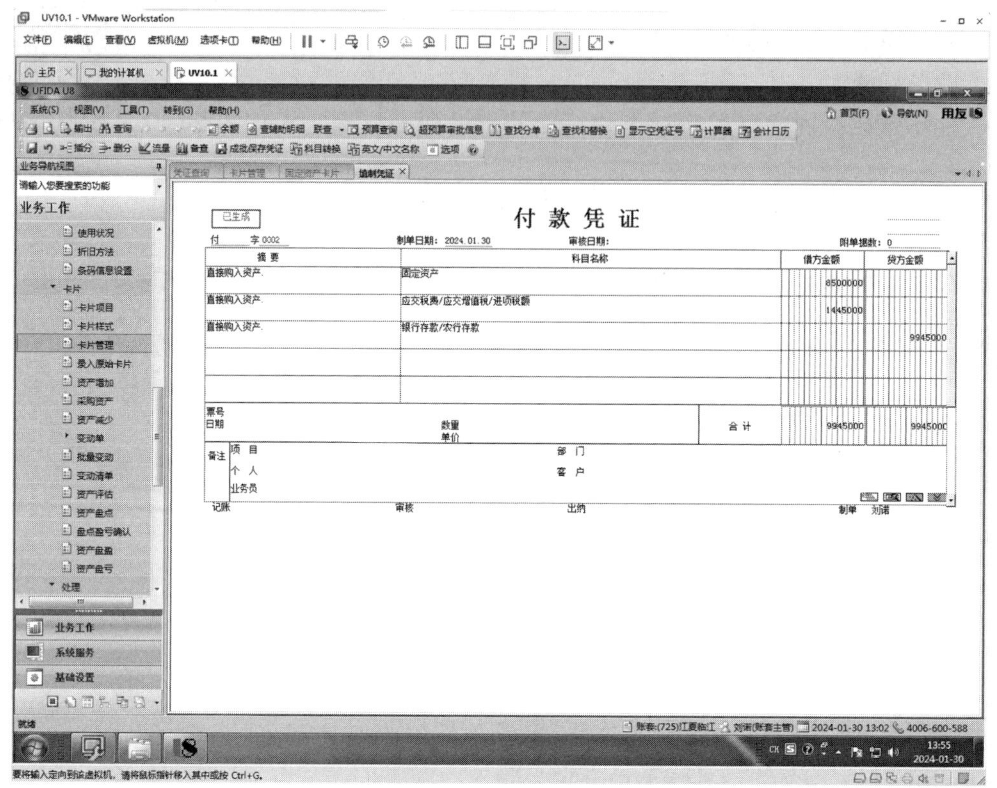

图 S6-11　生成凭证

业务场景 2

操作路径:<固定资产>—<卡片>—<资产增加>—<确定>,如图 S6-12 所示。

【操作说明】

操作过程同第一笔业务。

业务场景 3

操作路径:<固定资产>—<处理>—<计提本月折旧>—<是>,如图 S6-14 所示。

【操作说明】

①计提折旧是系统自动计提的,无须人工额外干预。

②计提完成后可以立即制单。

③自动生成折旧分配表。

④自动填制折旧凭证。

⑤本期的折旧费用自动登账。

⑥折旧清单:图 S6-15。

⑦折旧分配表:图 S6-16。

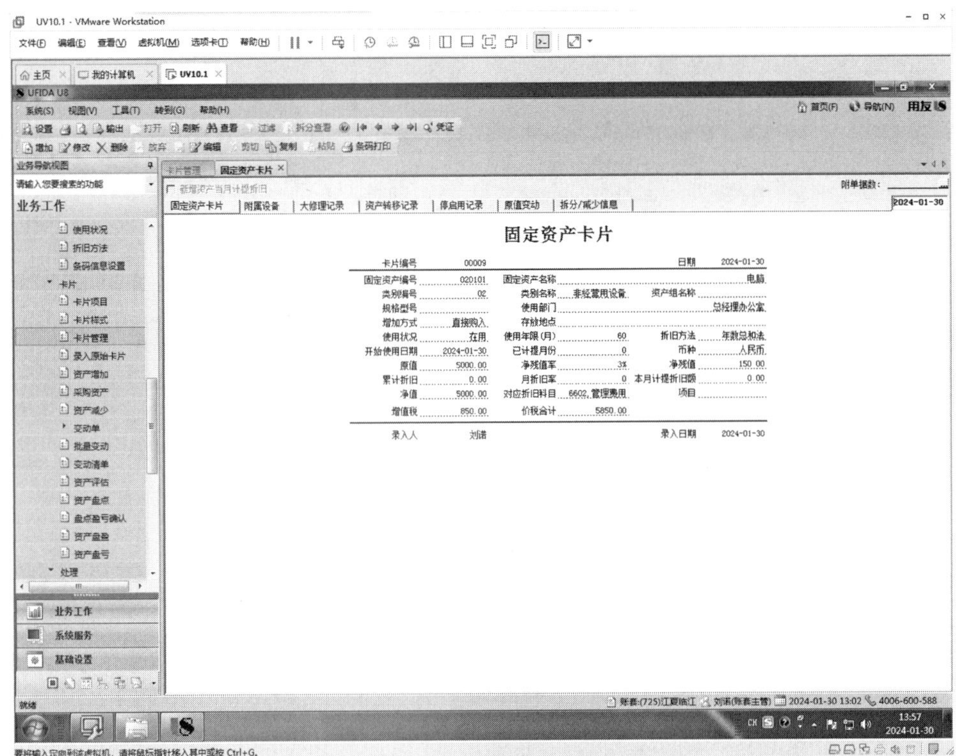

图 S6-12　新购入设备

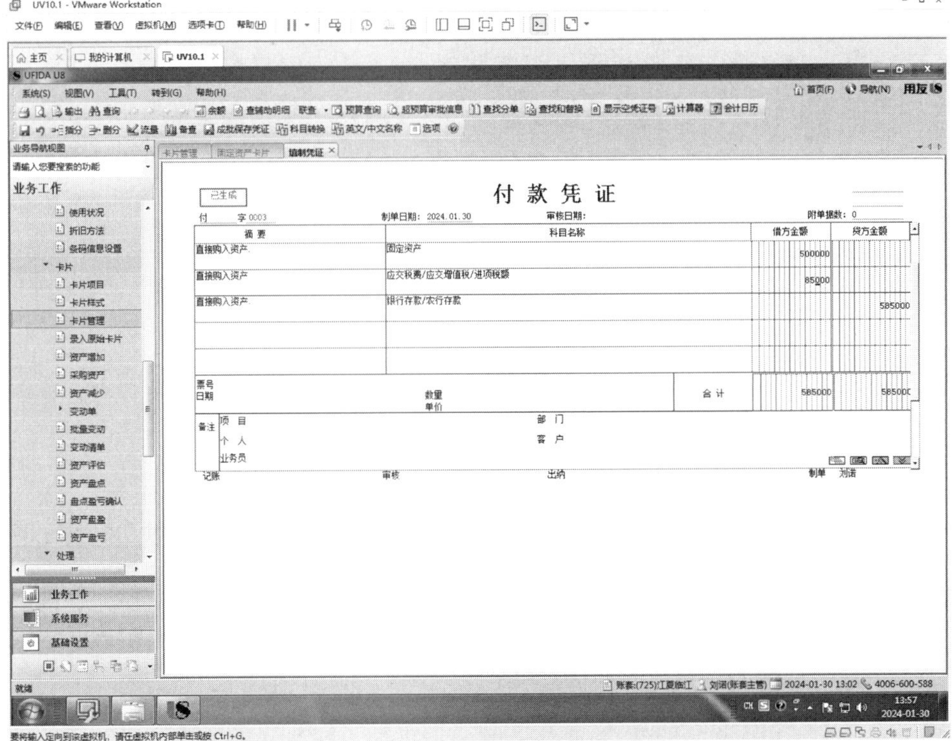

图 S6-13　生成凭证

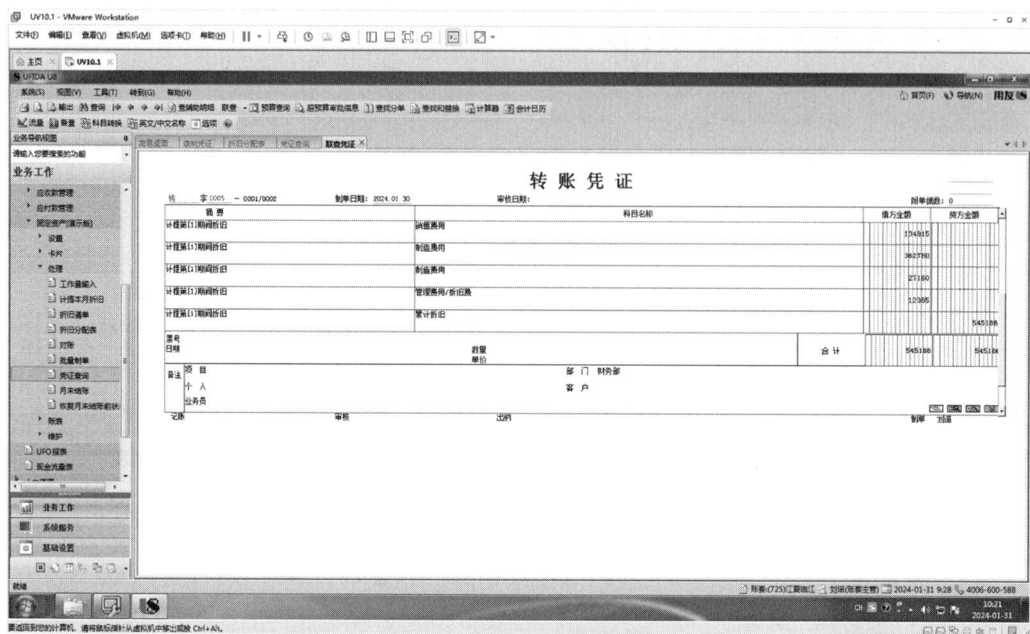

图 S6-14　计提折旧制单

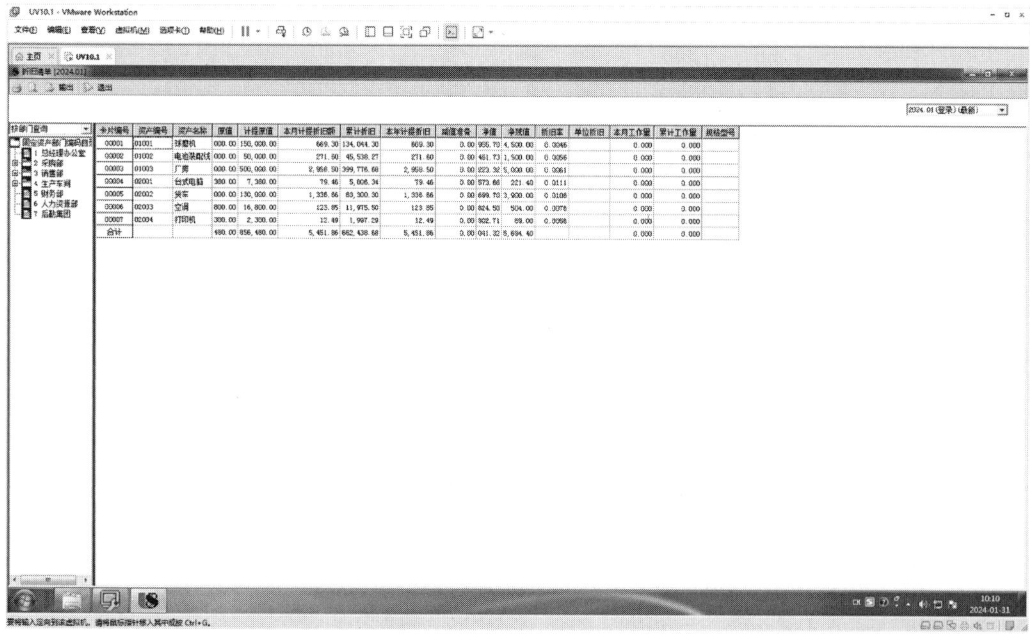

图 S6-15　折旧清单

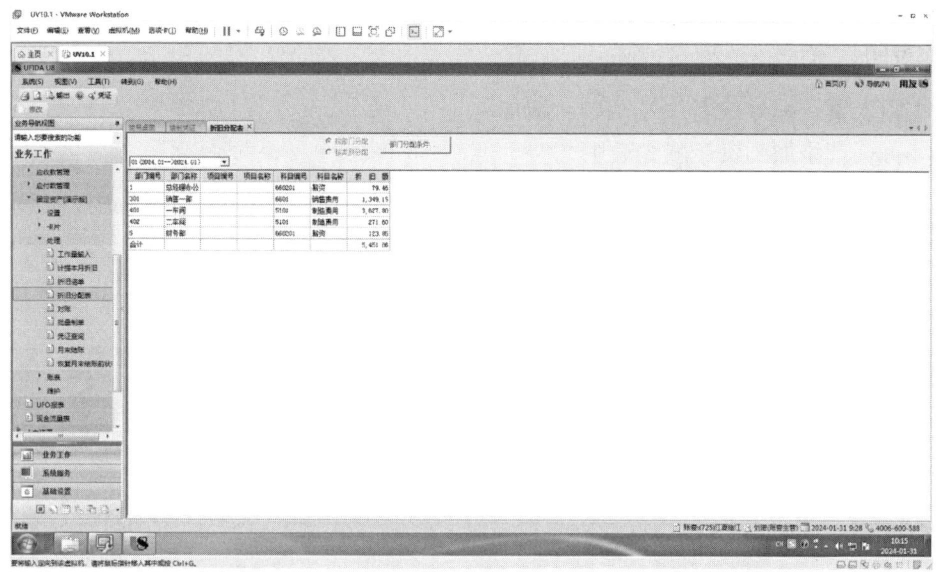

图 S6-16　折旧分配表

专家点拨：

①系统可多次计提本月折旧，原则上在月底计提一次，不能随意计提。

②每次单击计提本月折旧，累计折旧数据会翻番。

③如果上次计提折旧已制单把数据传递到账务系统，则必须删除该凭证才能重新计提折旧。

业务场景 4

操作路径：<固定资产>—<卡片>—<资产减少>，如图 S6-17 所示。

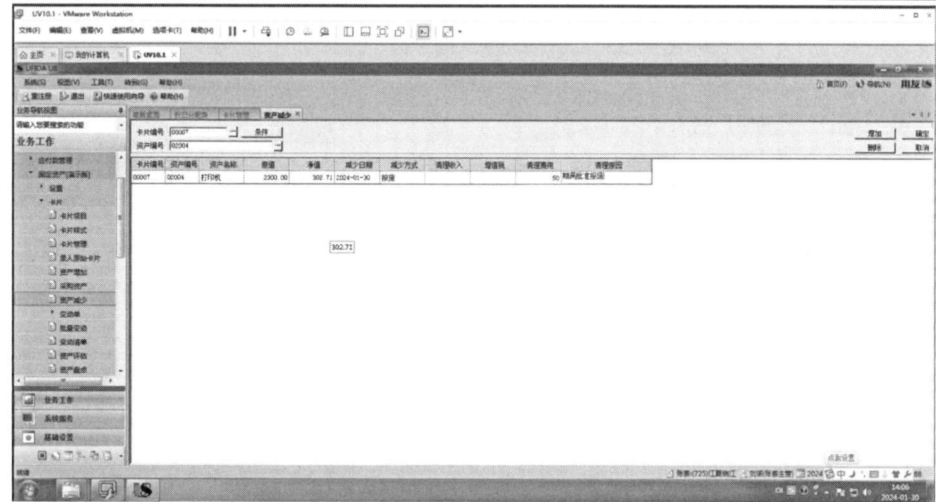

图 S6-17　打印机报废

【操作说明】

①输入资产编号或卡片号,单击<增加>。

②将资产添加到资产减少表中。

③表中输入资产减少的信息:“减少日期、减少方式、清理收入、增值税、清理费用、清理原因”,如图 S6-17 所示。

④点击保存后可立即制单,如图 S6-18 所示。

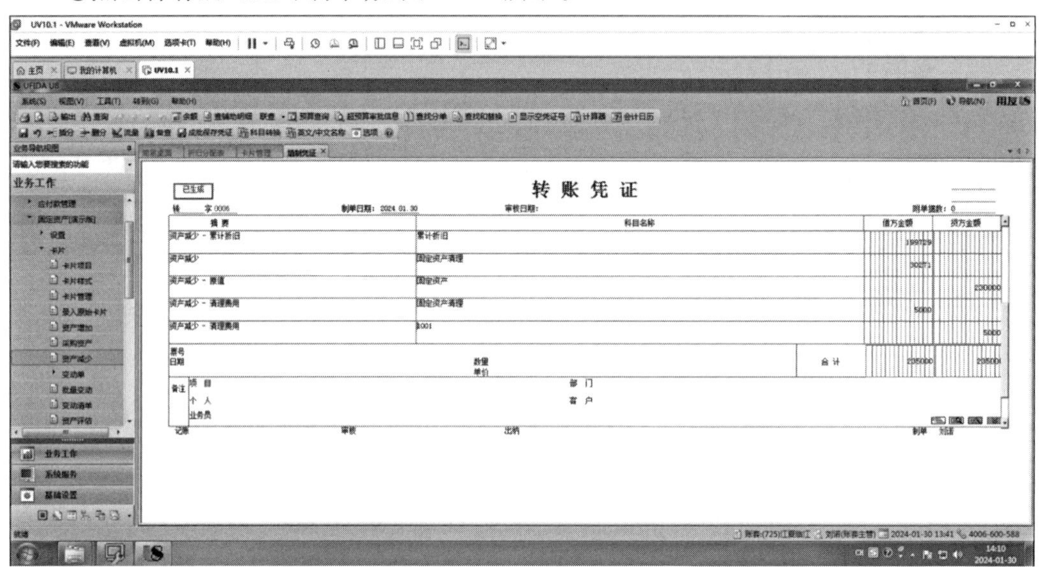

图 S6-18　打印机报废凭证

⑤该凭证只能在固定资产模块中删除。总账模块只能查看该凭证,但是不能删除、修改等操作。

> 专家点拨:
>
> ①若当前账套设置了计提折旧,则在计提折旧后才可执行资产减少。
>
> ②查看已减少资产,可在卡片管理界面中,从卡片列表上边的下拉框中选择“已减少资产”,即可查看。
>
> ③固定资产模块生成的凭证,自动传递到总账模块,在总账模块进行签字、审核、记账,最后完成对账。
>
> ④固定资产模块生成的凭证可在固定资产模块的<凭证查询>中查看、删除、冲销等操作。

8.对账与结账

操作路径:<固定资产>—<处理>—<对账/月末结账>,如图 S6-19 所示。

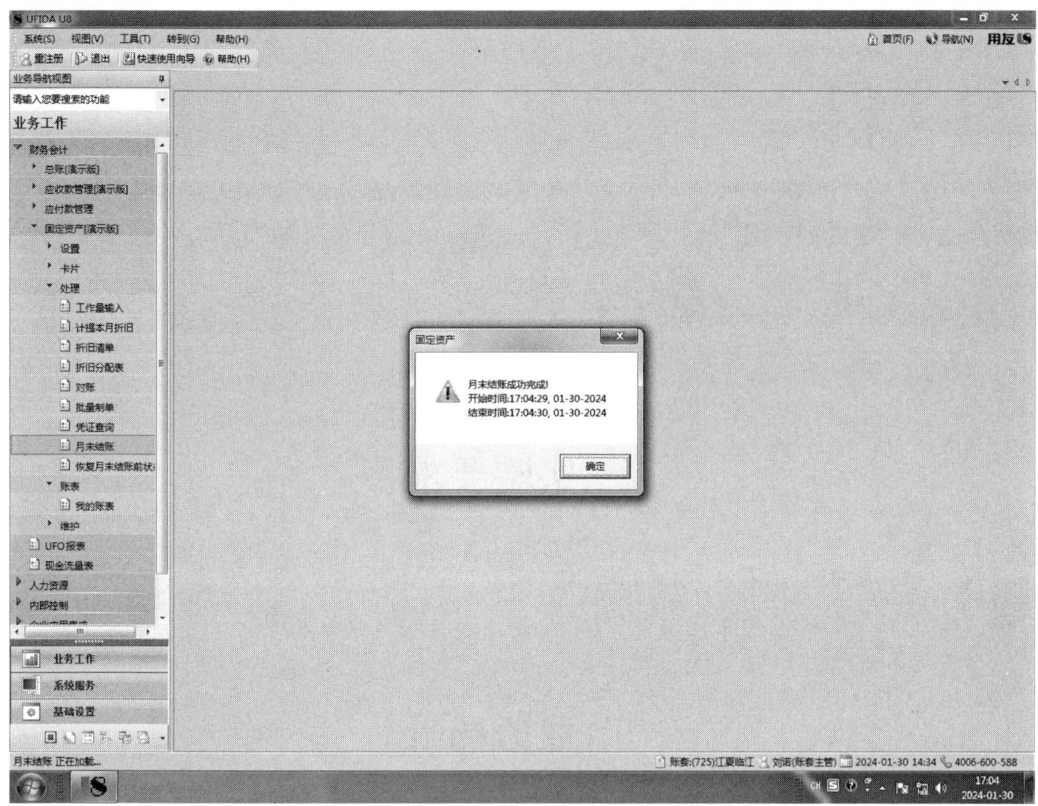

图 S6-19　结账成功

专家点拨:

①对账平衡,开始月末结账。

②对账前总账模块要先记账。

③不能跨年度恢复数据。

④结账前做好数据备份。

⑤只有本月结账后才可以开始下月的工作。

实验 7　薪资管理

一、实验要求

①理解薪资管理在用友 U8 中的作用。

②掌握薪资管理的初始化设置、日常业务处理及期末业务处理。

二、业务场景

表 S7-1　工资账套信息

工资类别个数	多个(正式员工,临时员工)
核算币种	人民币
是否代扣个人所得税	是
是否扣零处理	否
员工编码要求同公共员工编码一致	

表 S7-2　工资项目

工资项目名称	类　型	长　度	小数位数	增减项	是否停用
基本工资	数值	8	2	增项	否
岗位工资	数值	8	2	增项	否
交通补贴	数值	8	2	增项	否
物业补贴	数值	8	2	增项	否
加班费	数值	8	2	增项	否
奖金	数值	8	2	增项	否
应发合计	数值	8	2		否
扣养老金	数值	8	2	减项	否

续表

工资项目名称	类　型	长　度	小数位数	增减项	是否停用
扣失业保险	数值		2	减项	否
医疗保险	数值		2	减项	否
扣公积金	数值	8	2	减项	否
扣个人所得税	数值	8	2	减项	否
请假天数	数值	8	2	其他	否
请假扣款	数值	6	2	减项	否
扣款合计	数值	8	2		否
实发合计	数值	8	2		否

表 S7-3　人员档案

人员编码	姓名	所属部门	人员类别	职务	核算计件工资	现金发放	是否计税	工资停发	中方人员
601	崔洋	人力资源部	管理人员	主管	否	否	是	否	是
602	王凯	人力资源部	管理人员	职员	否	否	是	否	是
501	刘诺	财务部	管理人员	主管	否	否	是	否	是
502	张霞	财务部	管理人员	职员	否	否	是	否	是
503	王红	财务部	管理人员	职员	否	否	是	否	是
401	张冰	一车间	技术人员	主管	否	否	是	否	是
402	王浩	二车间	技术人员	职员	否	否	是	否	是
403	刘杨	二车间	技术人员	职员	否	否	是	否	是
301	刘书	销售一部	销售人员	职员	否	否	是	否	是
302	王永	销售二部	销售人员	主管	否	否	是	否	是
303	崔姚	销售二部	销售人员	职员	否	否	是	否	是
201	刘坤	采购部	采购人员	主管	否	否	是	否	是
202	胡敏	采购部	采购人员	职员	否	否	是	否	是
101	刘芳	总经理办公室	管理人员	经理	否	否	是	否	是
102	王里	总经理办公室	管理人员	职员	否	否	是	否	是
701	刘一	一车间	技术人员	临时	是	否	是	否	是
702	刘二	一车间	技术人员	临时	是	否	是	否	是

表 S7-4　工资标准

职　务	基本工资	岗位工资	交通补贴	物业补贴
经理	5 000	2 000	600	350

续表

职　务	基本工资	岗位工资	交通补贴	物业补贴
主管	4 000	1 500	500	260
职员	3 000	1 000	450	180
其他	2 000	500	100	50

表 S7-5　工资分摊

<table>
<tr><th colspan="2" rowspan="2">工资分摊
部　门</th><th colspan="2">应付工资</th><th colspan="2">工会经费(2%)</th><th colspan="2">职工教育经费(1.5%)</th></tr>
<tr><th>借方科目</th><th>贷方科目</th><th>借方科目</th><th>贷方科目</th><th>借方科目</th><th>贷方科目</th></tr>
<tr><td>人力资源部、总经理办公室、财务部、采购部</td><td>企业管理人员</td><td>660 201</td><td>221 101</td><td>660 207</td><td>221 103</td><td>660 207</td><td>221 104</td></tr>
<tr><td>销售部</td><td>销售人员</td><td>6 601</td><td>221 101</td><td>660 207</td><td>221 103</td><td>660 207</td><td>221 104</td></tr>
<tr><td rowspan="2">车间</td><td>车间管理人员</td><td>510 101</td><td>221 101</td><td>660 207</td><td>221 103</td><td>660 207</td><td>221 104</td></tr>
<tr><td>生产人员</td><td>500 102</td><td>221 101</td><td>660 207</td><td>221 103</td><td>660 207</td><td>221 104</td></tr>
</table>

备注：

①个税扣缴基数为 5 000.00 元。请假每天按照 100 元扣除，本月刘芳请假 2 天。

②分为 01 喷涂（计件单价 80 元）和 02 检验（计件单价 50 元）两个工序。本月刘一喷涂 100 件，刘二检验 80 件。2024 年 1 月 1 日开始计件。

③工资分摊情况说明：工会会费按照 2%分摊，职工教育经费按照 1.5%分摊，费用的记入科目遵循手工会计的记账规则。

三、实验步骤

引入“725 账套基础信息”或者引入自己上次实验的内容。

启用薪资模块+工资账套信息

1.建立工资账套

操作路径：<企业应用平台>—<业务工作>—<人力资源>—<薪资管理>—<建立工资账>，如图 S7-1 所示。

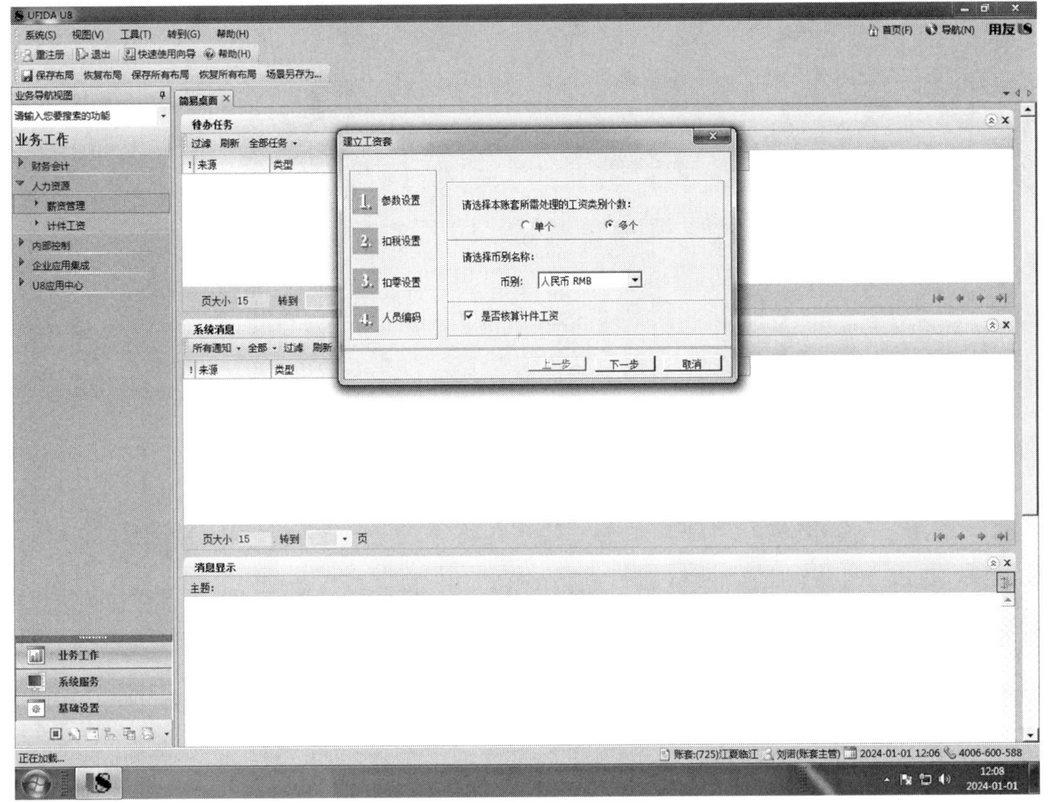

图 S7-1　建立工资账

【操作说明】

①工资类别:多个。

②币别名称:RMB。

③是否核算计件工资:是。

④是否代扣所得税:是。

专家点拨:

①企业所有员工的工资标准如果是一样的,则可以选择单个工资类别。

②工资系统一旦使用,建立工资账套的初始信息则无法修改。

③系统代扣所得税后,将自动生成工资项目的"代扣税"计算。

④扣零设置可以忽略,只因在电子货币时代,扣零已无意义。

2.工资项目设置

操作路径:<人力资源>—<薪资管理>—<设置>—<增加>,如图 S7-2 所示。

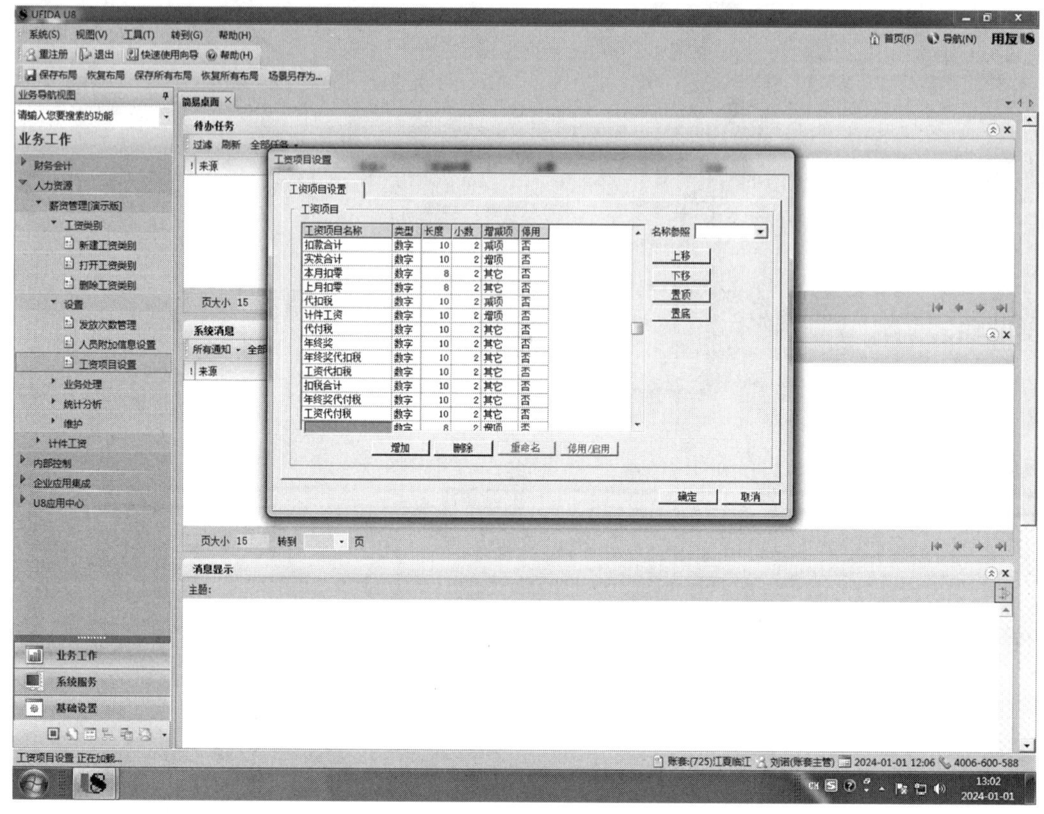

图 S7-2　工资项目设置

【操作说明】

①项目名称:必须唯一,工资项目一经使用,数据类型不允许修改。

②类型:数字,根据工资具体项目确定。

③长度:包含了小数位数和小数点。

④增减项:根据工资具体项目确定。

⑤停用:否。

专家点拨:

①每个项目可以通过上下箭头移动位置。

②在没有录入人员档案,没有添加部门时,在 S7-2 图中将看不到"公式设置"项。

③在选择"增减项"时,需慎重,如请假天数为"其他"类型,否则会影响工资计算数据的准确性。

3.新建工资类别

工资类别+工资项目+人员档案

操作路径：<人力资源>—<薪资管理>—<工资类别>—<新建工资类别>，如图 S7-3 所示。

【操作说明】

①工资类别名称：最长不得超过 15 个汉字或 30 个字符。

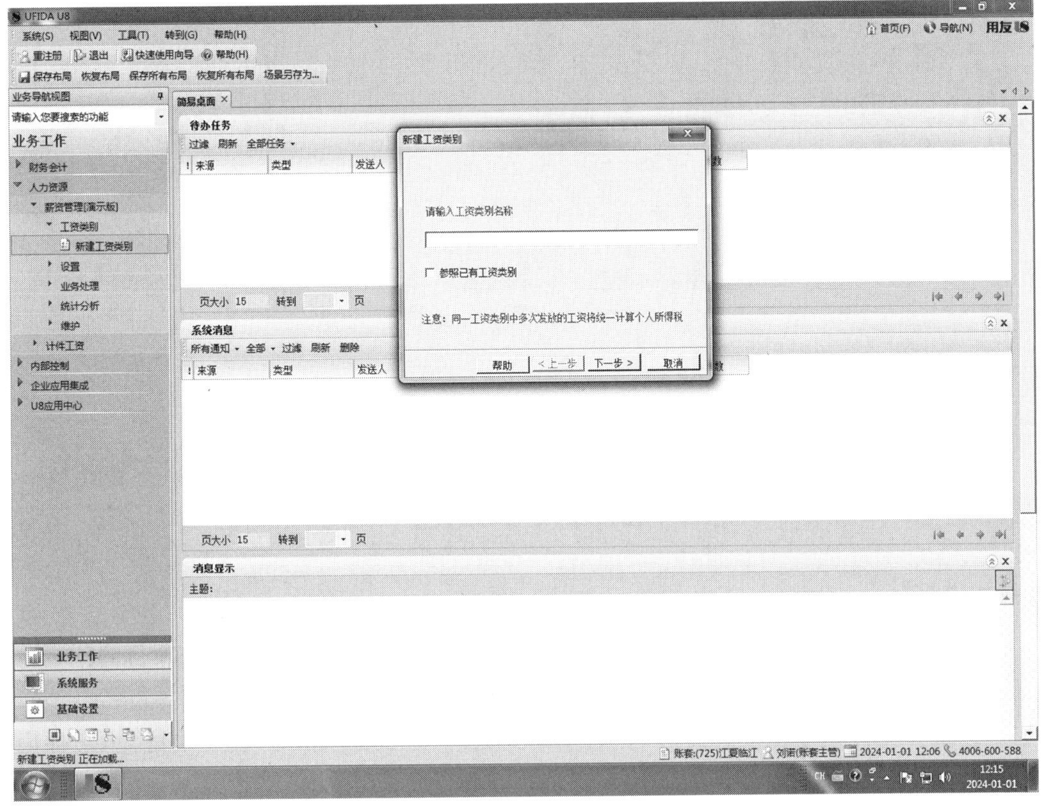

图 S7-3　新建工资类别

②自行增加的工资项目在后面“名称参照”里使用。

> 专家点拨：
>
> 同一工资类别中存在的多个发放次数的工资将统一计算个人所得税。

4.正式员工工资项目设置

正式员工工资

操作路径：<人力资源>—<薪资管理>—<工资类别>—<打开工资类别>—<设置>—<工资项目设置>，如图 S7-4 所示。

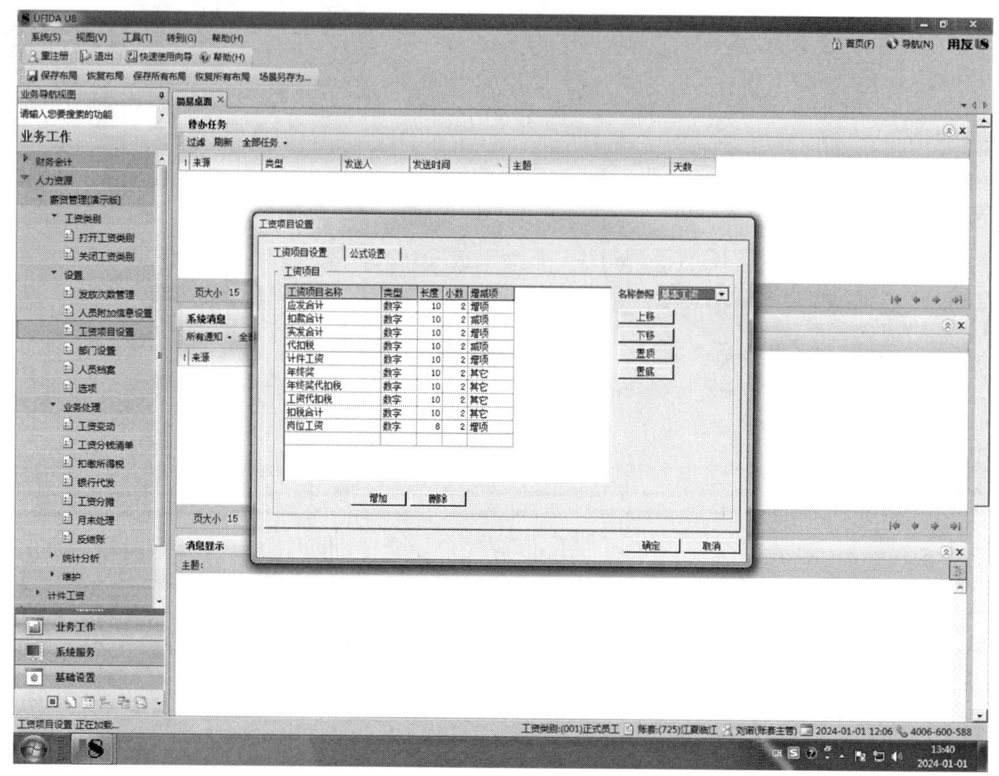

图 S7-4　工资项目设置

【操作说明】

①此处的增加项,只能从前面已经定义好的“名称参照”里选取。各个项目的位置可以通过<上移>等按钮调整位置。

②如果“名称参照”里没有可选项,则需要关闭人员类别后在“工资项目”里增加后再使用。

专家点拨:

此处的“公式设置”点不开,原因在于薪资管理模块中的人员档案是空的,需要先把人员档案从公共基础设置中调入到薪资管理中来。

错误展示:

当单击进入工资项目设置时出现如图 S7-5 错误。

解决方案:

进入系统管理的视图,清除锁定或者退出系统重新进入即可。

5.正式人员档案

操作路径:<人力资源>—<薪资管理>—<设置>—<人员档案>—<正式员工>—<批增>—<查询>—<确定>,如图 S7-6 所示。

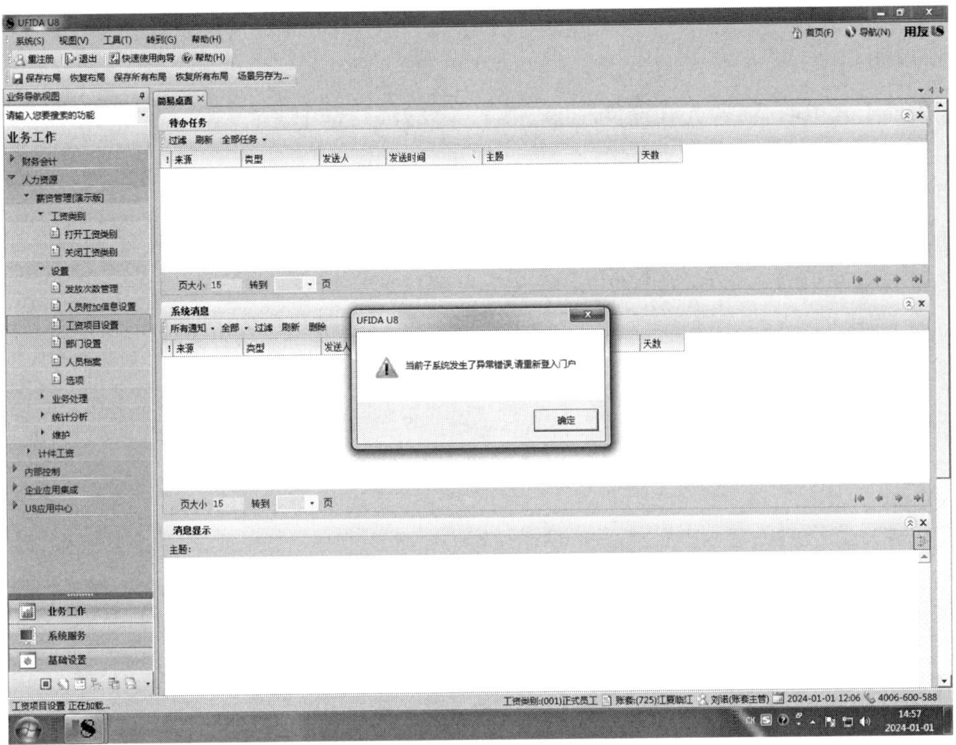

图 S7-5　进入工资项目设置出错

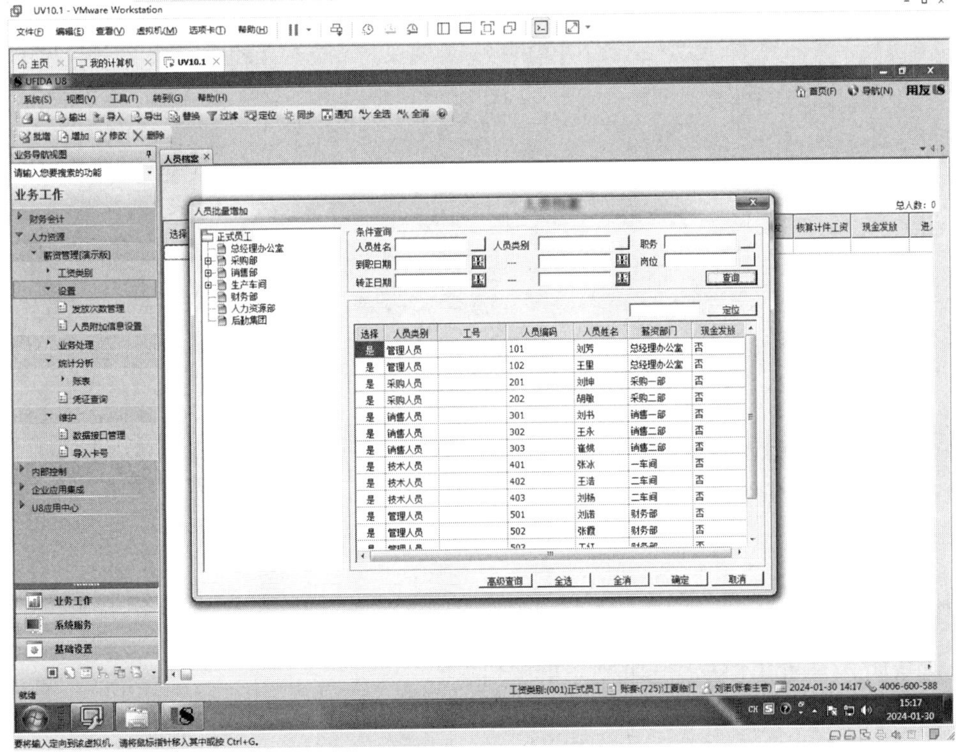

图 S7-6　正式人员档案

【操作说明】

在批增人员时，需要先在左侧“正式员工”下的部门选中。

专家点拨：

公共基础设置中人员存在，部门也选中，但仍然无法批增人员时，需要到公共基础设置中修改人员档案中的“业务或费用部门”。

6.正式人员公式设置

操作路径：<人力资源>—<薪资管理>—<工资类别>—<打开工资类别>—<正式员工>—<设置>—<工资项目设置>—<公式设置>，如图 S7-7 所示。

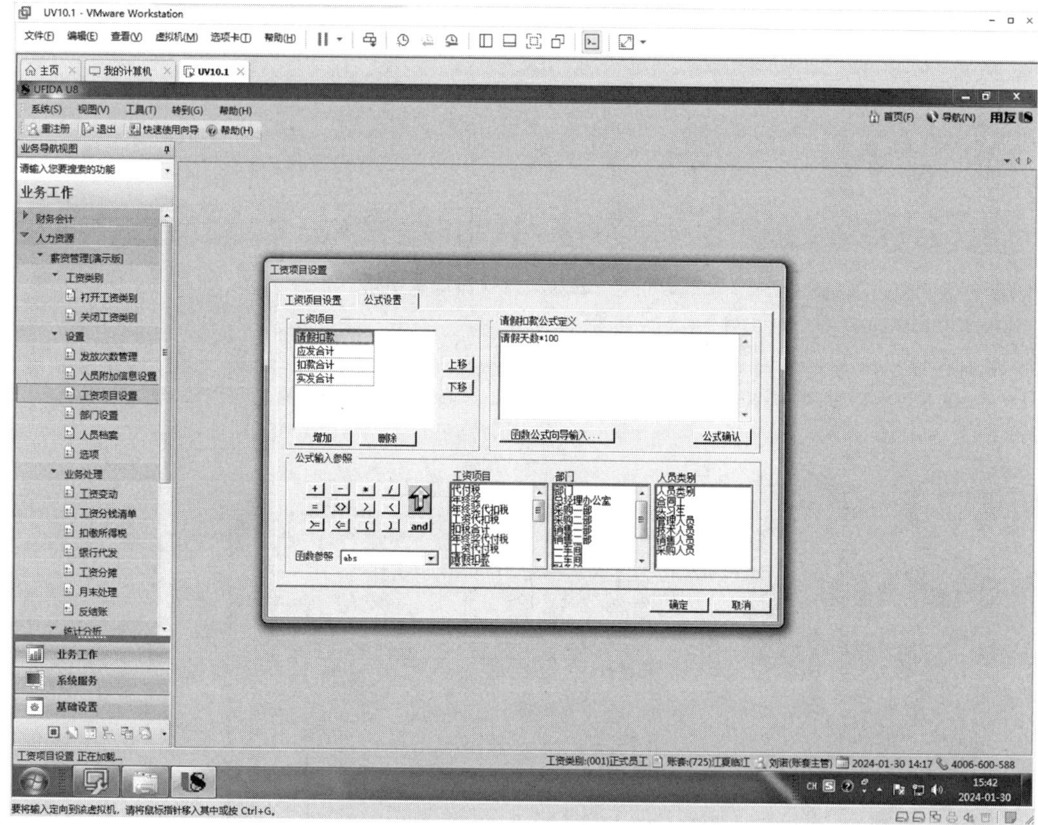

图 S7-7　公式设置

【操作说明】

①在图 S7-7 左上侧点<增加>—<请假扣款>。

②在“请假扣款公式定义”中输入“请假天数×100”点<公式确认>。

> **专家点拨：**
>
> 在半角模式下输入公式，否则公式确认会出现错误。

7.个人所得税纳税基数设置

操作路径：<人力资源>—<薪资管理>—<工资类别>—<打开工资类别>—<正式员工>—<设置>—<选项>—<扣税设置>—<编辑>—<税率设置>，如图 S7-8 所示。

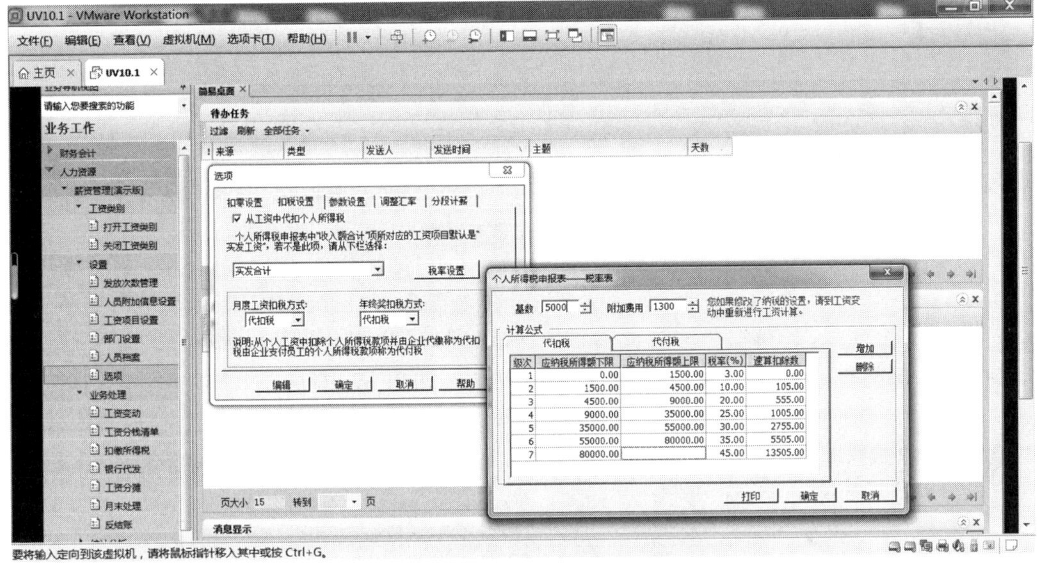

图 S7-8　个税纳税基数设置

【操作说明】

①基数调整为 5 000。

②需要打开工资类别，正式员工，否则看不到<选项>这个功能项。

8.工资单录入

操作路径：<人力资源>—<薪资管理>—<业务处理>—<工资变动>—<正式员工>—<确定>，如图 S7-9 所示。

【操作说明】

①根据业务场景提供的员工工资标准，双击需要录入数据的单元格，录入员工的工资数据。

②录入完成后可以点击<计算>、<汇总>进行重新计算。

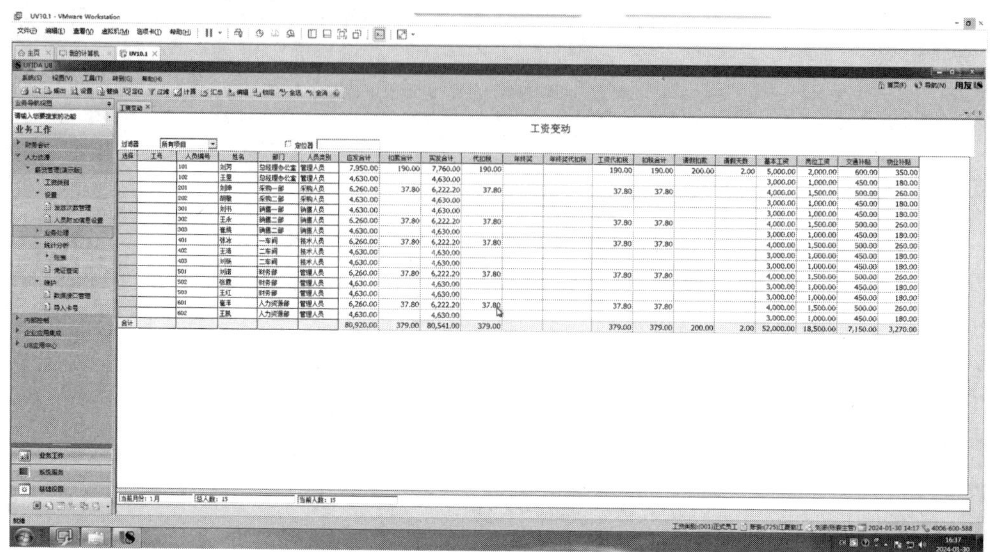

图 S7-9　工资变动单

9.工资分摊设置

操作路径:<人力资源>—<薪资管理>—<业务处理>—<工资分摊>—<选择核算部门打钩>—<工资分摊设置>—<增加>,如图 S7-10 所示。

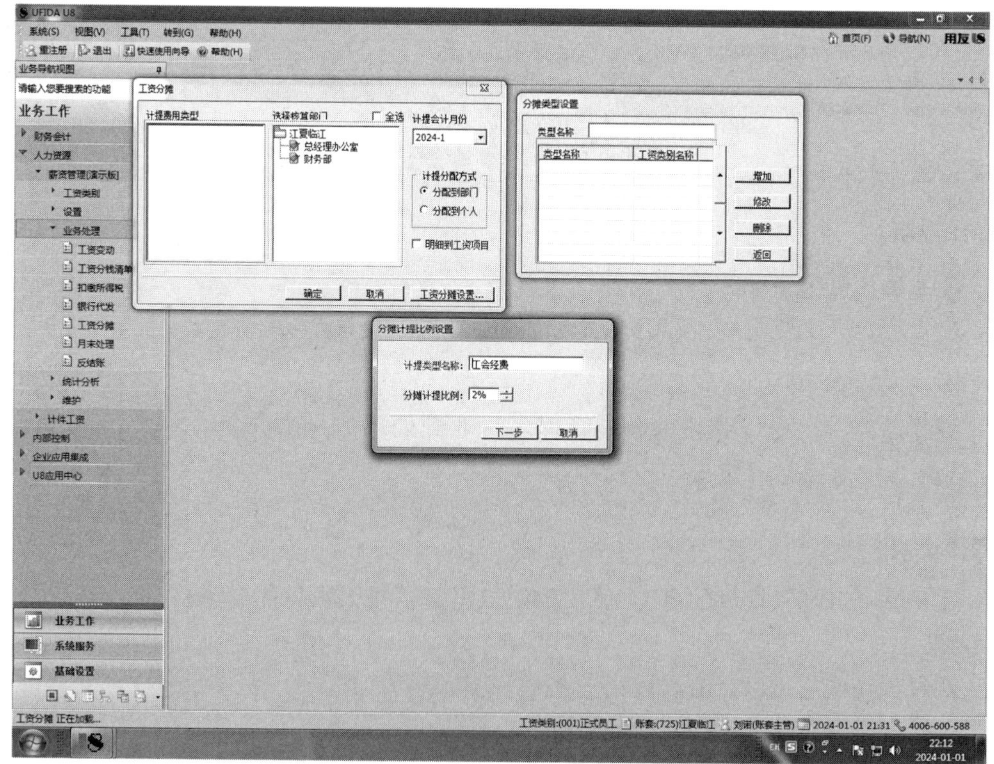

图 S7-10　工资分摊设置

【操作说明】

①计提类型名称:工会经费。

②分摊计提比例:2%。

③单击<下一步>。

④部门名称:不同部门,相同人员类别可设置不同分摊科目。

⑤人员类别:选择费用分配人员类别。

⑥工资项目:对应选中部门、人员类别,选择计提分配的工资项目。

⑦借方科目:对应选中部门、人员类别的每个工资项目的借方科目。

⑧贷方科目:对应选中部门、人员类别的每个工资项目的贷方科目。

⑨单击<完成>返回分摊类型设置对话框,如图 S7-11 所示。

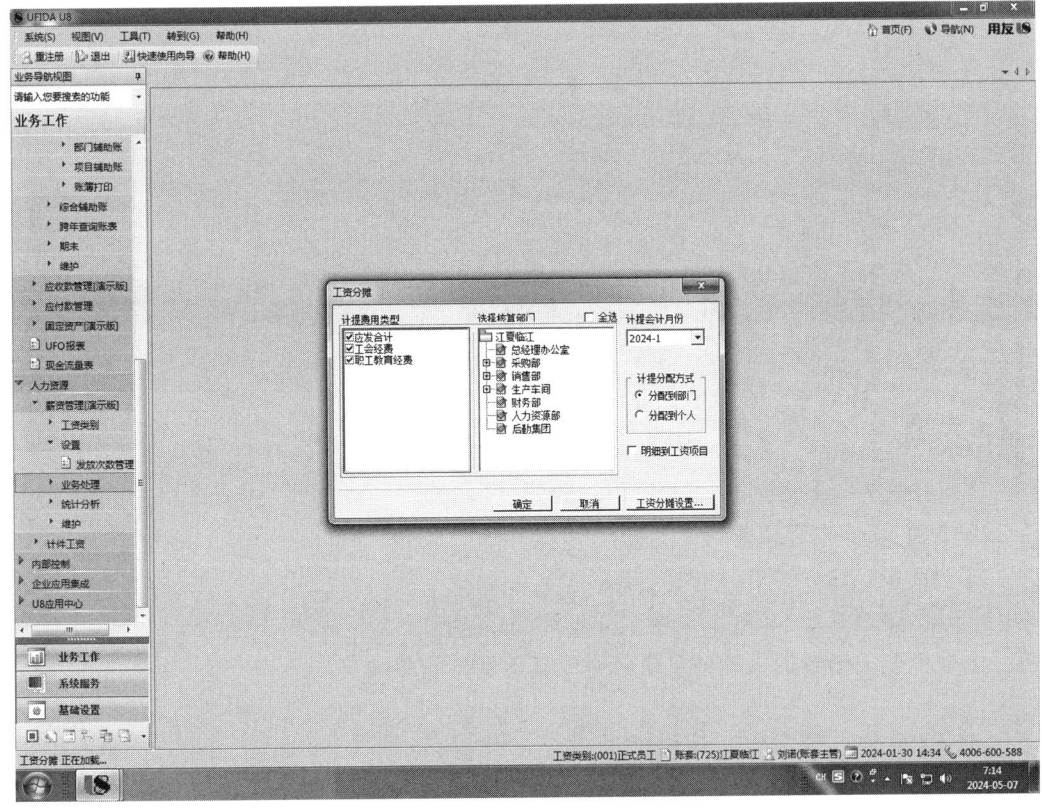

图 S7-11　工资分摊明细设置

10.工资分摊明细

操作路径:<人力资源>—<薪资管理>—<业务处理>—<工资分摊>—<正式员工>—<确定>,如图 S7-12 所示。

正式人员工会经费和职工教育经费分摊

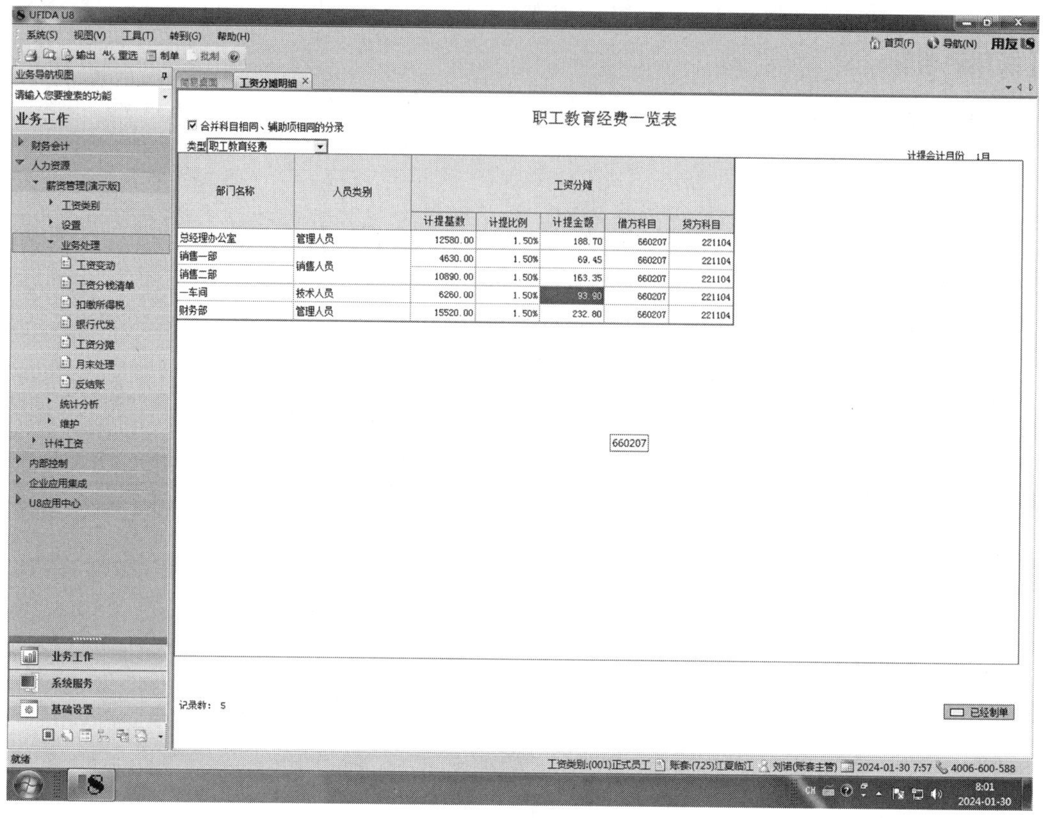

图 S7-12　工资分摊明细设置

【操作说明】

①选中“合并分录相同、辅助项相同的分录”。

②类别：职工教育经费。

③分别录入借方科目，贷方科目。

④单击菜单栏上的<制单>，生成凭证如图 S7-13 所示。

⑤根据业务场景提供的信息录入完成其他费用的分摊。

专家点拨：

①工资分摊设置中设置的科目直接影响到生成凭证中科目。

②凭证一旦生成，则不能再次制单。

③如果图 S7-12 的内容为空，则检查人员档案中的“业务或费用部门”是否已设。

11.计件工资初始设置

操作路径：<人力资源>—<计件工资>—<选项>—<编辑>—<个人计件>，如图 S7-14 所示。

临时人员计件工资

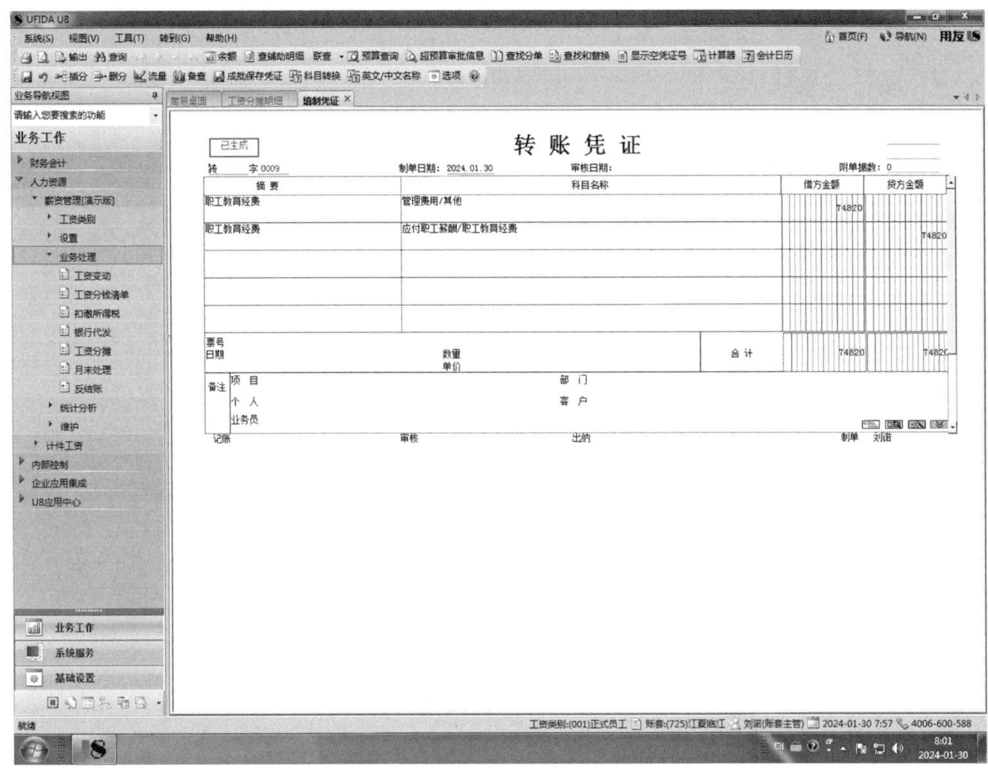

图 S7-13　生成职工教育经费凭证

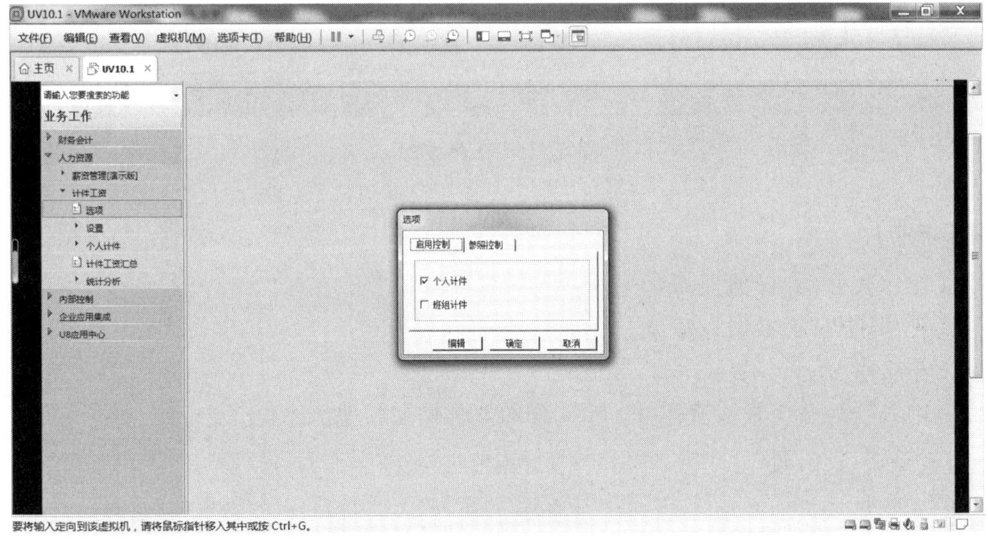

图 S7-14　计件工资选项设置

【操作说明】

根据具体情况选择不同的计件方式,本实验选个人计件。

12.计件工资工序设置

操作路径:<企业应用平台>—<基础设置>—<生产制造>—<标准工序资料维护>—<增加>,如图 S7-15 所示。

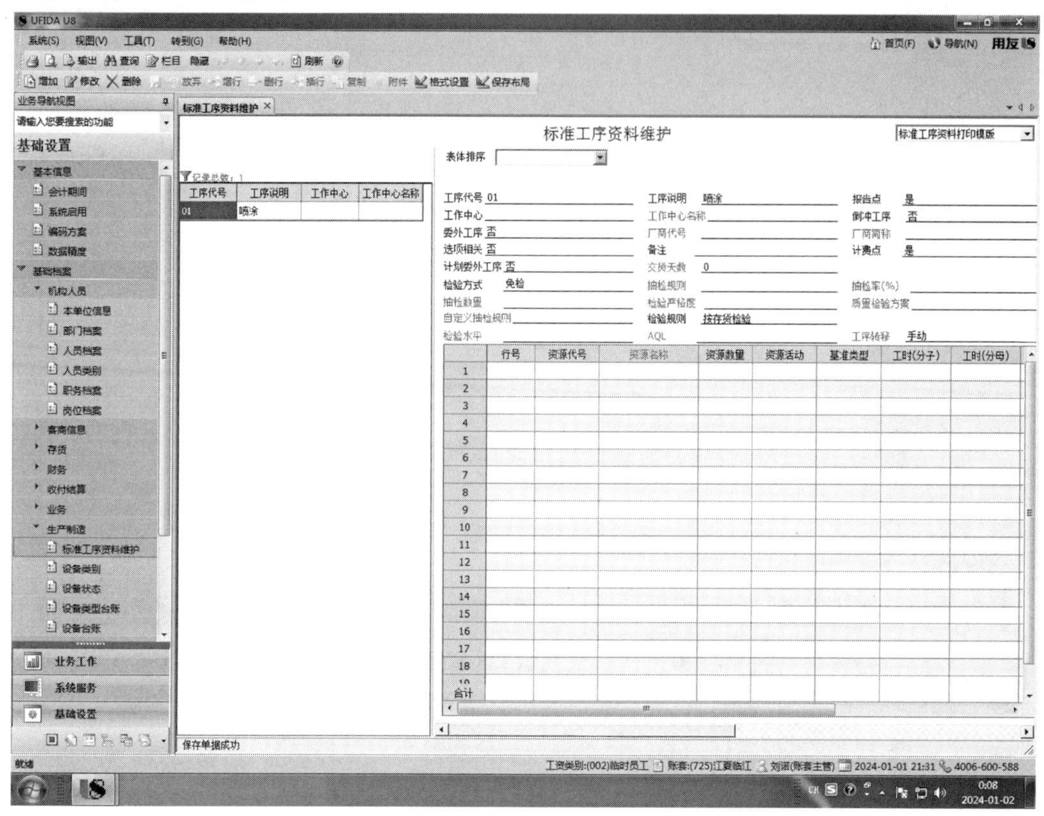

图 S7-15 工序设置

【操作说明】

①工序代号(必录项):01。

②工序说明(必录项):喷涂。

③报告点:是。

其他各项为系统默认值即可。用同样的流程增加其他工序。

13.计件工价设置

操作路径:<人力资源>—<计件工资>—<设置>—<计件工价设置>—<增加>,如图 S7-16 所示。

【操作说明】

①点击<增加>后,需要在<工序>对应的参考按钮处双击,选择具体的工序名称,自动带出工序编码。

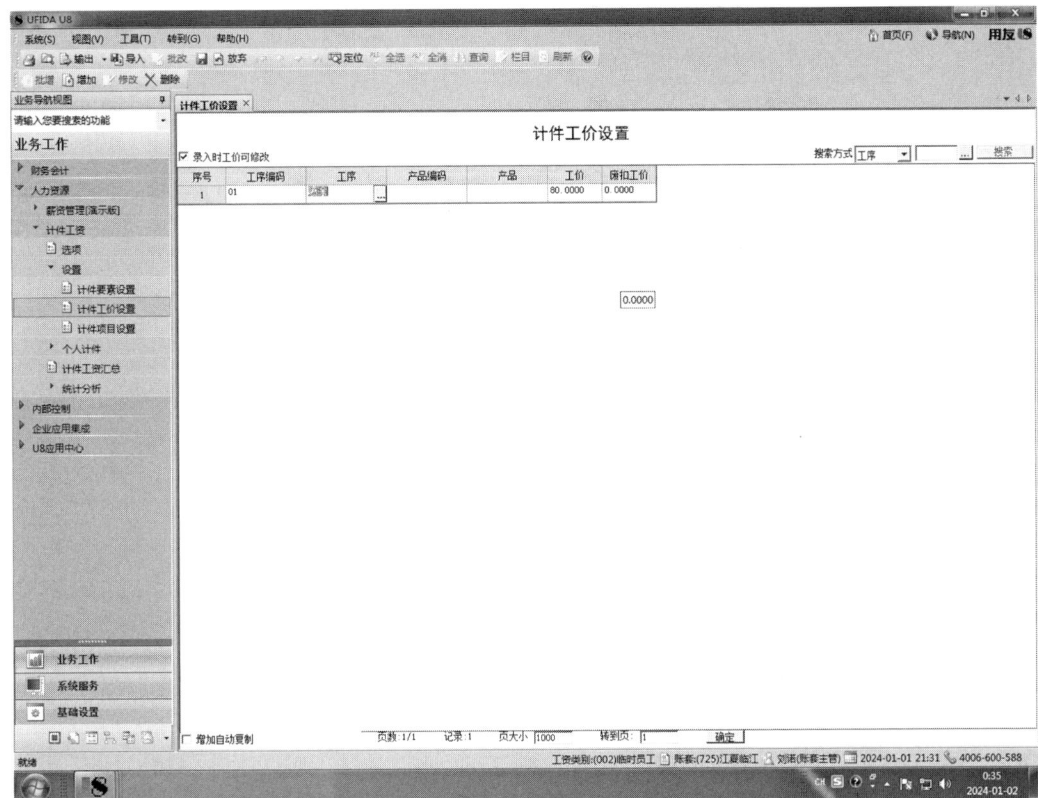

图 S7-16　计件工价设置

②直接单击工序编码不能实现增加功能。

专家点拨：

工序一旦被使用无法修改和删除。

14.计件工资录入

操作路径：<人力资源>—<计件工资>—<个人计件>—<计件工资录入>—<批增>—<增行>，如图 S7-17 所示。

【操作说明】

①姓名：刘一，首先选择录入姓名，系统自动带出该人员对应的人员编码。

②部门：一车间，选择录入。

③点击<工序>，选择喷涂，系统自动带出该工序对应的工序编码。

④工价：80。

⑤数量：100(6)录入完成单击<确定>系统返回“计件工资录入”窗口。

同样的方法录入其他人员的计件工资。

计件数据录入

批量增加计件工资(人员)

人员编码 ____ 姓名 ____ 部门 ____

计件日期 ____

序号	工序编码	工序	产品编码	产品	工价	废扣工价	数量	废品数	计件工资	工废扣款	个人计...

增行 删行

连续增加 增加自动复制 实时计算 按工价设置过滤产品工序 计算 确定 取消

6:40 2024-01-01

图 S7-17 计件工资录入

专家点拨：

①录入计件工资时，必须先单击人员姓名，人员编码无法直接录入。

②录入工序记录时，必须先单击<工序>，工序编码自动带出。

15.临时人员工资分摊

临时人员
工资分摊

临时人员的工资分摊操作等同于正式人员的工资分摊操作。

16.工资类别汇总

操作路径：<人力资源>—<薪资管理>—<维护>—<资类别汇总>—<正式人员/临时人员>—<确定>，如图 S7-18 所示。

【操作说明】

①选择一个类别汇总。

②在汇总前必须关闭所有工资类别。

③汇总前确保有汇总月份的数据。

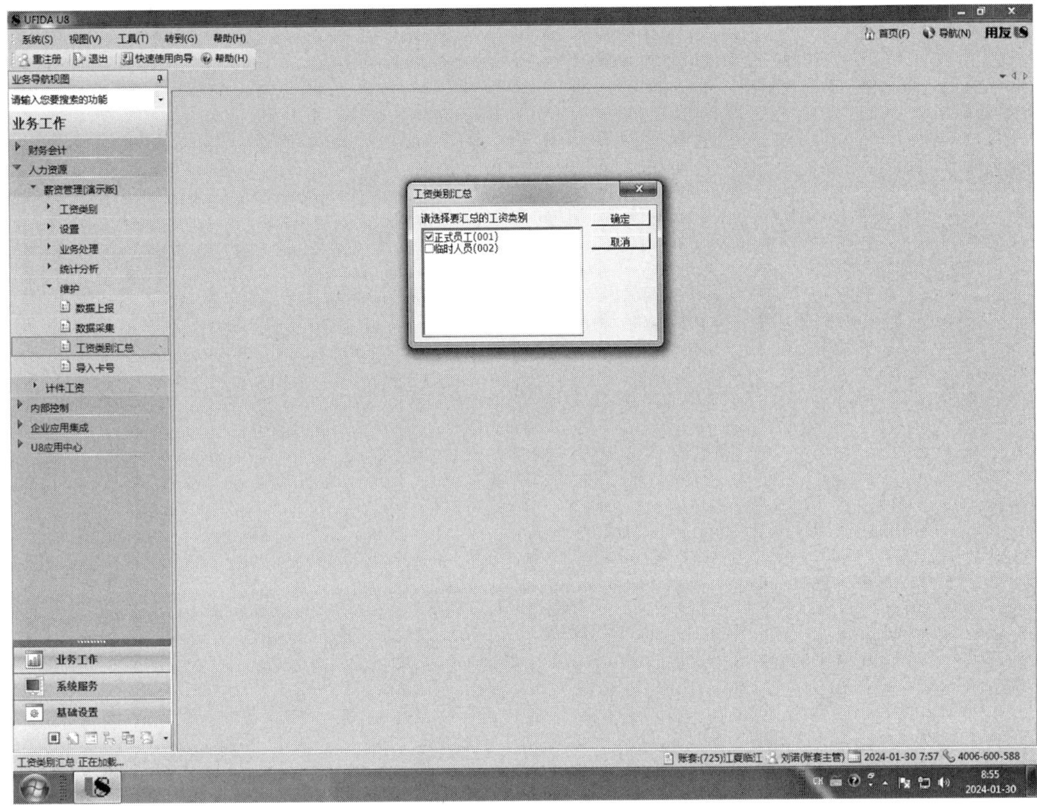

图 S7-18　工资类别汇总

专家点拨：

需要在人员档案中补充临时人员的档案，并设置该职员可核算计件工资。

错误展示：

计入计件工资录入时出现图 S7-19 所示错误。

解决方案：

①关闭当前窗口，重新登录。

②系统管理窗口通过视图菜单项上的“清除锁定”即可。

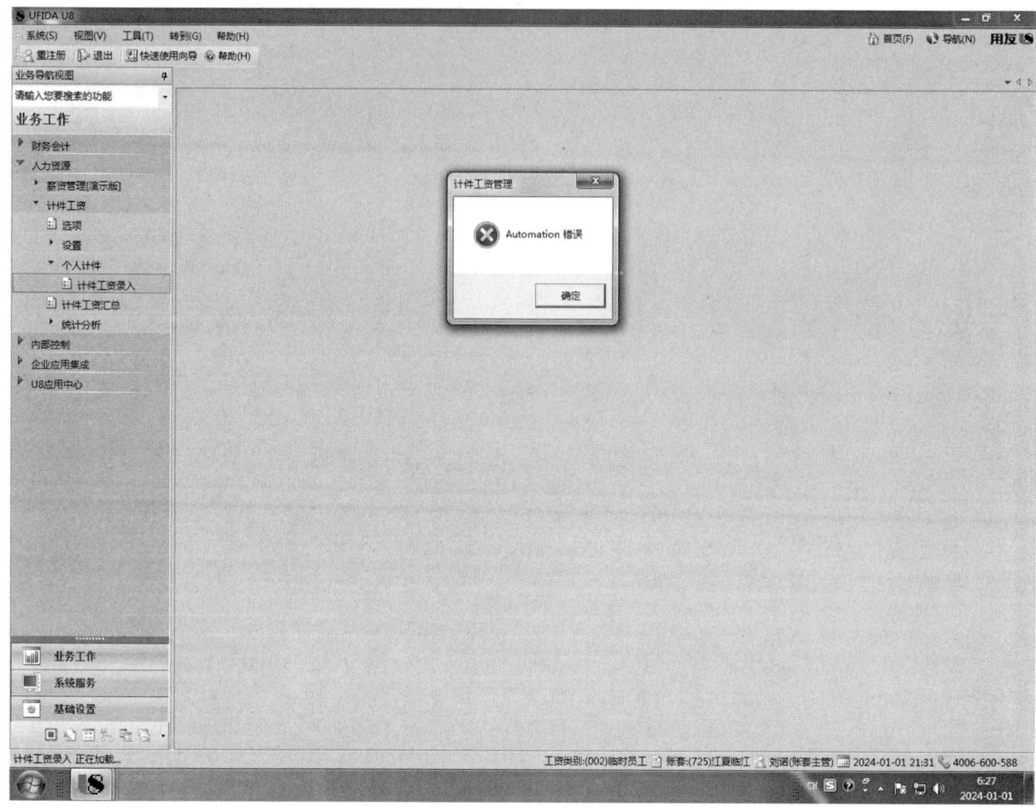
UFIDA U8
系统(S) 视图(V) 工具(T) 转到(G) 帮助(H)
重注册 退出 快速使用向导 帮助(H)
首页(F) 导航(N) 用友
业务导航视图
请输入您要搜索的功能
业务工作
财务会计
人力资源
薪资管理[演示版]
计件工资
选项
设置
个人计件
计件工资录入
计件工资汇总
统计分析
内部控制
企业应用集成
U8应用中心
业务工作
系统服务
基础设置
计件工资管理
Automation 错误
确定
计件工资录入 正在加载...
工资类别:(002)临时员工 账套:(725)江夏临江 刘诺(账套主管) 2024-01-01 21:31 4006-600-588
6:27
2024-01-01

图 S7-19

实验 8　总账期末业务处理

一、实验要求

①理解期末处理在用友 U8 中的作用。

②掌握自定义转账、对应结转、销售成本结转、汇兑损益、期间损益、转账生成、对账、结账等期末业务处理。

二、业务场景

①本月该公司发生的各项业务,包括工资、固定资产、应收应付需要结账的业务。

②摊销本月的大修理费用支出:2023 年,后勤集团租入发电设备进行大修理,支出 39 600元,修理间隔期 4 年,计算本月摊销费用,自定义转账结转。

三、实验步骤

引入“725 账套基础信息”或者引入自己上次实验的内容。

1. 自定义转账

操作路径:<企业应用平台>—<业务工作>—<财务会计>—<总账>—<期末>—<转账定义>—<自定义转账>—<增加>,如图 S8-1 所示。

【操作说明】

①转账序号:是转账编号不是凭证号,只能输入数字 0~9,不能重号,转账凭证的凭证号在每月转账时自动产生。

②转账说明:类似于摘要。

③凭证类别:转账类别。

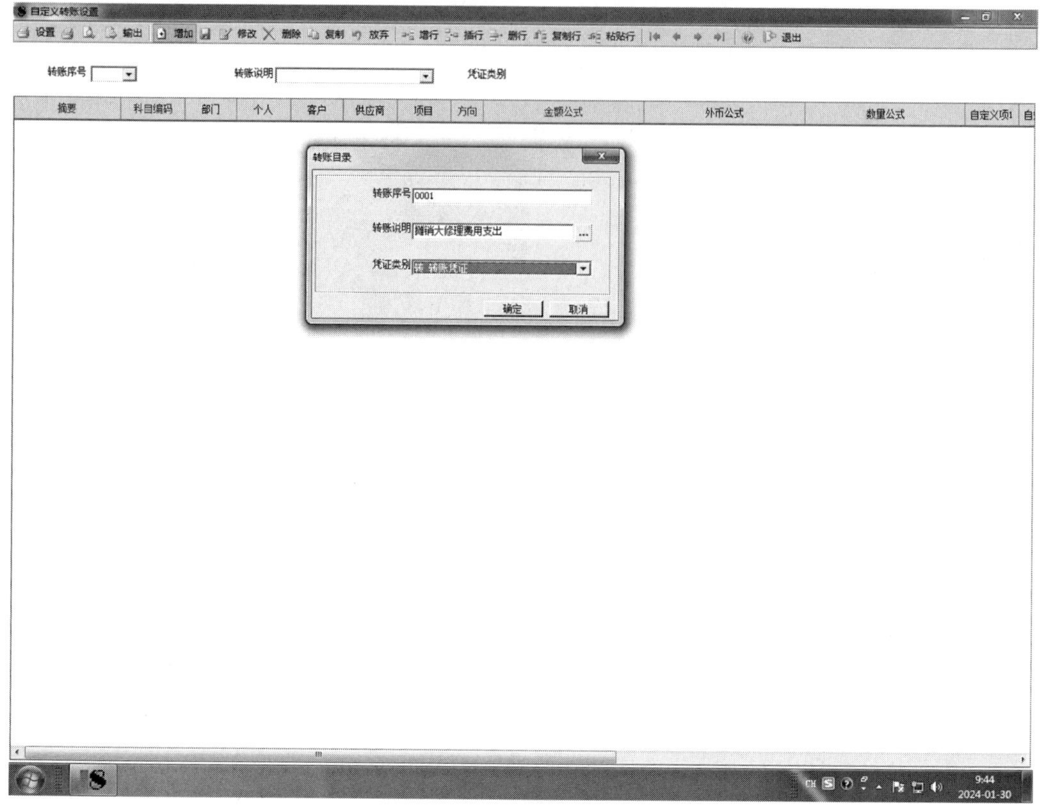

图 S8-1 自定义转账

④单击<确定>——<增行>。

⑤摘要:结转大修理费用。

⑥科目:660207。

⑦方向:借。

⑧金额公式如图 S8-2,“公式向导”,“取对方科目结果 JG( )”。

⑨点<增行>定义下一条分录。

⑩科目:1801。

⑪方向:贷。

⑫金额公式:<公式向导>—<期数余额>—<下一步>—<科目:1801>—<完成>。

完整公式为:用同样的方法定义其他转账。

专家点拨:

每笔转账凭证分录的摘要都录入,凭证分录的科目,可单击参照输入,蓝字对应的内容为必录项,其他内容根据具体科目核算内容填写。可以单击参照录入计算公式,建议通过参照录入公式,也可直接输入转账函数公式,录入公式时注意全角与半角的切换,否则系统认为非法公式。

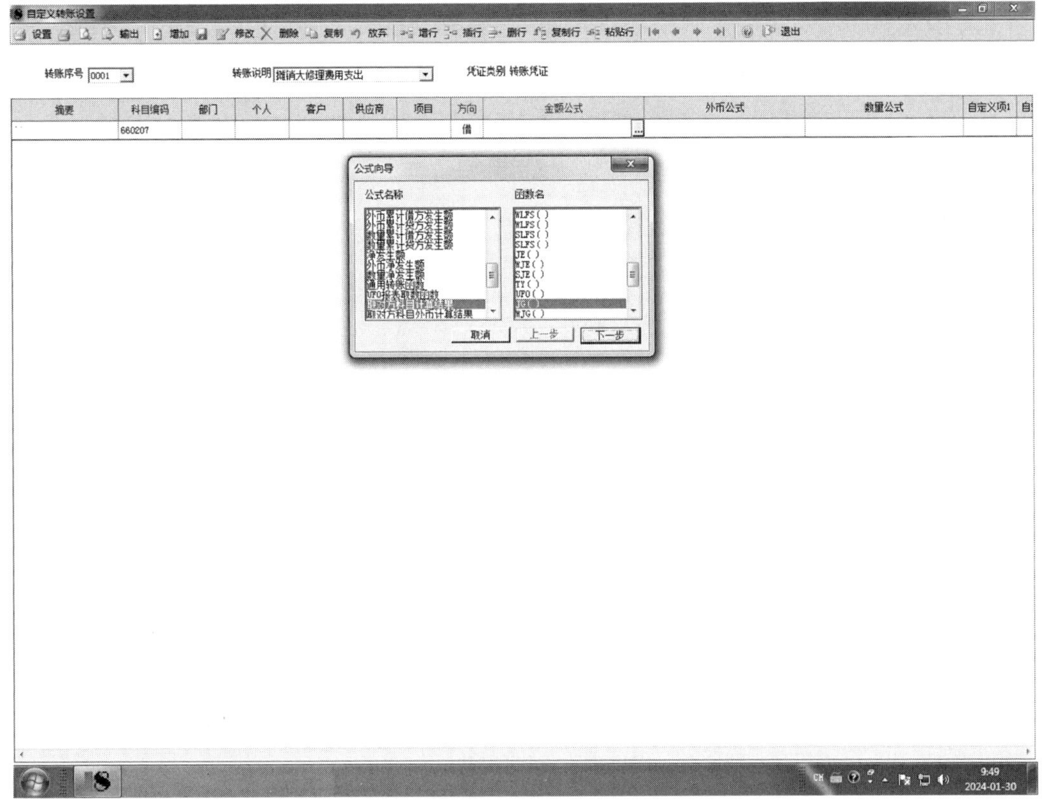

图 S8-2　定义公式

2.期间损益结转

操作路径:<企业应用平台>—<业务工作>—<财务会计>—<总账>—<期末>—<转账定义>—<期间损益结转>—<增加>,如图 S8-3 所示。

【操作说明】

①凭证类别:转。

②本年利润科目:4103。

③单击<确定>。

专家点拨:

本年利润科目若有辅助账类,则必须与损益科目的辅助账类一致。

3.自定义转账生成

操作路径:<企业应用平台>—<业务工作>—<财务会计>—<总账>—<期末>—<转账生成>—<自定义转账>,如图 S8-4 所示。

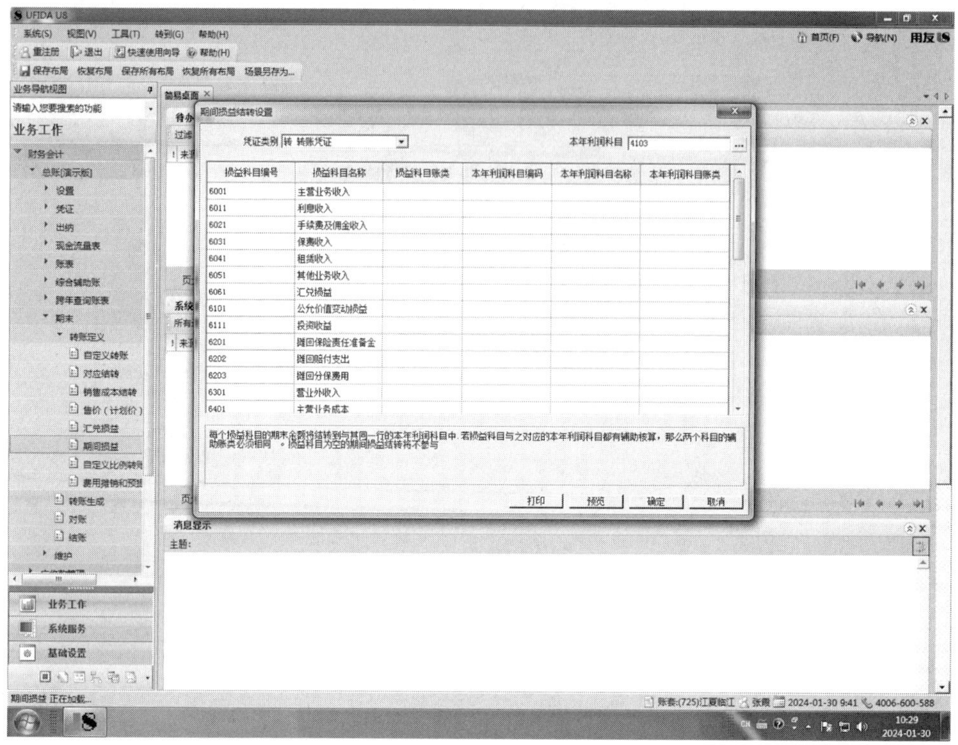

图 S8-3　期间损益结转

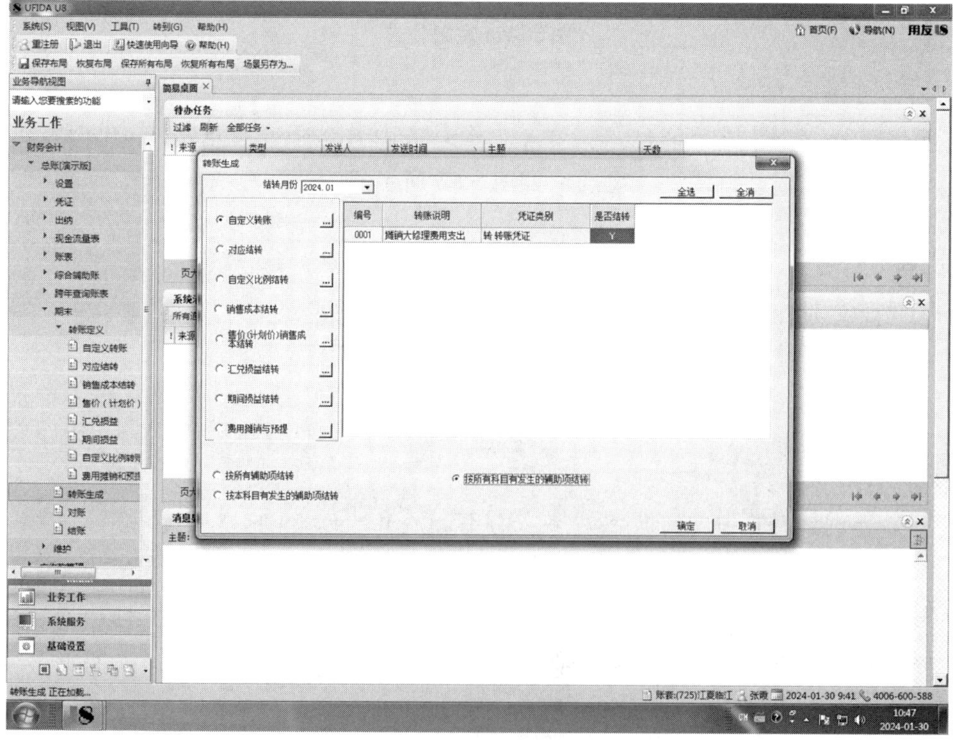

图 S8-4　自定义转账生成设置

【操作说明】

①在图 S8-3 自定义转账生成设置窗口,月份为 2024.01。

②是否结账:Y。

③单击确定后保存,生成图 S8-5 所示的凭证,“已生成”字样表明该张凭证已传到总账模块。

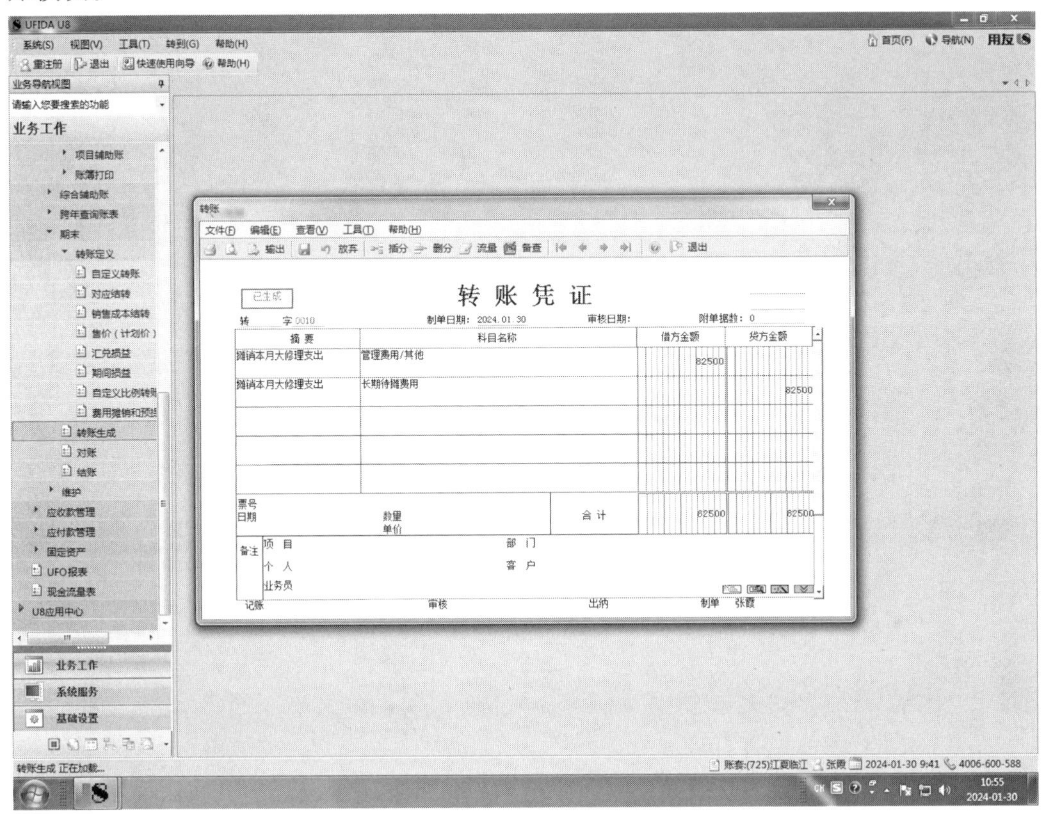

图 S8-5　自定义转账生成凭证

4.期间损益结转生成

操作路径:<企业应用平台>—<业务工作>—<财务会计>—<总账>—<期末>—<转账生成>—<期间损益结转>,如图 S8-6 所示。

【操作说明】

①结转月份:01。

②类别:全部,也可以按收入、支出结账。

③全选,单击<确定>,生成期间损益结转凭证。

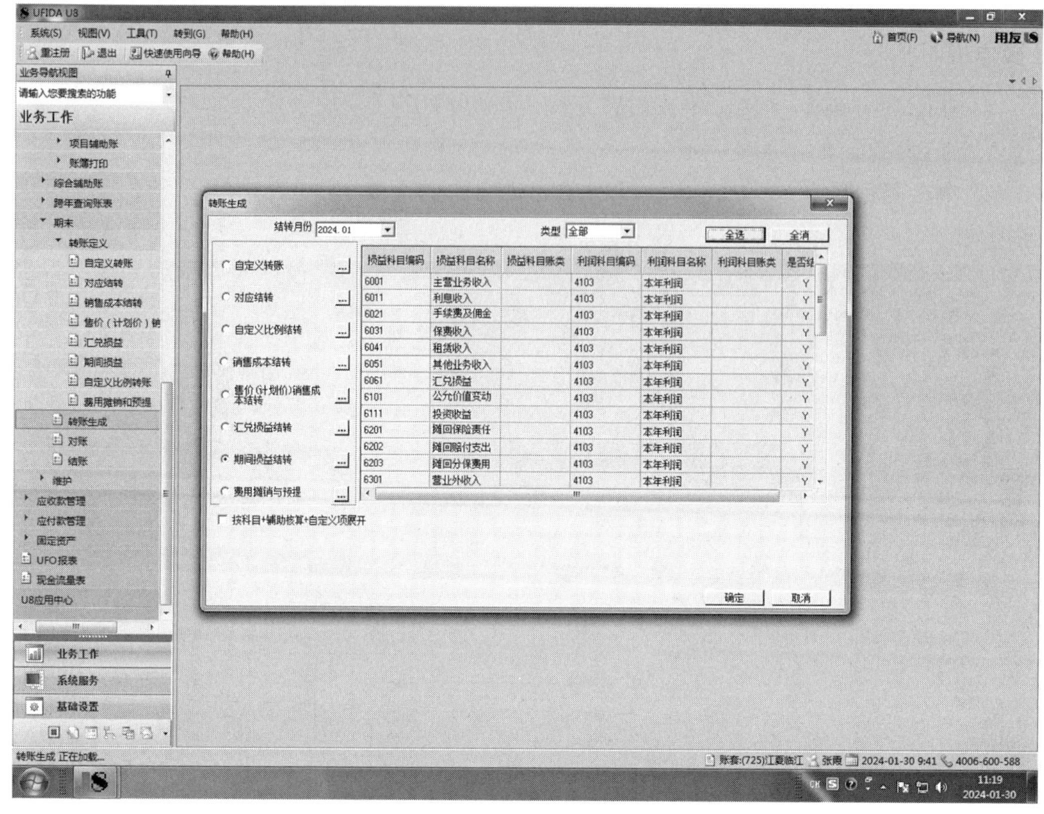

图 S8-6　期间损益结转设置

专家点拨：

①结转之前必须先记账，否则损益类结转的数据会不完整。

②期末结转一般每月进行一次。

③期末结转生成的凭证传递到总账模块后仍需审核、记账。

5.对账

操作路径：<企业应用平台>—<业务工作>—<财务会计>—<总账>—<期末>—<对账>，如图 S8-7 所示。

【操作说明】

先选择记账的月份，再单击菜单栏上的<对账>。

专家点拨：

只要记账凭证录入正确，计算机自动记账后各种账簿都应是正确、平衡的。

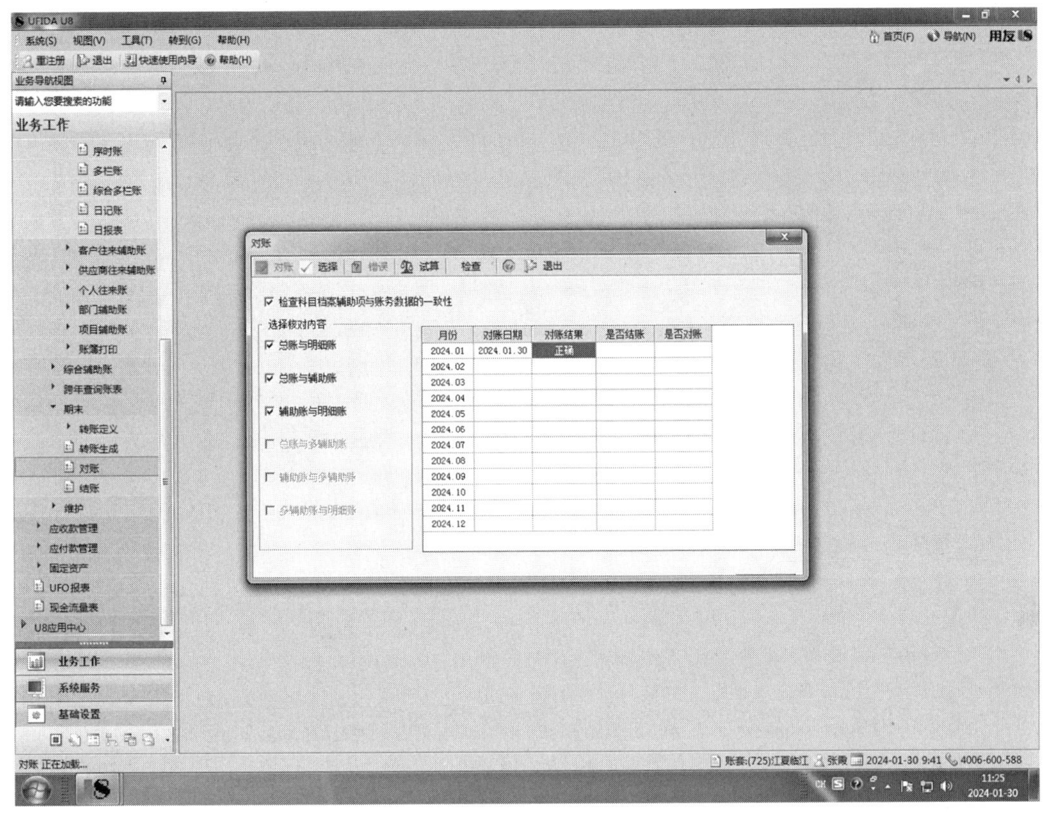

图 S8-7　对账

6.结账

操作路径:<企业应用平台>—<业务工作>—<财务会计>—<总账>—<期末>—<结账>—<下一步>—<对账>,如图 S8-8 所示。

【操作说明】

核对账簿正确的情况下,继续下一步,提供月度工作报告,通过检查,结账完毕。

错误展示:

未通过工作检查,如图 S8-9 所示。

解决方案:

①在图 S8-9 中,单击上一步,查看工作报告如图 S8-10 所示。

②将两张未记账的凭证记账。

③没有结转为零的损益类科目结账为零。

④其他启用的各个模块要结账。

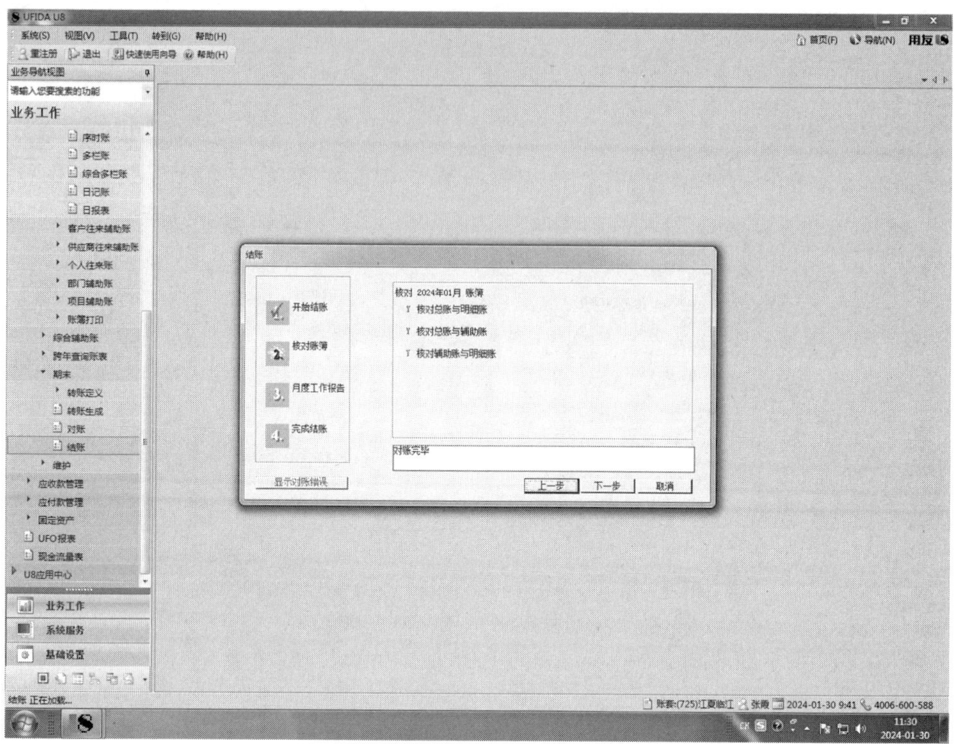

图 S8-8　结账

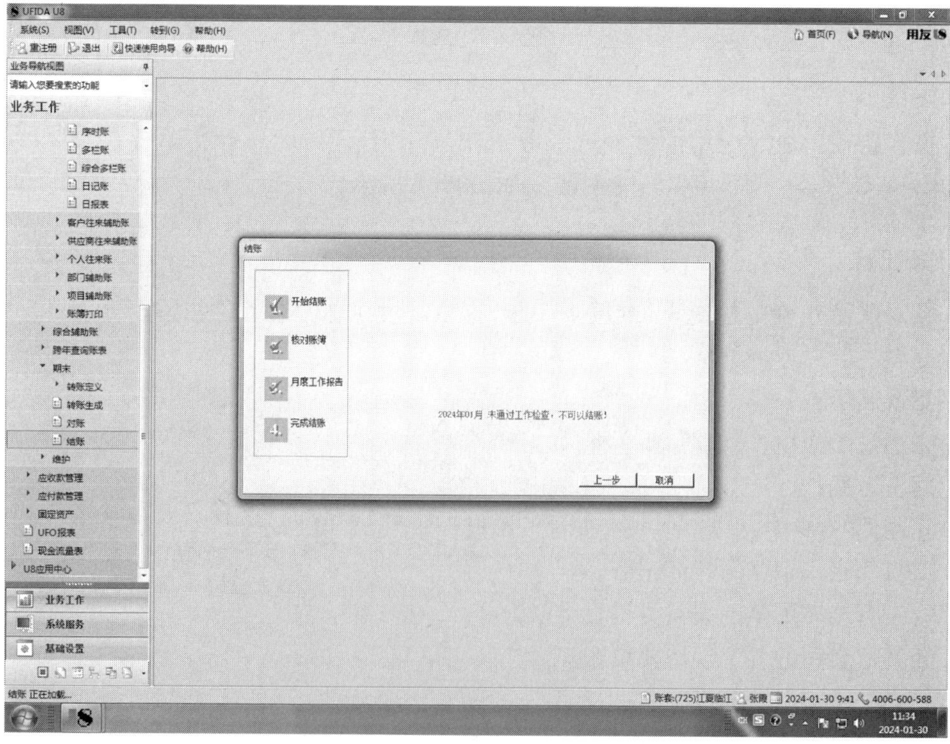

图 S8-9　未通过工作检查

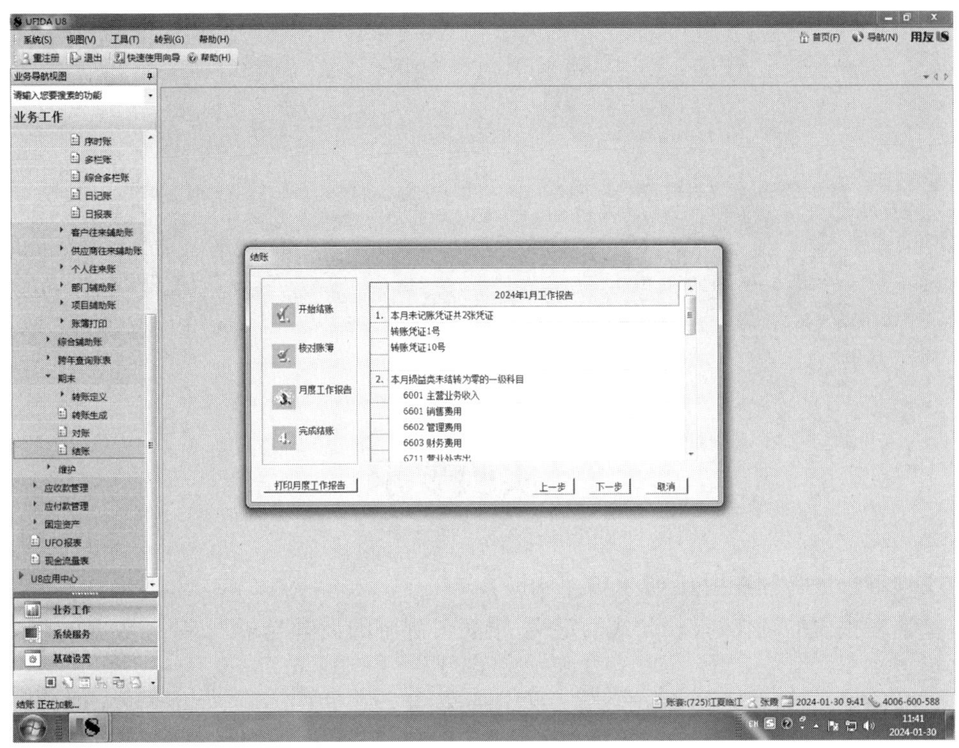

图 S8-10　2024 年 1 月工作报告

专家点拨：

①结账人须有结账权限。

②上月没有结账的，本月不能结账。

③结账完成后需要备份数据。

④结账后发现存在问题，可以通过反结账取消结账。

⑤反结账操作：Ctrl+Shift+F6

实验9　UFO报表管理

一、实验要求

①理解报表管理在用友U8中的作用。

②掌握报表的制作、报表公式的定义、报表关键字的设置与录入、报表数据的获取等业务处理。

③掌握资产负债表、利润表、现金流量表的编制。

二、业务场景

本月该公司发生的各项业务数据。

三、实验步骤

引入上次实验内容。

1.调用模板

操作路径:<企业应用平台>—<业务工作>—<财务会计>—<UFO报表>—<关闭>—<新建>—<格式>—<报表模版>,如图S9-1所示。

【操作说明】

①您所在的行业:2007年新会计制度科目。

②财务报表:资产负债表。

点击<确定>,确认模板调用,如图S9-2所示;点击<确定>,打开资产负债表,如图S9-3所示。

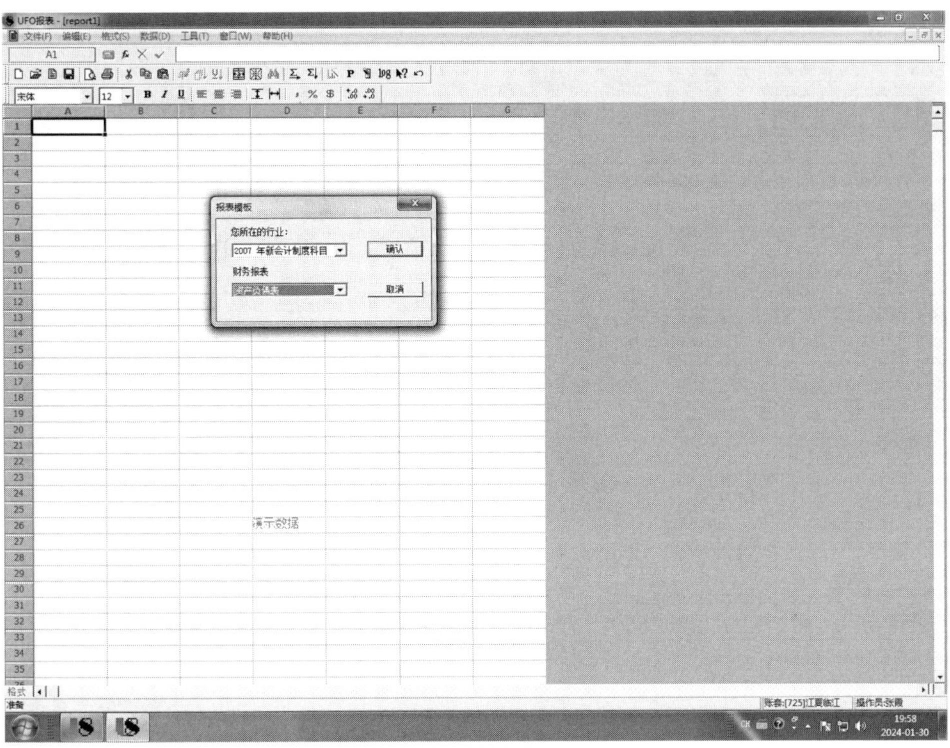

图 S9-1　调用报表模板

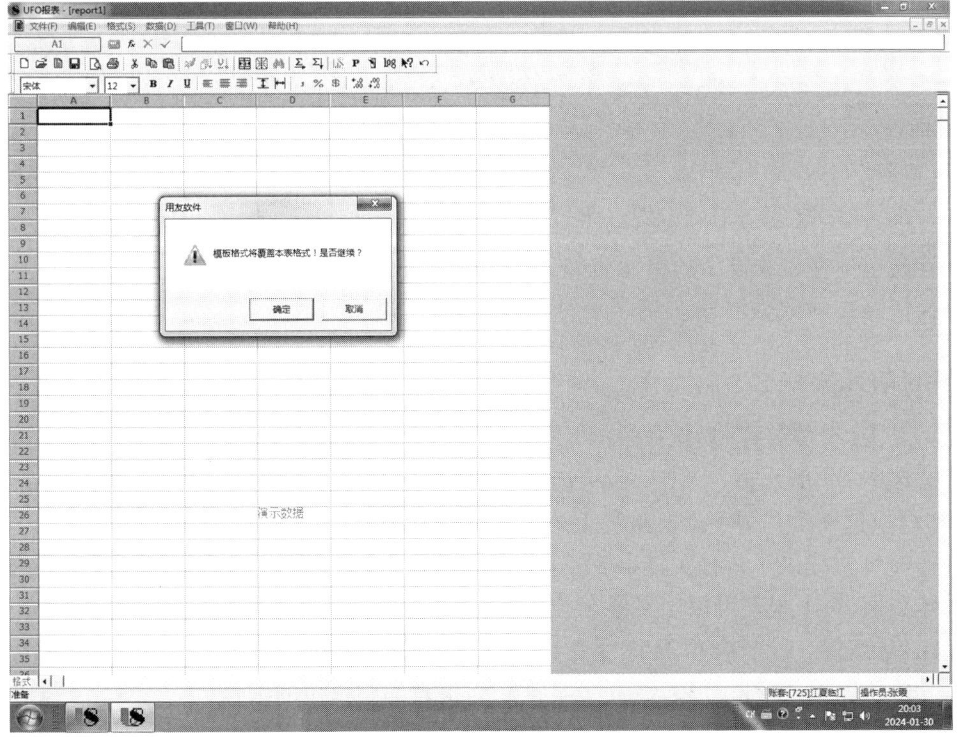

图 S9-2　确认模板调用

			资产负债表			
						会企01表
编制单位：		xxxx 年	xx 月	xx 日		单位：元

资　产	行次	期末余额	年初余额	负债和所有者权益（或股东权益）	行次	期末余额	年初余额
流动资产：				流动负债：			
货币资金	1	公式单元	公式单元	短期借款	32	公式单元	公式单元
交易性金融资产	2	公式单元	公式单元	交易性金融负债	33	公式单元	公式单元
应收票据	3	公式单元	公式单元	应付票据	34	公式单元	公式单元
应收账款	4	公式单元	公式单元	应付账款	35	公式单元	公式单元
预付款项	5	公式单元	公式单元	预收款项	36	公式单元	公式单元
应收利息	6	公式单元	公式单元	应付职工薪酬	37	公式单元	公式单元
应收股利	7	公式单元	公式单元	应交税费	38	公式单元	公式单元
其他应收款	8	公式单元	公式单元	应付利息	39	公式单元	公式单元
存货	9	公式单元	公式单元	应付股利	40	公式单元	公式单元
一年内到期的非流动资产	10			其他应付款	41	公式单元	公式单元
其他流动资产	11			一年内到期的非流动负债	42		
流动资产合计	12	公式单元	公式单元	其他流动负债	43		
非流动资产：				流动负债合计	44	公式单元	公式单元
可供出售金融资产	13	公式单元	公式单元	非流动负债：			
持有至到期投资	14	公式单元	公式单元	长期借款	45	公式单元	公式单元
长期应收款	15	公式单元	公式单元	应付债券	46	公式单元	公式单元
长期股权投资	16	公式单元	公式单元	长期应付款	47	公式单元	公式单元
投资性房地产	17	公式单元	公式单元	专项应付款	48	公式单元	公式单元
固定资产	18	公式单元	公式单元	预计负债	49	公式单元	公式单元
在建工程	19	公式单元	公式单元	递延所得税负债	50	公式单元	公式单元
工程物资	20	公式单元	公式单元	其他非流动负债	51		
固定资产清理	21	公式单元	公式单元	非流动负债合计	52	公式单元	公式单元
生产性生物资产	22	公式单元	公式单元	负债合计	53	公式单元	公式单元
油气资产	23	公式单元	公式单元	所有者权益（或股东权益）：			
无形资产	24	公式单元	公式单元	实收资本（或股本）	54	公式单元	公式单元

图 S9-3　资产负债表

专家点拨：

此处路径中的<格式>是菜单项中的“格式”菜单项，而非窗口左下角的“格式”功能项。

2.设置关键字

首先选中存放关键字的单元格如 A3，然后按照下列路径进行操作：

操作路径：<数据>—<关键字>—<设置>，如图 S9-4 所示。

【操作说明】

①点击<单位名称>后按<确定>，每次只能选择一个关键字。

②选中 D3 单元格，点击<年>，选中 E3 单元格，点击<月>，选中 G3 单元格，点击<日>，每设置一个关键字就要重复上述操作过程。

③UFO 共提供了 7 种关键字，关键字在格式状态下设置，在数据状态下录入关键字的具体数值，每个报表可以定义多个关键字。

④单位名称：最多输入 28 个字符，报表编制单位的名称。

⑤单位编号：字符型（最大 10 个字符），为报表编制单位的编号。

⑥年：数字型（1980—2099），该报表表页反映的年。

⑦季：数字型（1～4），该报表表页反映的季度。

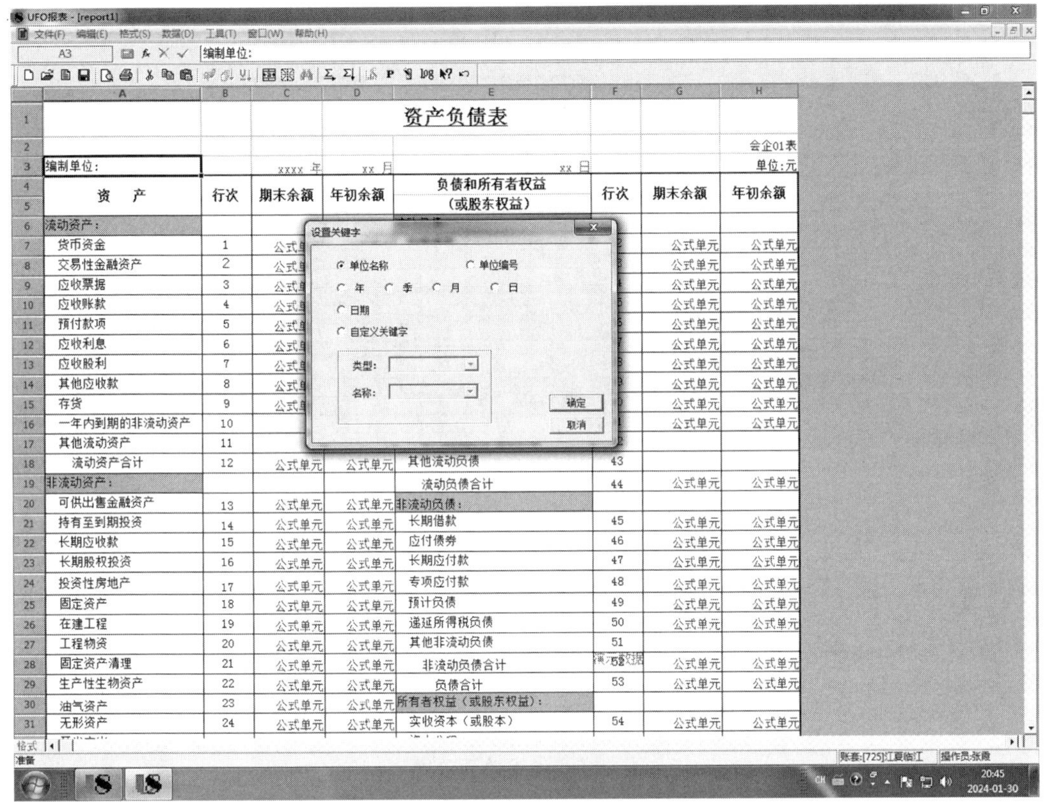

图 S9-4　设置关键字

⑧月:数字型(1～12),该报表表页反映的月份。

⑨日:数字型(1～31),该报表表页反映的日期。

专家点拨:

①关键字的颜色可在设置单元格属性中定义。

②关键字唯一标识一个表页,用于在大量表页中快速选择表页。

3.期末余额单元公式定义

操作路径:<格式窗口>—<C7 单元格>,如图 S9-5 所示。

【操作说明】

①删掉“定义公式”对话框中原有公式。

②点击<函数向导>。

③选择<用友账务函数>的<期末 QM( )>。

④点击<下一步>。

⑤点击<参照>如图 S9-6 所示。

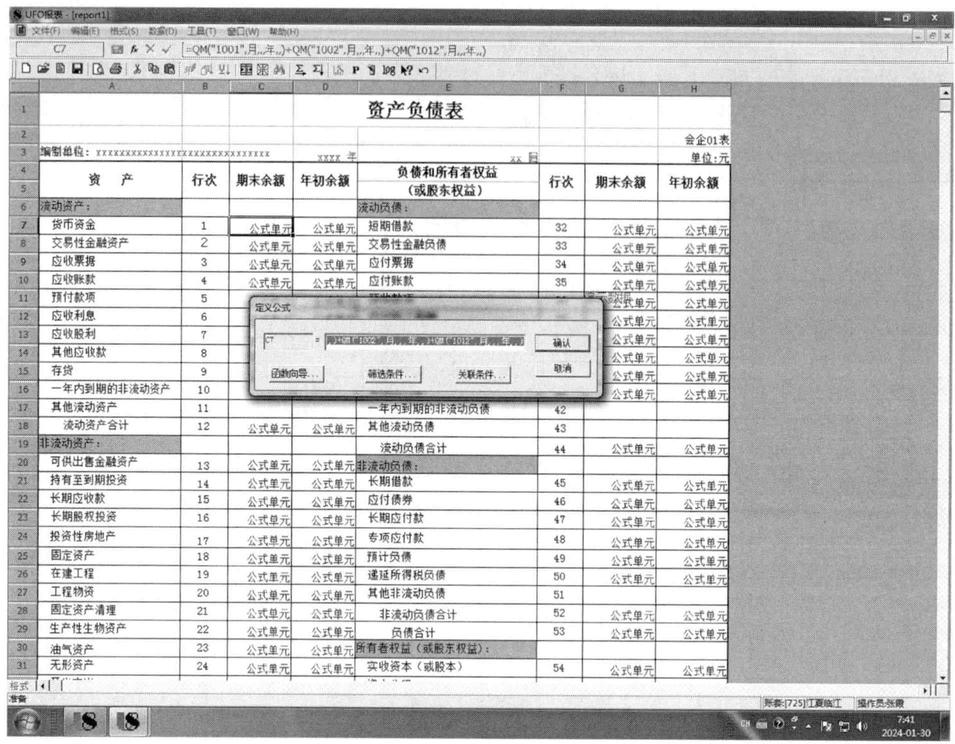

图 S9-5　设置单元公式

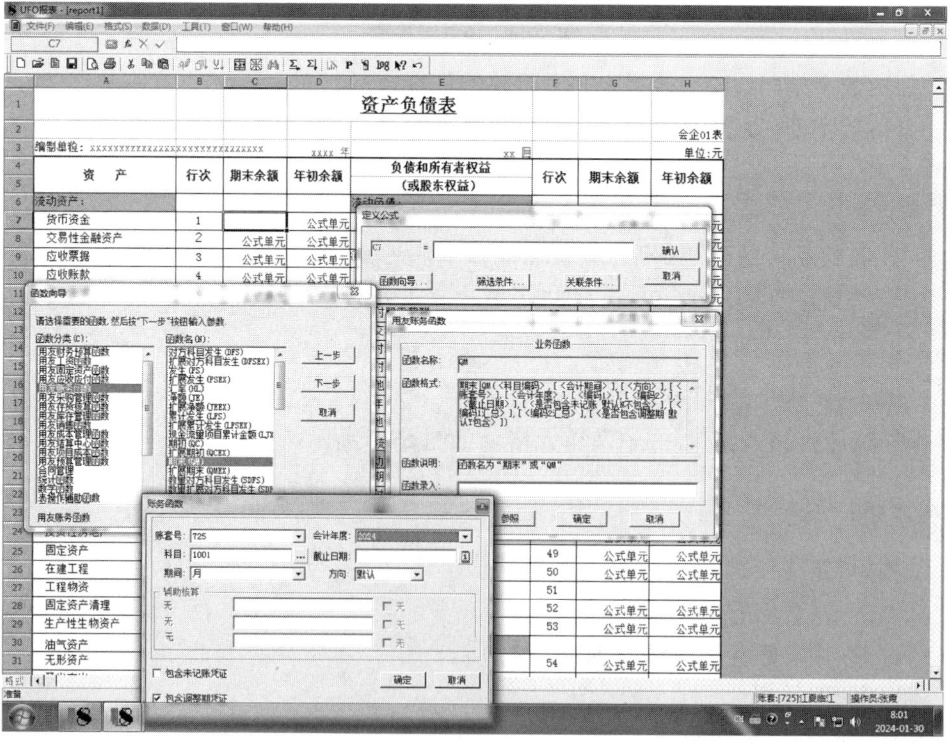

图 S9-6　选择单元公式

账套号:725

会计年度:2024

科目:1001

期间:月

方向:默认

⑥点击<确定>按钮如图 S9-7 所示。

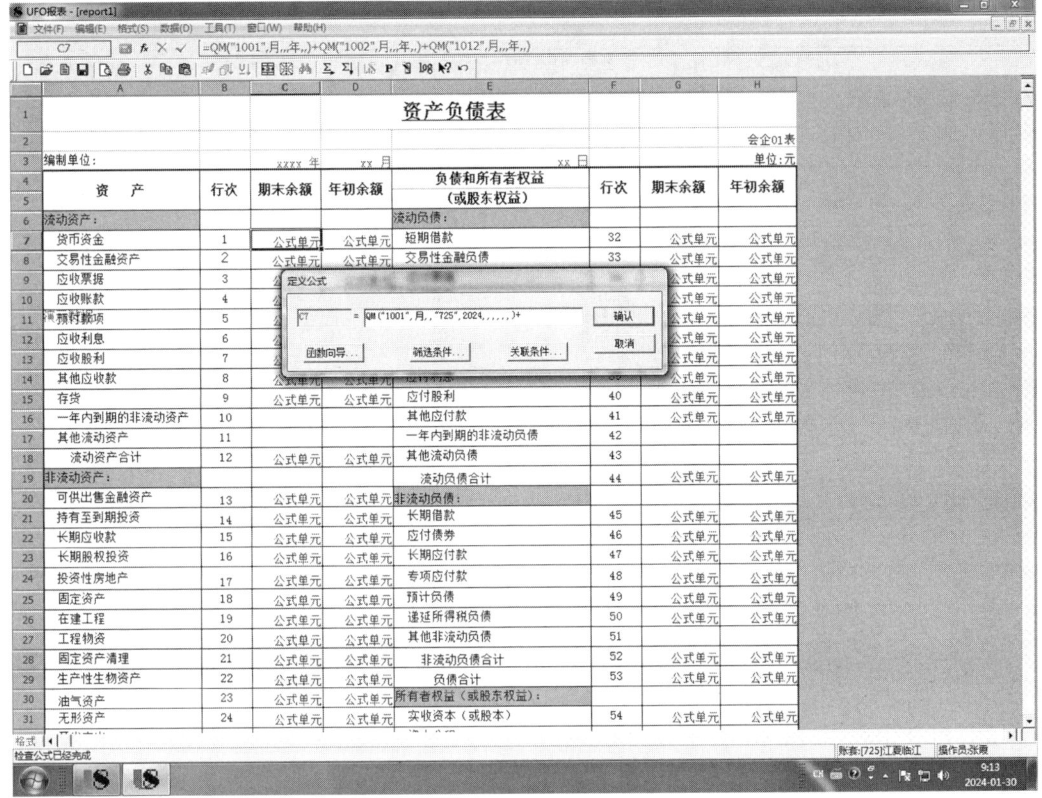

资　产	行次	期末余额	年初余额	负债和所有者权益（或股东权益）	行次	期末余额	年初余额
流动资产：				流动负债：			
货币资金	1	公式单元	公式单元	短期借款	32	公式单元	公式单元
交易性金融资产	2	公式单元	公式单元	交易性金融负债	33	公式单元	公式单元
应收票据	3					公式单元	公式单元
应收账款	4					公式单元	公式单元
预付款项	5					公式单元	公式单元
应收利息	6					公式单元	公式单元
应收股利	7					公式单元	公式单元
其他应收款	8	公式单元	公式单元	应付利息		公式单元	公式单元
存货	9	公式单元	公式单元	应付股利	40	公式单元	公式单元
一年内到期的非流动资产	10			其他应付款	41	公式单元	公式单元
其他流动资产	11			一年内到期的非流动负债	42		
流动资产合计	12	公式单元	公式单元	其他流动负债	43		
非流动资产：				流动负债合计	44	公式单元	公式单元
可供出售金融资产	13	公式单元	公式单元	非流动负债：			
持有至到期投资	14	公式单元	公式单元	长期借款	45	公式单元	公式单元
长期应收款	15	公式单元	公式单元	应付债券	46	公式单元	公式单元
长期股权投资	16	公式单元	公式单元	长期应付款	47	公式单元	公式单元
投资性房地产	17	公式单元	公式单元	专项应付款	48	公式单元	公式单元
固定资产	18	公式单元	公式单元	预计负债	49	公式单元	公式单元
在建工程	19	公式单元	公式单元	递延所得税负债	50	公式单元	公式单元
工程物资	20	公式单元	公式单元	其他非流动负债	51		
固定资产清理	21	公式单元	公式单元	非流动负债合计	52	公式单元	公式单元
生产性生物资产	22	公式单元	公式单元	负债合计	53	公式单元	公式单元
油气资产	23	公式单元	公式单元	所有者权益（或股东权益）：			
无形资产	24	公式单元	公式单元	实收资本（或股本）	54	公式单元	公式单元

图 S9-7　编辑单元公式

⑦输入“+”重复上述“操作说明”(2)—(6)的步骤,用同样的方法输入“银行存款”和“其他货币资金”的公式,定义好的公式如下:

QM(“1001“,,,“725“,2024,,,,,,)+QM(“1002“,,,“725“,2024,,,,,,)+QM(“1012“,月,,,,,,,,,)

⑧点击<确定>按钮,定义完成 C7 单元格对应的“货币资金”期末余额的单元公式。

专家点拨:

在输入公式时,因参数较多,半角、全角切换频繁,公式中参数的符号容易出错,因此建议通过“参照”录入。

4.年初余额单元公式定义

操作路径:<格式窗口>—<D7 单元格>—<删除原有公式>—<函数向导>—<用友账务函数>—<期初 QC( )>—<下一步>—<参照>,如图 S9-8 所示。

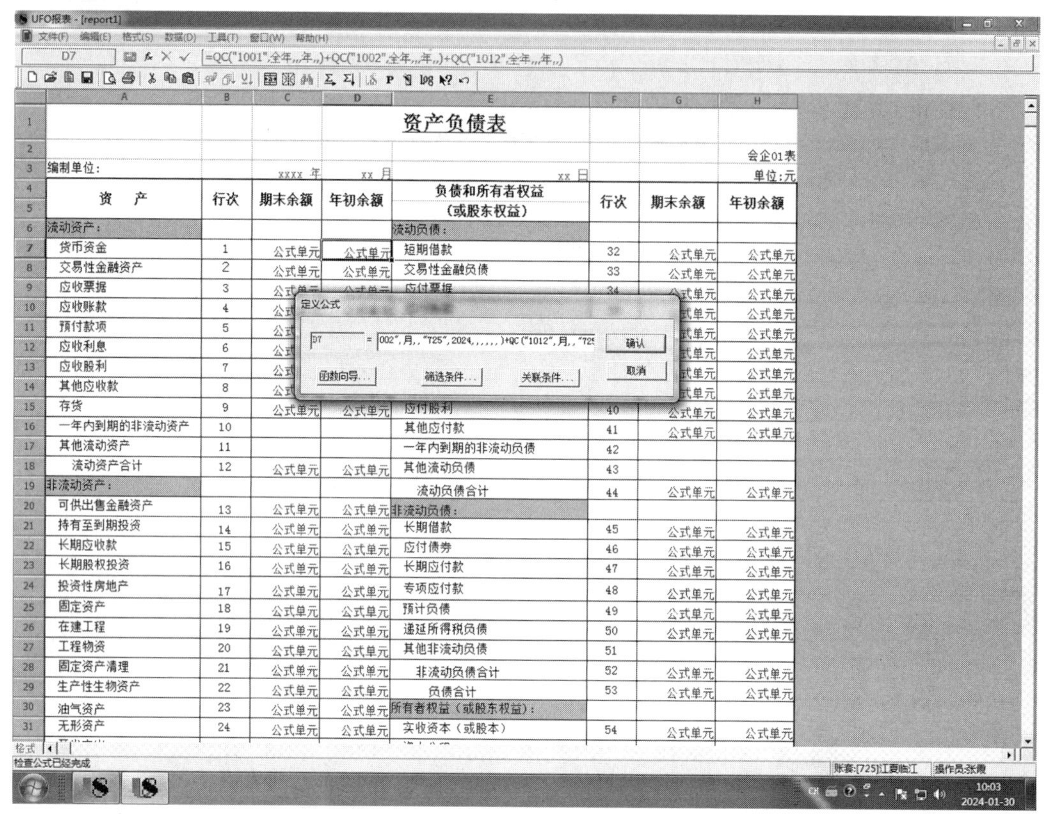

图 S9-8　年初余额单元公式定义

【操作说明】

①操作流程与"期末余额单元公式定义"雷同,采用的公式是期初余额 QC( )。

②定义好的公式如下:

QC("1001",,,"725",2024,,,,,,)+QC("1002",,,"725",2024,,,,,,)+QC("1012",月,,,,,,,,,)

专家点拨:

①用定义"期末余额单元公式定义"和"年初余额单元公式定义"的方法,首次做报表时,建议将资产负债表的全部公式重新定义一遍,以后各个会计期间的报表只需要修改关键字的时间就可以直接生成后期的各月报表。

②要想完整准确地定义报表中的公式,前提是熟练掌握手工会计中报表的数据来源(每项包含哪些会计科目)和编制方法。

③公式中的逗号表明省略的参数,不能省略。

④关键字可以通过菜单上的关键字<偏移>移动位置。

5.数据获取

操作路径:<数据窗口>—<数据>—<关键字>—<录入>,如图S9-9所示。

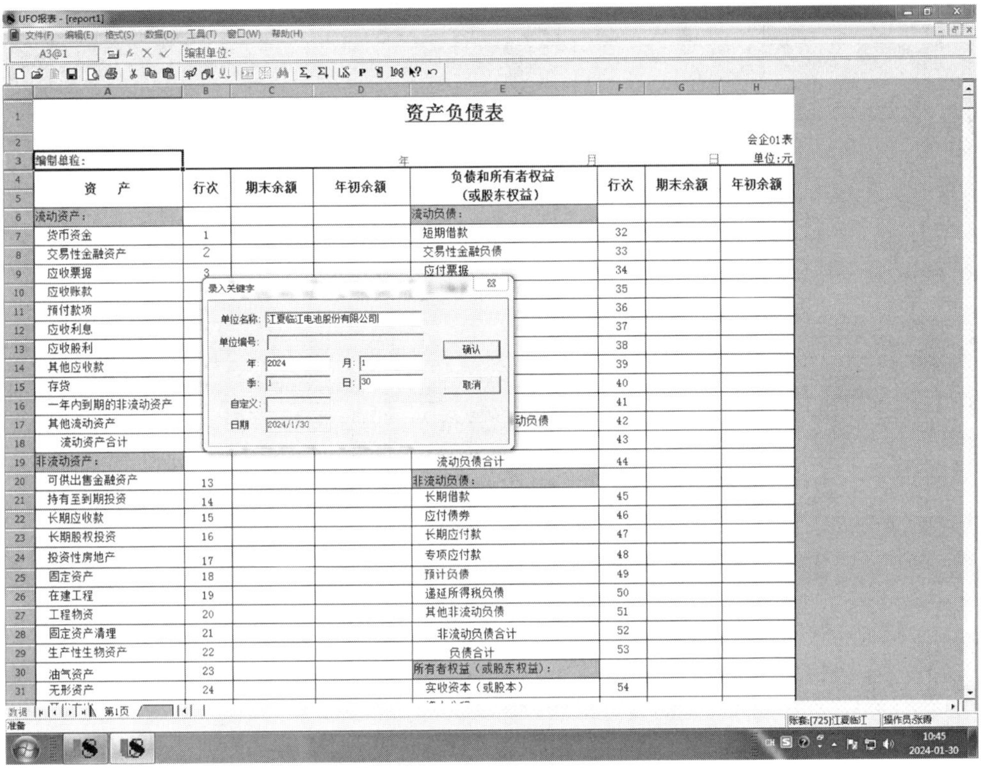

图S9-9　关键字录入

【操作说明】

①单位名称:江夏临江电池股份有限公司。

②年:2024,月:01,日:30。

③点击<确定>后,会提示"是否重算第1页?",选择"是",系统会重新计算当前报表页面数据。

④点击<文件>菜单项,选择<另存为>保存报表文件。

错误展示:

报表没有数据。

解决方案:

①检查关键字是否正确录入。

②检查公式是否正确录入。

③检查是否在总账中已对全部业务记账。

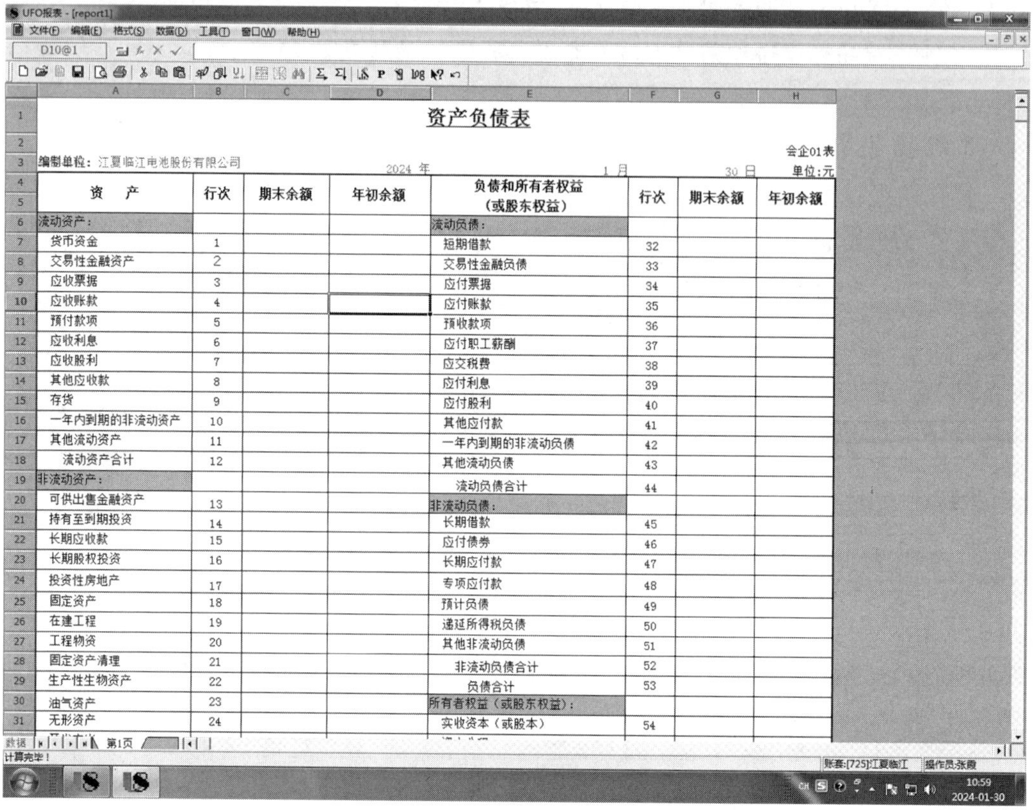

资产负债表

编制单位：江夏临江电池股份有限公司　　2024 年　1 月　30 日　　会企01表　单位：元

资　产	行次	期末余额	年初余额	负债和所有者权益（或股东权益）	行次	期末余额	年初余额
流动资产：				流动负债：			
货币资金	1			短期借款	32		
交易性金融资产	2			交易性金融负债	33		
应收票据	3			应付票据	34		
应收账款	4			应付账款	35		
预付款项	5			预收款项	36		
应收利息	6			应付职工薪酬	37		
应收股利	7			应交税费	38		
其他应收款	8			应付利息	39		
存货	9			应付股利	40		
一年内到期的非流动资产	10			其他应付款	41		
其他流动资产	11			一年内到期的非流动负债	42		
流动资产合计	12			其他流动负债	43		
非流动资产：				流动负债合计	44		
可供出售金融资产	13			非流动负债：			
持有至到期投资	14			长期借款	45		
长期应收款	15			应付债券	46		
长期股权投资	16			长期应付款	47		
投资性房地产	17			专项应付款	48		
固定资产	18			预计负债	49		
在建工程	19			递延所得税负债	50		
工程物资	20			其他非流动负债	51		
固定资产清理	21			非流动负债合计	52		
生产性生物资产	22			负债合计	53		
油气资产	23			所有者权益（或股东权益）：			
无形资产	24			实收资本（或股本）	54		

图 S9-10　报表无数据

专家点拨：

①选择账务函数时，一定要看清函数名称。

②常用函数名称：(S 代表数量，W 代表外币)。

期初额 QC( )　SQC( )　WQC( )，发生额 FS( )　SFS( )　WFS( )

期末余额 QM( )　SQM( )　WQM( )，累计发生额 LFS( )　SLFS( )　WLFS( )

发生净额 JE( )　SJE( )　WJE( )

6.利润表

操作路径：<企业应用平台>—<业务工作>—<财务会计>—<UFO 报表>—<关闭>—<新建>—<格式>—<报表模版>，如图 S9-11 所示。

【操作说明】

①您所在的行业：2007 年新会计制度科目。

②财务报表：利润表。

③利润表的整个编制过程同资产负债表，此处不再重复。

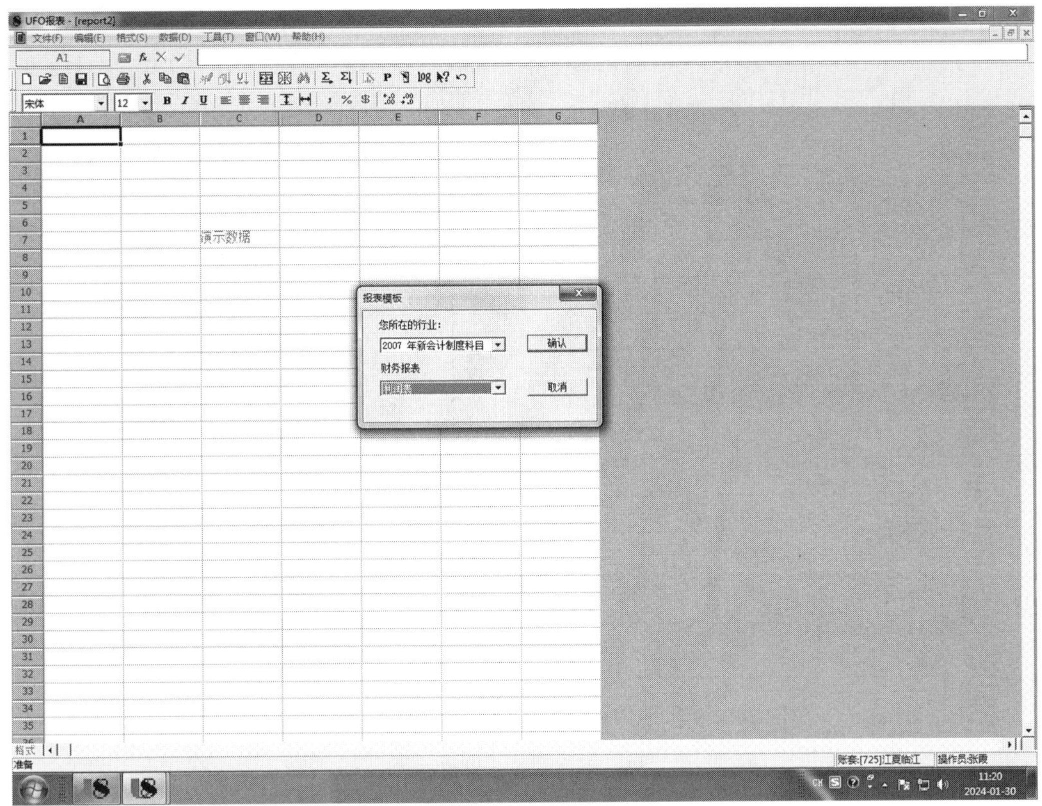

图 S9-11　选取报表模板

专家点拨:

利润表在编制过程中与资产负债表不同之处在于单元公式中所用函数不同,利润表中用到的是本期发生额 FS( )函数。

7.现金流量表(调用模版)

操作路径:<企业应用平台>—<业务工作>—<财务会计>—<UFO 报表>—<关闭>—<新建>—<格式>—<报表模版>—<现金流量表>,如图 S9-12 所示。

【操作说明】

①调用模板的操作同资产负债表。

②设置关键字的操作同资产负债表。

8.现金流量表(公式设置)

操作路径:<现金流量表>—<C6 单元格>—<fx>—<用友账务函数>—<现金流量项目金额>—<下一步>—<参照>,如图 S9-13 所示。

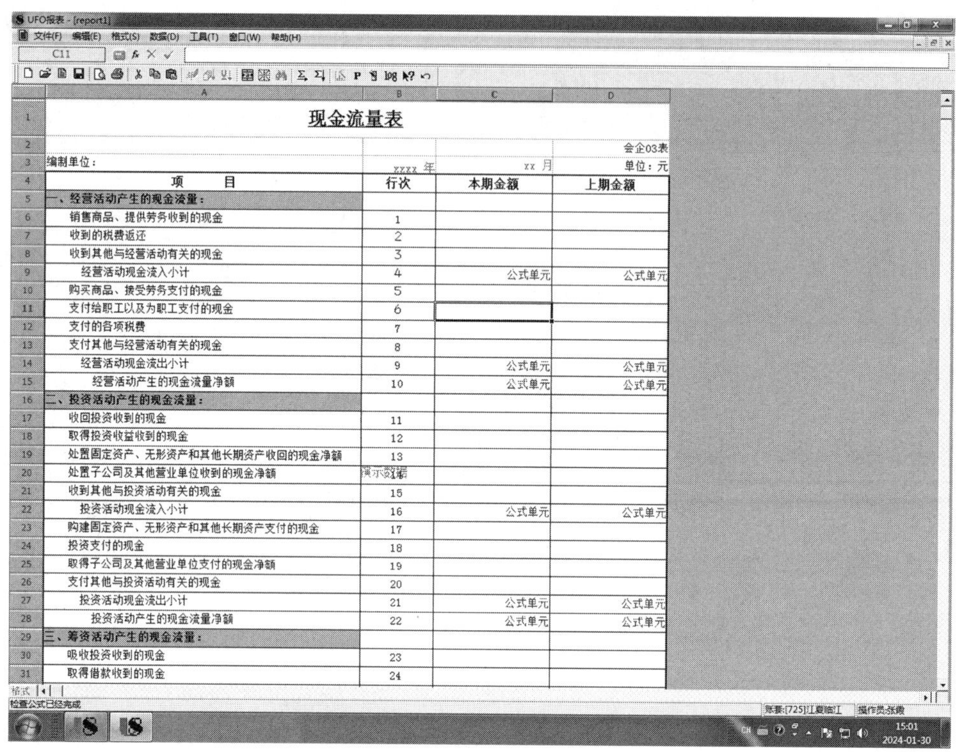

现金流量表

会企03表

编制单位：　　xxxx 年　　xx 月　　单位：元

项　　目	行次	本期金额	上期金额
一、经营活动产生的现金流量：			
销售商品、提供劳务收到的现金	1		
收到的税费返还	2		
收到其他与经营活动有关的现金	3		
经营活动现金流入小计	4	公式单元	公式单元
购买商品、接受劳务支付的现金	5		
支付给职工以及为职工支付的现金	6		
支付的各项税费	7		
支付其他与经营活动有关的现金	8		
经营活动现金流出小计	9	公式单元	公式单元
经营活动产生的现金流量净额	10	公式单元	公式单元
二、投资活动产生的现金流量：			
收回投资收到的现金	11		
取得投资收益收到的现金	12		
处置固定资产、无形资产和其他长期资产收回的现金净额	13		
处置子公司及其他营业单位收到的现金净额	14		
收到其他与投资活动有关的现金	15		
投资活动现金流入小计	16	公式单元	公式单元
购建固定资产、无形资产和其他长期资产支付的现金	17		
投资支付的现金	18		
取得子公司及其他营业单位支付的现金净额	19		
支付其他与投资活动有关的现金	20		
投资活动现金流出小计	21	公式单元	公式单元
投资活动产生的现金流量净额	22	公式单元	公式单元
三、筹资活动产生的现金流量：			
吸收投资收到的现金	23		
取得借款收到的现金	24		

图 S9-12　现金流量表

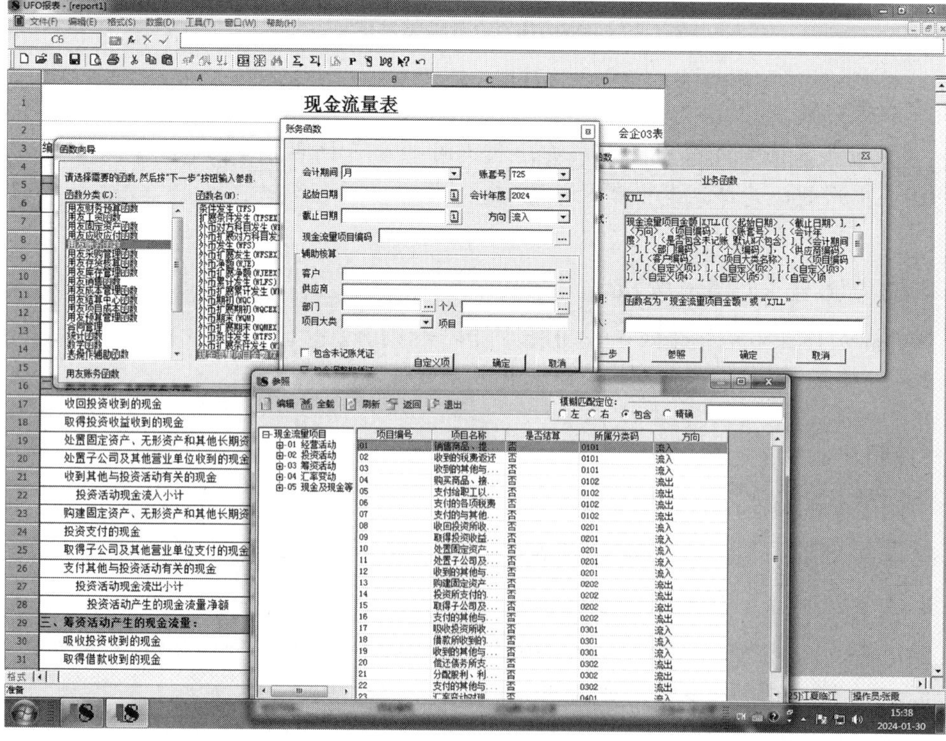

图 S9-13　设置公式

【操作说明】

①会计期间:本月。

②账套号:725。

③会计年度:2024。

④方向:流入。

⑤现金流量项目编码:01。

定义好的公式为:XJLL(,,“流入“,“01“,“725“,2024,,月,,,,,,),其他各项的公式按照上述操作说明全部定义完成后,即可完成单元公式的设置。

> 专家点拨:
>
> 在选择方向时,根据实际业务来判断是现金的流入还是流出。

9.现金流量表(获取数据)

操作路径:<格式>窗口—<数据>窗口,如图 S9-14 所示。

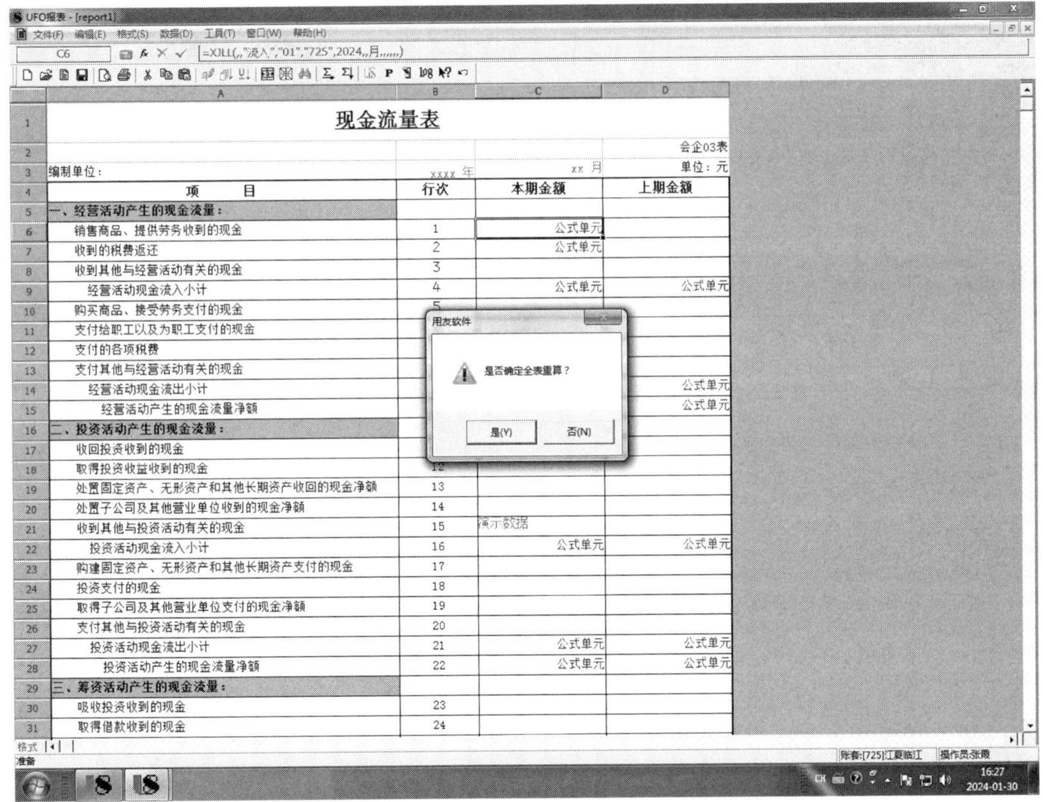

图 S9-14　获取数据

【操作说明】

①点击<确定>按钮即可。

②点击<文件>菜单项,选择<另存为>保存报表文件。

错误展示:

无法取得数据,如图 S9-15 所示。

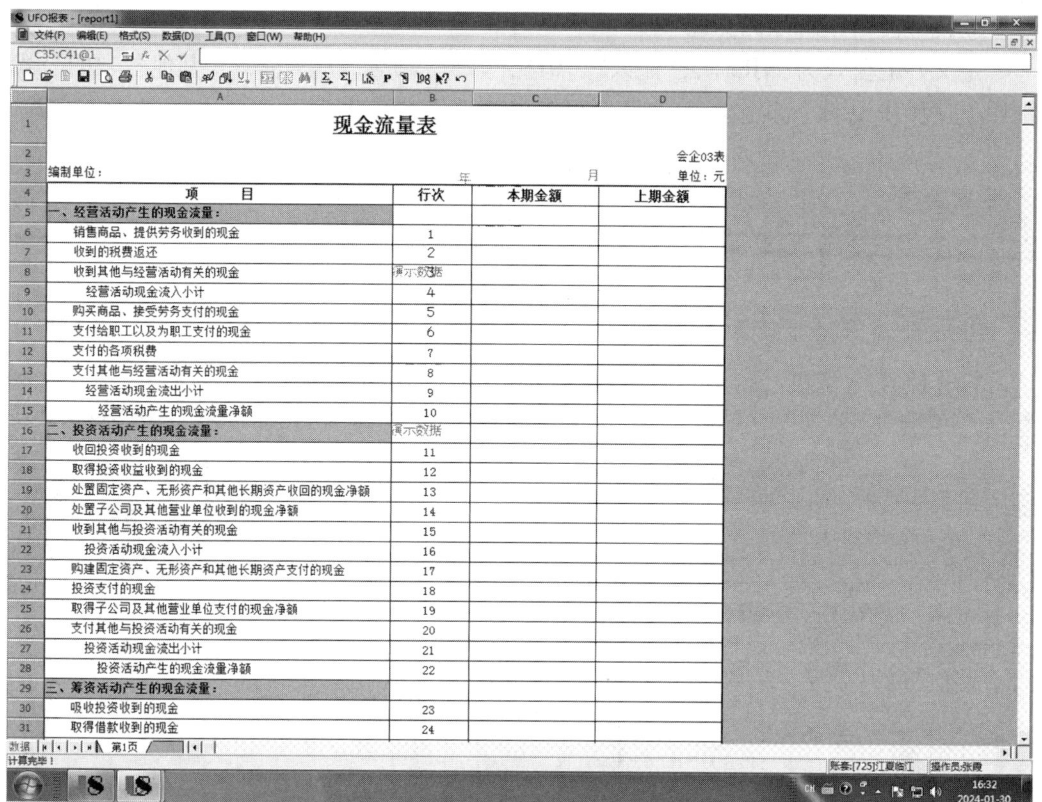

现金流量表

会企03表

编制单位: 年 月 单位:元

项　　目	行次	本期金额	上期金额
一、经营活动产生的现金流量:			
销售商品、提供劳务收到的现金	1		
收到的税费返还	2		
收到其他与经营活动有关的现金	3		
经营活动现金流入小计	4		
购买商品、接受劳务支付的现金	5		
支付给职工以及为职工支付的现金	6		
支付的各项税费	7		
支付其他与经营活动有关的现金	8		
经营活动现金流出小计	9		
经营活动产生的现金流量净额	10		
二、投资活动产生的现金流量:			
收回投资收到的现金	11		
取得投资收益收到的现金	12		
处置固定资产、无形资产和其他长期资产收回的现金净额	13		
处置子公司及其他营业单位收到的现金净额	14		
收到其他与投资活动有关的现金	15		
投资活动现金流入小计	16		
购建固定资产、无形资产和其他长期资产支付的现金	17		
投资支付的现金	18		
取得子公司及其他营业单位支付的现金净额	19		
支付其他与投资活动有关的现金	20		
投资活动现金流出小计	21		
投资活动产生的现金流量净额	22		
三、筹资活动产生的现金流量:			
吸收投资收到的现金	23		
取得借款收到的现金	24		

图 S9-15　无数据

解决方案:

①录入关键字。

②检查公式是否正确录入。

③检查凭证在填制过程中是否已分离出“流量项目”,如果在做现金流量凭证时没有分离出流量项目,需要补充流量项目。

专家点拨:

报表保存后的文件扩展名为“.rep”文件,在 Windows 环境下无法打开,只能在 UFO 报表系统中才能打开。

附　件

附件 1　财务综合演练

实验目的

①巩固、掌握用友 U8 管理软件中各财务模块相关业务的操作。

②理解各财务模块间数据的传递流程。

实验要求

①完成总账管理、应收款管理、固定资产管理、薪资管理各个模块的初始设置。

②完成总账管理、应收款管理、固定资产管理、薪资管理各个模块的日常业务处理工作。

③完成总账管理、应收款管理、固定资产管理、薪资管理各个模块的期末业务处理工作。

④完成资产负债表、利润表和现金流量表的编制。

业务场景

1.账套信息

(1)账套基本信息

账套号:本人学号后三位;

账套名称:江夏宏科电动车股份有限公司;

账套路径:采用默认值;

启用会计期:2024 年 1 月;

会计期间:默认。

(2)单位信息

单位名称:江夏宏科电动车股份有限公司;

单位简称:江夏宏科;

单位地址:武汉市江夏区未来大道 1009 号;

法人代表:陈伟;

邮政编码:430201;

联系电话及传真:02781970001;

税号:201108200701123。

(3)核算类型

记账本位币:人民币(RMB);

企业类型:工业;

行业性质:2007 新会计制度;

账套主管:崔硕。

(4)基础信息

有外币核算,需要对存货、客户、供应商进行分类。

(5)分类编码方案

科目编码级次:4222;

客户和供应商分类编码级次:223;

收发类别编码级次:12;

部门编码级次:122;

结算方式编码级次:12;

区分类编码级次:223;

存货分类编码:122;

其余默认。

(6)数据精度

小数位定为 2。

(7)系统启用

启用总账系统、固定资产、应收款管理、薪资管理,启用时间为 2024-01-01。

2.财务分工(功能级权限设置,还有数据级、金额级)

(1)001 崔硕

账套主管。所在部门:财务部。负责财务业务一体化管理系统运行环境的建立,以及各项初始设置工作;负责管理软件的日常运行管理工作,监督并保证系统的有效、安全、正常运行;负责总账管理系统的凭证审核、记账、账簿查询、月末结账工作;负责报表管理及其财务分析工作。具有系统所有模块的全部权限。

(2)002 刘伊

出纳。所在部门:财务部。负责现金、银行账管理工作;具有“总账—凭证—出纳签字”“总账—出纳”的操作权限。

(3)003 梁爽

总账会计、应收会计、应付会计、资产管理、薪酬经理。所在部门:财务部。负责总账系统的凭证管理工作以及客户往来、供应商往来管理工作。具有总账管理、应收款管理、应付款管理的全部操作权限。

(4)004 崔灿

采购主管、仓库主管、存货核算员。所在部门:采购部。主要负责采购业务处理。具有公共目录设置、应收款管理、应付款管理、总账管理、采购管理、销售管理、库存管理、存货核算的全部操作权限。

(5)005 夏天

销售主管、仓库主管、存货核算员。所在部门:销售部。主要负责销售业务处理。权限同崔灿。

3.基础档案

(1)部门档案(附表1)

附表1　部门档案

部门编码	部门名称	部门属性	部门编码	部门名称	部门属性
1	管理中心	管理部门	202	采购部	采购管理
101	总经理办公室	综合管理	3	制造中心	生产部门
102	财务部	财务管理	301	一车间	生产制造
2	供销中心	供销管理	302	二车间	生产制造
201	销售部	市场营销			

(2)人员类别

2001—企业管理人员;2002—经营人员;2003—车间管理人员;2004—车间人员。

(3)人员档案(附表2)

附表2　人员档案

人员编码	人员姓名	性别	人员类别	行政部门	是否业务员	是否操作员	对应操作员编码
101	陈伟	男	企业管理人员	总经理办公室	是		
111	崔硕	男	企业管理人员	财务部		是	001
112	刘伊	女	企业管理人员	财务部		是	002
113	梁爽	女	企业管理人员	财务部		是	003
114	崔灿	女	经营人员	采购部	是	是	004
115	夏天	男	经营人员	销售部	是	是	005
202	刘明铭	女	经营人员	销售部	是		
212	刘洋	男	经营人员	采购部	是		

(4)地区分类

01—东北地区;02—华北地区;03—华东地区;04—华南地区;05—西北地区;06—西南地区。

(5)供应商分类

01—原料供应商;02—成品供应商。

(6)客户分类

01—批发;02—零售;03—代销;04—直播带货。

（7）客户档案（附表3）

附表3　客户档案

客户编号	客户名称简称	所属分类码	所属地区	税　号	开户银行（默认值）	银行账号	地　址	扣率	分管部门	分管业务员
001	光明公司	01	06	107359845002331	工行长江分行	73853654	绵阳市长江区临江大道1号	5	销售部	夏天
002	新华公司	01	02	107359845002685	工行美地分行	69325581	北京市新华路1号		销售部	夏天
003	飞宏公司	04	03	510106548765437	工行江汇分行	36542234	上海市徐汇区天平路8号		销售部	刘明铭
004	科创公司	03	01	208369856003258	中行江北分行	43810548	哈尔滨和平路1号	10	销售部	刘明铭

（8）供应商档案（附表4）

附表4　供应商档案

供应商编号	供应商名称	所属分类码	所属地区	税　号	开户银行	银行账号	地　址	分管部门	分管业务员
001	美林公司	01	05	110567124598462	农行	68723387	兰州市城关区十里堡3号	采购部	崔灿
002	蓝山公司	01	05	110479863452883	中行	76473673	西安市碑林区开拓路8号	采购部	崔灿
003	蓝顿公司	02	03	320888423874557	工行	55561232	南京市人民路10号	采购部	刘洋
004	长江新地公司	02	03	310108935721012	工行	85115012	上海市南京路1号	采购部	刘洋

4.总账控制参数(附表5)

附表5 总账控制参数

选项卡	参数设置
凭证	☑制单序时控制 ☑支票控制 赤字控制:资金往来科目 赤字控制方式:提示 可以使用应收款、应付款、存货受控科目 取消“现金流量科目必须录入现金流量项目”选项 凭证编号方式采用系统编号
账簿	账簿打印位数按软件的标准设定 明细账打印按年排页
凭证打印	打印凭证页脚姓名
预算控制	超出预算允许保存
权限	出纳凭证必须经由出纳签字 不允许修改、作废他人填制的凭证 可查询他人凭证 明细账查询权限控制到科目
会计日历	会计日历为1月1日—12月31日 数量小数单位和单价小数单位设置为2位
其他	外币核算采用固定汇率 部门、个人、项目按编码方式排序

5.基础数据

(1)外币及汇率

币符:USD;币名:美元;固定汇率1∶7.226 5。

(2)2024年1月会计科目及期初余额表(附表6)

附表6 期初余额表

类型	级次	科目编码	科目名称	辅助账类型	方向	余额(元)
资产	1	1001	现金	日记账	借	5 038.00
资产	1	1002	银行存款	银行账、日记账	借	672 038.10
资产	2	100201	农行存款	银行账、日记账	借	469 668.10
资产	2	100202	中行存款	银行账、日记账	借	202 370.00
资产	1	1012	其他货币资金		借	500 000.00
资产	1	1121	应收票据	客户往来	借	292 300.00
资产	1	1122	应收账款	客户往来	借	1 180 000.00
资产	1	1231	坏账准备		贷	6 340.00
资产	1	1123	预付账款	供应商往来	借	180 000.00
资产	1	1221	其他应收款	个人往来	借	3 800.00
资产	1	1403	原材料	数量核算	借	1 414 708.00
资产	2	140301	甲材料(100吨)			660 000.00
资产	2	140302	乙材料(200吨)			740 000.00
资产	1	1409	包装物		借	43 797.00

续表

类型	级次	科目编码	科目名称	辅助账类型	方向	余额(元)
资产	1	1408	委托加工物资		借	40 000.00
资产	1	1405	库存商品		借	372 040.00
资产	1	1801	长期待摊费用		借	36 000.00
资产	1	1601	固定资产		借	856 480.00
资产	1	1602	累计折旧		贷	656 786.82
资产	1	1701	无形资产		借	246 600.00
负债	1	2001	短期借款		贷	550 000.00
负债	1	2201	应付票据	供应商往来	贷	204 750.00
负债	1	2202	应付账款	供应商往来	贷	1 058 756.00
负债	1	2203	预收账款	客户往来		
负债	1	2241	其他应付款		贷	84 850.00
负债	1	2211	应付职工薪酬			173 323.4
负债	2	221101	应付工资		贷	10 000.00
负债	2	221102	应付福利费		贷	163 323.40
负债	2	221103	工会经费		贷	150 387.40
负债	2	221104	职工教育经费		贷	
负债	1	2221	应交税费		贷	150 387.40
负债	2	222101	应交所得税		贷	90 808.21
负债	2	222102	应交个人所得税		贷	2 371.19
负债	2	222103	应交城建税		贷	3 742.00
负债	2	222104	未交增值税		贷	53 466.00
负债	2	222105	应交增值税		贷	
负债	3	22210501	进项税额		贷	
负债	3	22210502	销项税额		贷	
负债	1	2161	应付股利		贷	466 207.18
负债	1	2201	长期借款		贷	541 604.00
负债	1	2211	应付债券		贷	100 000.00
负债	1	2221	长期应付款		贷	68 695.30
权益	1	3101	实收资本		贷	1 600 000.00
权益	1	3111	资本公积		贷	292 701.00
权益	1	3121	盈余公积		贷	300 000.00
权益	1	3141	利润分配		贷	126 000.00
成本	1	5001	生成成本	项目核算	借	

续表

类型	级次	科目编码	科目名称	辅助账类型	方向	余额(元)
成本	2	500101	直接材料	项目核算	借	
成本	2	500102	直接人工	项目核算	借	
成本	2	500103	制造费用	项目核算	借	
成本	1	5101	制造费用		借	
损益	2	6601	销售费用		借	
损益	2	660101	折旧费		借	
损益	1	6602	管理费用	部门核算	借	
损益	2	660201	工资	部门核算	借	
损益	2	660202	福利费	部门核算	借	

说明:将“库存现金 1001”科目指定为现金总账科目;将“银行存款 1002”科目指定为银行总账科目;将“库存现金 1001、农行存款 100201、中行存款 100202”科目指定为现金流量科目。

(3)凭证类别(附表 7)

附表 7 凭证类别

凭证类别	限制类型	限制科目
收款凭证	借方必有	1001,100201,100202
付款凭证	贷方必有	1001,100201,100202
转账凭证	凭证必无	1001,100201,100202

(4)结算方式(附表 8)

附表 8 结算方式

结算方式编码	结算方式名称	是否票据管理
1	现金结算	否
2	支票结算	否
201	现金支票	是
202	转账支票	是
3	其他	否

(5)项目目录

项目大类:生产成本 5001。

核算科目:生产成本及其下级所有明细科目。

项目分类:1—内部生产,2—外包项目。

项目名称:1-101 整车组装,1-102 电池生产。

(6)数据权限分配

操作员崔灿只具有应收账款、预付账款、应付账款、预收账款、其他应收款5个科目的明细账查询权限。具有所有部门的查询和录入权限。

6.期初数据

详见“2024年01月份会计科目及期初余额表”,见附表9—附表11。

附表9 客户往来—1131应收账款余额

日期	客户名称	摘要	借贷方向	金额(元)
2023.09.09	光明公司	销售商品	借	100 000
2023.11.05	新华公司	销售商品	借	480 000
2022.12.30	济南万方	销售商品	借	600 000
合计金额				1 180 000

附表10 个人往来—1133其他应收款

日期	单位名称	姓名	摘要	借贷方向	金额(元)
2023.12.25	销售部一部	刘书	差旅费	借	3 800.00

附表11 供应商往来——2202应付账款余额

日期	单位名称	摘要	借贷方向	金额(元)
2023.09.09	美林公司	购货款	贷	35 810.00
2023.11.06	蓝山公司	购货款	贷	55 946.00
2023.11.07	蓝顿公司	购货款	贷	26 000.00
2023.11.05	长江新地公司	前欠货款	贷	941 000.00
合计金额				1 058 756.00

7.2024年01月发生的经济业务

①1月3日,采购部夏天购买了500.00元的灭蚊用品,以现金支付,附单据一张。

②1月5日,财务部刘伊从农行提取现金1 000.00元,作为备用金,现金支票号,现金支票号为XP002126。

③1月8日,收到兴华集团投资资金100 000美元,汇率1∶7.275,转账支票号为1030452002896189,资金存入中行。

④1月10日,购入一批甲材料50吨,单价6 600.00元,货款未付,材料未验收入库,适用税率17%。

⑤1月19日,企业以农行存款支付销售产品的广告费6 000.00元,现金支票号为103 0331012288070。以转账支票支付企业的业务招待费30 000.00元,票号为1030452002796118。

⑥1月14日,采购部崔灿从美林公司购入乙材料,单价3 700.00元,货税款暂欠,商

品已验收入库，适用税率 17%。

⑦1 月 16 日，总经理办公室支付业务招待费 10 200.00 元，转账支票号 1030452012389032。

⑧1 月 18 日，总经理办公室陈伟出差归来，报销差旅费 3 000.00 元，原借款 3 500.00 元，多余现金 500.00 元退回。

⑨1 月 20 日，一车间领用甲材料 5 吨，用于生产。

⑩1 月 25 日，结转本月已销售产品的实际生产成本 20 000.00 元。

8.薪资相关信息

（1）建立工资账套

工资类别个数：多个；核算计件工资；核算币种：人民币 RMB；要求代扣个人所得税；不进行扣零处理，人员编码长度 3 位；启用日期：2024 年 1 月。

（2）工资项目设置（附表 12）

附表 12　工资项目

项目名称	类　型	长　度	小数位数	增减项
基本工资	数字	8	2	增项
奖励工资	数字	8	2	增项
交补	数字	8	2	增项
应发合计	数字	10	2	增项
请假天数	数字	8	2	其他
请假扣款	数字	8	2	减项
养老保险金	数字	8	2	减项
代扣税	数字	8	2	减项
扣款合计	数字	10	2	减项
实发合计	数字	10	2	增项

（3）人员档案设置（附表 13）

工资类别：正式人员。部门选择：所有部门。工资项目：基本工资、奖励工资、交补、应发合计、请假扣款、养老保险金、扣款合计、实发合计、代扣税、请假天数。

计算公式：

请假扣款＝请假天数×20

养老保险金＝（基本工资+奖励工资）×0.05

交补＝IFF（人员类别＝“企业管理人员”OR 人员类别＝“车间管理人员”，200，95）

附表 13　人员档案

人员编号	人员姓名	部门名称	人员类别	账　号	中方人员	是否计税	计件工资
101	陈伟	总经理办公室	企业管理人员	6228420060080001l0	是	是	否

续表

人员编号	人员姓名	部门名称	人员类别	账　号	中方人员	是否计税	计件工资
102	刘军	财务部	企业管理人员	6228420060080000111	是	是	否
103	刘伊	财务部	企业管理人员	6228420060080000112	是	是	否
104	梁爽	财务部	企业管理人员	6228420060080000113	是	是	否
211	崔灿	采购部	经营人员	6228420060080000114	是	是	否
212	刘洋	采购部	经营人员	6228420060080000115	是	是	否
201	夏天	销售部	经营人员	6228420060080000116	是	是	否
202	刘宁	销售部	经营人员	6228420060080000117	是	是	否
301	马华	一车间	车间管理人员	6228420060080000118	是	是	否
302	孙利	一车间	生产人员	6228420060080000119	是	是	否

注:以上所有人员的代发银行均为农行江夏支行。

工资类别:临时人员(附表14)。部门选择:生产车间。

附表14　临时人员计件工资项目

人员编号	人员姓名	部门名称	人员类别	账　号	中方人员	是否计税	计件工资
311	马文	一车间	生产人员	6228420060080000201	是	是	是
312	胡俊	二车间	生产人员	6228420060080000202	是	是	是

(4)银行名称

中国农业银行江夏支行。

(5)计件工资标准

工时,有“组装工时”和“检验工时”两项;计件工资单价是组装工时20.00元,检验工时13.00元。

(6)人员工资情况(附表15)

附表15　正式人员01月工资简表

姓　名	基本工资(元)	奖励工资(元)	姓　名	基本工资(元)	奖励工资(元)
陈伟	4 500	2 550	刘洋	2 000	1 200
刘军	3 000	1 300	夏天	4 200	1 450
刘伊	1 800	1 200	刘宁	3 000	1 300
梁爽	2 500	1 200	马华	4 400	1 450
崔灿	3 000	1 300	孙利	3 600	1 350

临时人员工资情况如下:2024-01-30,马文组装工时120个,胡俊检验工时300个。

(7)01 月份工资变动情况

考勤情况:夏天请假 3 天;崔灿请假 2 天。

发放奖金情况:因去年销售部推广产品业绩较好,每人增加奖励工资 500 元。

(8)代扣个人所得税

计税基数 5 000 元。

(9)工资分摊(附表 16)

应付工资总额等于工资项目“实发合计”,工会经费、职工教育经费、养老保险金也以此为计提基数。

附表 16　工资费用分配的转账分录

<table>
<tr><td colspan="2" rowspan="2">部　门</td><td colspan="2">应付职工薪酬</td><td colspan="2">工会经费 2%、职工教育附加费 1.5%</td></tr>
<tr><td>借方科目</td><td>贷方科目</td><td>借方科目</td><td>贷方科目</td></tr>
<tr><td>总经理办公室
财务部</td><td>企业管理人员</td><td>660201</td><td>2211</td><td rowspan="4">660207</td><td rowspan="4">2241</td></tr>
<tr><td>采购部、销售部</td><td>经营人员</td><td>660102</td><td>2211</td></tr>
<tr><td rowspan="2">一车间</td><td>车间管理人员</td><td>510101</td><td>2211</td></tr>
<tr><td>生产人员</td><td>510102</td><td>2211</td></tr>
</table>

9.固定资产相关资料

(1)控制参数(附表 17)

附表 17　固定资产控制参数

设置项目	设置要求
约定及说明	选择“同意”
启用月份	2024 年 1 月
资产类别	01 经营用设备　02 非经营用设备
固定资产编码方案	2-2-2
固定资产编码方式	自动编码(类别+序号)
折旧方法	年数总合法
折旧计提周期	1 个月
净残值率	3%
折旧计提规则	月初已计提月份=可使用月份-1 时,将剩余折旧全部提完
制单要求	业务发生后立即制单

续表

设置项目	设置要求
对账科目	固定资产对账科目:固定资产(1601) 累计折旧对账科目:累计折旧(1602) 减值准备对账科目:减值准备(1603) 固定资产清理对账科目:固定资产清理(1606)
部门对应的折旧科目	管理部门:管理费用:(660206) 制造中心:制造费用(510102) 销售部:销售费用(660101) 采购部:管理费用(660206)
增减方式对应的入账科目	直接购入:银行存款(100201) 毁损减少:固定资产清理(1606) 捐赠:固定资产清理(1606)

(2)原始卡片(附表18)

附表18　固定资产原始卡片

编码	固定资产名称	使用部门	使用年限(月)	开始使用日期	对应折旧科目	原值(元)	累计折旧(元)
0101	球磨机	一车间	96	2017-12-31	制造费用-折旧费	150 000.00	133 375.00
0101	装配线	二车间	60	2019-12-31	制造费用-折旧费	50 000.00	45 266.67
0101	厂房	一车间	120	2017-12-31	制造费用-折旧费	500 000.00	396 818.18
0201	台式电脑	总经理办公室	60	2020-12-31	管理费用-折旧费	7 380.00	5 726.88
0102	货车	销售一部	120	2020-12-31	销售费用-折旧费	130 000.00	61 963.64
0204	空调	财务部	120	2018-12-31	管理费用-折旧费	16 800.00	11 851.65
0205	打印机	销售一部	60	2019-04-01	销售费用-折旧费	2 300	1 784.8
合计						856 480.00	656 786.82

(3)日常及期末业务

2024年1月份发生的业务如下:

①1月21日,总经理办公室购买打印机一台,价值3 000.00元,净残值率4%,预计使用年限8年。

②1月23日,对一车间厂房进行维修,发生维修费3 000.00元。

③1月31日,计提本月折旧费用。

④1月31日,财务部报废空调一台。

10.应收款管理相关资料

(1)应收账款初始参数(附表19)

附表19　应收账款初始参数

设置项目	设置要求
科目设置	应收账款:1122 预收账款:2203 销售收入:6001 税金科目:进项税额 22210501 销项税额 22210502
坏账准备设置	坏账准备期初余额:6340 提取比例:0.5% 坏账准备科目:1231 对方科目:6701 坏账处理方式:应收款余额百分比法
核销设置	核销时生成凭证 按单据核销

(2)计量单位组(附表20)

计量单位组编码:01。

计量单位组名称:独立计量。

计量单位组类别:无换算率。

附表20　计量单位组

计量单位编码	计量单位名称	计量单位组名称	计量单位组类别
01	辆	独立计量	无换算率
02	件	独立计量	无换算率
03	台	独立计量	无换算率
04	块	独立计量	无换算率

(3)存货分类(编码规则2-2-3,见附表21)

附表21　存货分类表

分类编码	存货名称
01	电动自行车
02	电动摩托车

（4）存货档案（附表22）

附表22　存货明细

存货编码	存货名称	存货分类	主计量单位	计量单位组	存货属性
1	直流电动自行车	电动自行车	辆	独立计量	外销
2	交流电动自行车	电动自行车	辆	独立计量	外销
4	轻便摩托车	电动摩托车	辆	独立计量	外销
5	普通摩托车	电动摩托车	辆	独立计量	外销

（5）应收账款期初余额表及个人往来（附表23、附表24）

附表23　应收账款期初余额

日　期	客户名称	凭证号	票据号	业务员	票据日期	摘　要	借贷方向	金额（元）
2023.09.09	光明公司	转35	6030452012390032	夏天	2023.09.09	销售商品	借	100 000.00
2023.11.05	新华公司	转78	2030452032359027	夏天	2023.11.05	销售商品	借	480 000.00
2022.12.30	济南万方	转05	4030452010000002	夏天	2022.12.30	销售商品	借	600 000.00
合计金额								1 180 000.00

附表24　个人往来—1221其他应收款

日　期	单位名称	姓　名	摘　要	借贷方向	金额（元）
2023.12.25	销售部一部	刘书	差旅费	借	3 800.00

（6）2024年1月份发生的经济业务

①1月2日，销售部售给光明公司轻便摩托车5辆，单价2 600元/辆，开出普通发票，货已发出。

②1月4日，销售部出售飞宏公司普通摩托车10辆，单价1 500元/辆，开出增值税发票。货已发出，同时代垫运费3 000元。

③1月5日，收到光明公司交来转账支票一张，金额13 000元，支票号6030452012397625，用以归还前欠货款。

④1月7日，收到新华公司交来转账支票一张，金额600 000元，支票号2030452032356006，用以归还前欠货款及代垫运费，剩余款转为预收账款。

⑤1月9日，光明公司交来转账支票一张，金额3 000元，支票号6030452012397873，作为预购轻便摩托车的定金。

⑥1月11日，用光明公司交来的10 000元订金冲抵其期初应收款项。

⑦1月17日，确认本月4日为飞宏公司代垫运费3 000元，作为坏账处理。

⑧1月31日，计提坏账准备。

11.总账期末处理

(1)自定义转账

摊销以前年度车间发生的大修理费用,大修理间隔3年。

借:制造费用(5101)　JG()

贷:长期待摊费用(1801)　QC(1801,月,借)/12/3

(2)月末结账期间损益结转

(3)完成所有业务的审核、记账、结账

(4)生成资产负债表、利润表、现金流量表

附件 2　会计信息化发展规划(2021—2025 年)

为科学规划"十四五"时期会计信息化工作,指导国家机关、企业、事业单位、社会团体和其他组织(以下统称单位)应用会计数据标准,推进会计数字化转型,支撑会计职能拓展,推动会计信息化工作向更高水平迈进,根据《中华人民共和国国民经济和社会发展第十四个五年规划和 2035 年远景目标纲要》《财政"十四五"规划》和《会计改革与发展"十四五"规划纲要》有关精神,制定本规划。

一、面临的形势与挑战

(一)"十三五"时期会计信息化工作回顾

——会计信息化建设有序推进,夯实了会计转型升级基础。各单位积极推进会计信息化建设,部分单位实现了会计核算的集中和共享处理,推动会计工作从传统核算型向现代管理型转变。单位内部控制嵌入信息系统的程度不断提升,为实施精准有效的内部会计监督奠定了基础。

——业财融合程度逐步加强,提升了单位经营管理水平。会计信息系统得到普遍推广应用,为单位会计核算工作提供了有力保障。企业资源计划(ERP)逐步普及,促进了会计信息系统与业务信息系统的初步融合,有效提升了单位服务管理效能和经营管理水平。

——新一代信息技术得到初步应用,推动了会计工作创新发展。大数据、人工智能、移动互联、云计算、物联网、区块链等新技术在会计工作中得到初步应用,智能财务、财务共享等理念以及财务机器人等自动化工具逐步推广,优化了会计机构组织形式,拓展了会计人员工作职能,提升了会计数据的获取和处理能力。

——电子会计资料逐步推广,促进了会计信息深度应用。企业会计准则通用分类标准持续修订完善,在国资监管、保险监管等领域有效实施;修订《会计档案管理办法》,出台电子会计凭证报销入账归档相关规定,推动电子会计资料普遍推广,促进了会计信息的深度应用。在会计信息化工作取得一定成效的同时,还应当正视存在的问题和不足,主要表现在:会计信息化发展水平不均衡,部分单位会计信息系统仅满足传统会计核算需要,未能对业务和管理形成支撑和驱动,业财融合程度有待进一步加强;有些行业和单位仍存在"信息孤岛"现象,会计数据未能有效共享,无法充分发挥会计数据作用;会计数据标准尚未完全统一,制约了会计数字化转型进程,未能对会计、审计工作起到应有的支撑作用;对会计信息安全的实践和理论研究不够,会计信息化工作的创新发展受到制约;社会合力推进会计信息化的氛围不浓,会计信息化对会计职能拓展的支撑不够有力;会计信息化资金投入和人才培养不足。这些问题需要在"十四五"时期切实加以解决。

（二）"十四五"时期会计信息化工作面临的形势与挑战

——经济社会数字化转型全面开启。随着大数据、人工智能等新技术创新迭代速度加快，经济社会数字化转型全面开启，对会计信息化实务和理论提出了新挑战，也提供了新机遇。运用新技术推动会计工作数字化转型，需要加快解决标准缺失、制度缺位、人才缺乏等问题。

——单位业财融合需求更加迫切。一方面，业务创新发展和新技术创新迭代不断提出新的业财融合需求；另一方面，多数单位业财融合仍处于起步或局部应用阶段，推动业财深度融合的需求较为迫切。

——会计数据要素日益重要。随着数字经济和数字社会发展，数据已经成为五大生产要素之一。会计数据要素是单位经营管理的重要资源。通过将零散的、非结构化的会计数据转变为聚合的、结构化的会计数据要素，发挥其服务单位价值创造功能，是会计工作实现数字化转型的重要途径。进一步提升会计数据要素服务单位价值创造的能力是会计数字化转型面临的主要挑战。

——会计数据安全风险不容忽视。随着基于网络环境的会计信息系统的广泛应用，会计数据在单位内部、各单位之间共享和使用，会计数据传输、存储等环节存在数据泄露、篡改及损毁的风险，会计信息系统和会计数据安全风险不断上升，需要采取有效的防范措施。

二、总体要求

（一）指导思想

以习近平新时代中国特色社会主义思想为指导，全面贯彻党的十九大和十九届历次全会精神，立足新发展阶段，完整、准确、全面贯彻新发展理念，加快构建新发展格局，推动高质量发展，紧紧围绕服务经济社会发展大局和财政管理工作全局，积极支持加快数字化发展、建设数字中国，提升会计信息化水平，推动会计数字化转型，构建形成国家会计信息化发展体系，充分发挥会计信息在服务宏观经济管理、政府监管、会计行业管理、单位内部治理中的重要支撑作用。

（二）基本原则

——立足大局、服务发展。准确把握全球信息化脉搏和趋势，贯彻落实国家有关信息化、数字化、智能化发展战略部署，服务我国经济社会发展、财政管理工作、会计管理工作和单位会计数字化转型。

——问题导向、精准发力。直面"十三五"期间会计信息化发展中的痛点难点问题，充分把握新时代会计数字化转型的新形势、新机遇，集中力量解决会计信息化进程中面临的重点难点问题。

——统筹谋划、分步实施。坚持系统化发展理念，注重统筹谋划、合理布局，坚持重点突破、分步实施，逐步建立会计信息化可持续协调发展的长效机制。

——鼓励创新、包容共享。以技术和管理创新为动力，鼓励社会各方在符合相关法律、法规和制度的前提下，利用新一代信息技术开展各种会计信息化应用探索，促进会计信息化工作创新发展。

——稳妥有序、确保安全。在全国会计信息化水平仍不均衡的条件下，推动各地区、各部门根据不同发展阶段实际需要，有序开展会计信息化建设。加强会计信息安全风险防范，确保我国会计信息系统总体安全。

（三）总体目标

"十四五"时期，我国会计信息化工作的总体目标是：服务我国经济社会发展大局和财政管理工作全局，以信息化支撑会计职能拓展为主线，以标准化为基础，以数字化为突破口，引导和规范我国会计信息化数据标准、管理制度、信息系统、人才建设等持续健康发展，积极推动会计数字化转型，构建符合新时代要求的国家会计信息化发展体系。

——会计数据标准体系基本建立。结合国内外会计行业发展经验以及我国会计数字化转型需要，会同相关部门逐步建立健全覆盖会计信息系统输入、处理、输出等各环节的会计数据标准，形成较为完整的会计数据标准体系。

——会计信息化制度规范持续完善。落实《中华人民共和国会计法》等国家相关法律法规的新要求，顺应会计工作应用新技术的需要，完善会计信息化工作规范、软件功能规范等配套制度规范，健全会计信息化安全管理制度和安全技术标准。

——会计数字化转型升级加快推进。加快推动单位会计工作、注册会计师审计工作和会计管理工作数字化转型。鼓励各部门、各单位探索会计数字化转型的实现路径，运用社会力量和市场机制，逐步实现全社会会计信息化应用整体水平的提升。

——会计数据价值得到有效发挥。提升会计数据的质量、价值与可用性，探索形成服务价值创造的会计数据要素，有效发挥会计数据在经济资源配置和单位内部管理中的作用，支持会计职能对内对外拓展。

——会计监管信息实现互通共享。通过数据标准、信息共享机制和信息交换平台等方面的基础建设，在安全可控的前提下，初步实现监管部门间会计监管数据的互通和共享，提升监管效率，形成监管合力。

——会计信息化人才队伍不断壮大。完善会计人员信息化方面能力框架，丰富会计人员信息化继续教育内容，创新会计信息化人才培养方式，打造懂会计、懂业务、懂信息技术的复合型会计信息化人才队伍。

三、主要任务

（一）加快建立会计数据标准体系，推动会计数据治理能力建设

统筹规划、制定和实施覆盖会计信息系统输入、处理和输出等环节的会计数据标准，为会计数字化转型奠定基础。

——在输入环节，加快制定、试点和推广电子凭证会计数据标准，统筹解决电子票据接收、入账和归档全流程的自动化、无纸化问题。到"十四五"时期末，实现电子凭证会计数据标准对主要电子票据类型的有效覆盖。

——在处理环节，探索制定财务会计软件底层会计数据标准，规范会计核算系统的业务规则和技术标准，并在一定范围进行试点，满足各单位对会计信息标准化的需求，提升相关监管部门获取会计数据生产系统底层数据的能力。

——在输出环节，推广实施企业财务报表会计数据标准，推动企业向不同监管部门报送的各种报表中的会计数据口径尽可能实现统一，降低编制及报送成本、提高报表信息质量，增强会计数据共享水平，提升监管效能。

（二）制定会计信息化工作规范和软件功能规范，进一步完善配套制度机制

推动修订《中华人民共和国会计法》，为单位开展会计信息化建设、推动会计数字化转型提供法治保障。完善会计信息化工作规范和财务软件功能规范，规范信息化环境下的会计工作，提高财务软件质量，为会计数字化转型提供制度支撑。探索建立会计信息化工作分级分类评估制度和财务软件功能第三方认证制度，督促单位提升会计信息化水平，推动会计数据标准全面实施。

（三）深入推动单位业财融合和会计职能拓展，加快推进单位会计工作数字化转型

通过会计信息的标准化和数字化建设，推动单位深入开展业财融合，充分运用各类信息技术，探索形成可扩展、可聚合、可比对的会计数据要素，提升数据治理水平。夯实单位应用管理会计的数据基础，助推单位开展个性化、有针对性的管理会计活动，加强绩效管理，增强价值创造力。完善内部控制制度的信息化配套建设，推动内部控制制度有效实施。推动乡镇街道等基层单位运用信息化手段，提升内部控制水平。发挥会计信息化在单位可持续报告编报中的作用，加强社会责任管理。

（四）加强函证数字化和注册会计师审计报告防伪等系统建设，积极推进审计工作数字化转型

围绕注册会计师行业审计数据采集、审计报告电子化、行业管理服务数据、电子签章与证照等领域，构建注册会计师行业数据标准体系。鼓励会计师事务所积极探索全流程的智能审计作业平台及辅助工具，逐步实现远程审计、大数据审计和智能审计。大力推进审计函证数字化工作，制定、完善审计函证业务规范和数据标准，加快函证集中处理系统建立审计报告单一来源制度，推动实现全国范围“一码通”，从源头上治理虚假审计报告问题。

（五）优化整合各类会计管理服务平台，切实推动会计管理工作数字化转型

优化全国统一的会计人员管理服务平台，完善会计人员信用信息，有效发挥平台的监督管理和社会服务作用。构建注册会计师行业统一监管信息平台，加强日常监测，提升监管效率和水平，加大信息披露力度。升级全国代理记账机构管理系统，实现对行业发展状况的实时动态跟踪，完善对代理记账机构的奖惩信息公示，提升事中事后监管效能。系统重塑会计管理服务平台，稳步推进会计行业管理信息化建设，运用会计行业管理大数据，为国家治理体系和治理能力现代化提供数据支撑。

（六）加速会计数据要素流通和利用，有效发挥会计信息在服务资源配置和宏观经济管理中的作用

以会计数据标准为抓手，支持各类票据电子化改革，推进企业财务报表数字化，推动企业会计信息系统数据架构趋于一致，制定实施小微企业会计数据增信标准，助力缓解融资难、融资贵问题，促进会计数据要素的流通和利用，发挥会计信息在资源配置中的支撑作用。利用大数据等技术手段，加强会计数据与相关数据的整合分析，及时反映宏观经济总体运行状况及发展趋势，为财政政策、产业发展政策以及宏观经济管理决策提供参考，发挥会计信息对宏观经济管理的服务作用。

（七）探索建立共享平台和协同机制，推动会计监管信息的互通共享

积极推动会计数据标准实施，在安全可控的前提下，探索建立跨部门的会计信息交换机制和共享平台。到“十四五”时期末，初步实现各监管部门在财务报表数据层面和关键数据交换层面上的数据共享和互认，基本实现财务报表数据的标准化、结构化和单一来源，有效降低各监管部门间数据交换和比对核实的成本，提升监管效能。

（八）健全安全管理制度和安全技术标准，加强会计信息安全和跨境会计信息监管

坚持积极防御、综合防范的方针，在全面提高单位会计信息安全防护能力的同时，重点保障各部门监管系统中会计信息的安全。针对不同类型的单位，建立健全会计信息分级分类安全管理制度、安全技术标准和监控体系，加强对会计信息系统的审计，建立信息安全的有效保障机制和应急处理机制。探索跨境会计信息监管标准、方法和路径，防止境内外有关机构和个人通过违法违规和不当手段获取、传输会计信息，切实保障国家信息安全。

（九）加强会计信息化人才培养，繁荣会计信息化理论研究

各单位要加强复合型会计信息化人才培养，高等院校要适当增加会计信息化课程内容的比重，加大会计信息化人才培养力度。在会计人员能力框架、会计专业技术资格考试大纲、会计专业高等和职业教育大纲中增加对会计信息化和会计数字化转型的能力要求。推动理论界研究会计数字化转型的理论与实践、机遇与挑战、安全与伦理等基础问题，研究国家会计数据管理体系等重大课题，开展会计信息化应用案例交流，形成一批能引领时代发展的会计信息化研究成果。

四、实施保障

（一）强化组织领导，明确职责分工

财政部要加强与中央有关主管部门的统筹协调，建立健全运行高效、职能明确、分工清晰的会计信息化工作机制，实现政策制定和政策实施的联动协调，形成推进合力。有条件的地区（部门）可以结合实际，制定本地区（部门）的会计信息化发展规划或实施方案，切实将规划各项任务落到实处。注册会计师协会要以行业信息化战略为引领，指导和推动会计师事务所数字化转型，推进行业高质量发展。充分发挥全国会计信息化标准

化技术委员会的作用，加快制定会计信息化国家标准。

（二）精心推动实施，形成工作合力

单位负责人是本单位会计信息化工作的第一责任人，总会计师（或分管财务会计工作负责人）和财务会计部门要落实分管责任和具体责任。各单位要结合实际需要，制定会计信息化工作方案，加强组织实施和经费保障，切实推动本单位会计信息化工作。代理记账机构要积极探索会计资源共享服务理念，探索打造以会计数据为核心的数据聚合平台，支持中小微企业会计数据价值创造。财务软件和相关咨询行业要切实加强对会计信息化系列软件产品的研发，探索新技术在会计信息化工作中的具体应用，积极助力会计数字化转型。中国会计学会等专业学会协会和理论界要加强会计信息化最新理论研究，为会计数字化转型提供智力支持。

（三）加强监督考核，确保落地见效

各级财政部门和中央有关主管部门要对规划确定的目标任务进行细化分解，明确进度，落实责任，加强对会计信息化建设的指导、督促与落实。要定期检查、评估规划的落实情况，推广先进经验，针对存在问题及时采取有效措施，确保会计信息化规划确定的各项目标任务落到实处、取得实效。

参考文献

[1] 宋红尔.会计信息系统:基于用友新道 U8+V15.0 版[M].北京:中国人民大学出版社,2024.

[2] 王婧伊,任纪霞.会计信息系统应用[M].北京:人民邮电出版社,2024.

[3] 何家凤.会计信息系统实验[M].重庆:重庆大学出版社,2020.

[4] 汪刚,金春华.会计信息系统原理与实验教程:基于用友 ERP-U8+V15.0(微课版)[M].北京:清华大学出版社,2024.

[5] 毛华扬,刘红梅,邓茗丹.会计信息系统原理与应用:基于用友 ERP-U8 V10.1 版[M].北京:中国人民大学出版社,2024.

[6] 徐玮.会计信息系统教程:用友 ERP-U8 V10.1[M].2 版.上海:立信会计出版社,2022.

[7] 杨可,薛红革.会计信息系统应用:畅捷通 T+系统[M].北京:中国财政经济出版社,2024.

[8] 袁咏平,潘纯,刘波.会计信息系统应用[M].北京:中国财政经济出版社,2024.

[9] 刘芳著.管理会计信息化发展的理论与实务研究[M].北京:中华工商联合出版社,2024.

[10] 刘亚荣,聂华,田林玉.会计信息化综合实训[M].北京:中国石化出版社,2024.

[11] 李谨文,聂胜录,孙秀敏.信息化背景下会计实务与财务管理模式创新[M].长春:吉林科学技术出版社,2024.

[12] 徐文杰,赵砚.会计信息系统应用:用友 ERP-U8 V10.1 版[M].北京:机械工业出版社,2024.

[13] 张爱华,李岚.会计信息系统实训教程:用友 ERP-U8 V10.1 版[M].上海:上海财经大学出版社,2023.

[14] 韩庆兰,李红梅.会计信息系统[M].北京:机械工业出版社,2023.

[15] 管萍.会计信息系统实验教程:基于用友 U8 和吉贝克 XBRL[M].哈尔滨:哈尔滨工业大学出版社,2023.

[16] 张利娜,郑桂玲.管理信息系统[M].南京:东南大学出版社,2023.

[17] 刘薇.会计信息系统实训[M].北京:经济科学出版社,2023.

[18] 吴晓霞,徐志刚,谢真孺.智能会计信息系统应用[M].北京:电子工业出版社,2023.
[19] 刘春苗,张晓毅,姜新阳.会计信息化:用友 ERP U8+[M].北京:中国经济出版社,2022.
[20] 安洋,郑新娜.会计信息系统应用教程[M].大连:东北财经大学出版社,2023.
[21] 刘燕,康乐.会计信息系统实务[M].南京:南京大学出版社,2022.
[22] 卢燕,赵平峰,李超,等.会计信息系统实验[M].北京:经济科学出版社,2022.
[23] 陈旭.智能会计信息系统[M].北京:高等教育出版社,2021.
[24] 冯自钦.电算化会计信息系统[M].成都:西南财经大学出版社,2021.
[25] 汪刚,金春华.会计信息系统原理与实验教程:基于用友 ERP-U8 V10.1[M].北京:清华大学出版社,2021.
[26] 孙静,张勇.会计信息系统综合实训教程[M].上海:立信会计出版社,2021.
[27] 黄辉.会计信息系统实务教程:业财一体化视角[M].大连:东北财经大学出版社,2021.
[28] 甄阜铭,刘媛媛.会计信息系统:ERP 基础[M].3 版.大连:东北财经大学出版社,2024.
[29] 宋红尔,赵越,冉祥梅.用友 ERP 供应链管理系统应用教程[M].3 版.大连:东北财经大学出版社,2022.
[30] 宋红尔.会计信息化——财务篇[M].3 版.大连:东北财经大学出版社,2022.
[31] 戴德明,林钢,赵西卜.财务会计学[M].13 版.北京:中国人民大学出版社,2021.
[32] 宫兆辉,叶怡雄.会计信息系统实验教程[M].北京:经济科学出版社,2021.
[33] 唐伟云,赵轩,林斌.业财一体信息化应用实务:用友新道 U8+ V15.0[M].上海:立信会计出版社,2024.
[34] 陶玉娥,荣丹,刘青伟.现代财务管理与会计信息化研究[M].北京:中国商务出版社,2024.
[35] 钟爱军,刘慧,罗姣.会计信息系统:基于用友 ERP-U8+V15.0[M].2 版.北京:经济科学出版社,2024.
[36] 王婧伊,任纪霞.会计信息系统应用[M].北京:人民邮电出版社,2024.
[37] 黄雪雁,全艺美,粟卫红.会计信息系统应用[M].上海:上海交通大学出版社,2024.
[38] 张忆军,李娜,于冬至.财务管理与会计信息化研究[M].哈尔滨:哈尔滨地图出版社,2024.
[39] 颜青.会计制度设计[M].北京:高等教育出版社,2024.
[40] 魏娟,张卓.会计学[M].北京:高等教育出版社,2024.